DIRE “JE”

ANALYSE ET PHILOSOPHIE

Directeur : Michel MALHERBE

DIRE “JE”

Essai sur la subjectivité

par

Stéphane CHAUVIER

PARIS
LIBRAIRIE PHILOSOPHIQUE J. VRIN
6, Place de la Sorbonne, V^e^

—

2001

Imprimé en France

ISBN 2-7116-1518-9

« Et on sait qu'il voulait qu'un honnête homme évitât de se nommer et même de se servir des mots de "je" et de "moi". »

Vie de Pascal par Madame Perrier, sa sœur.

« Le mot "je" fait partie de ces mots que l'on peut éliminer de la langue. »

B. McGuinness (éd.), *Wittgenstein et le Cercle de Vienne.*

INTRODUCTION

Imaginons que nous entendions en permanence une voix familière nous demander ce que nous faisons, ce que nous sentons ou ce que nous pensons : il est trèscertain que nous serions toujours ou presque toujours en mesure de lui répondre. Nous pourrions à tout instant lui faire connaître ce que nous avons le sentiment de faire, quelle sensation nous éprouvons, ce que sont nos pensées, nos désirs, nos actions, etc. Sans doute, pourrait-il arriver que nous nous trompions ou bien que telle ou telle de nos pensées échappât à notre vigilance. Mais il est au moins certain que nous resterions rarement sans voix. Nous jouissons d'une permanente aptitude à l'*égologie*[1] qui est la manifestation la plus ordinaire et la plus éclatante de ce que Maine de Biran a appelé la « veille du Moi »[2].

Quelle est toutefois l'exacte nature de cette aptitude dont l'exercice manifeste à nos yeux la présence d'un sujet ou d'une personne ? La réponse traditionnelle des philosophes à cette question, au moins depuis Descartes[3] et surtout Locke[4] est que cette aptitude à l'égologie n'est que la manifestation d'une capacité plus fondamentale qu'est l'aptitude à la *conscience*

1. Autrement dit, à la pensée en première personne.

2. Maine de Biran, *Mémoire sur la décomposition de la pensée*, éd. F. Azouvi, Paris, Vrin, 1988, p. 141.

3. « Par le nom de penser, j'entends tout ce qui se fait en nous de telle sorte que nous l'apercevons immédiatement par nous-mêmes… » *Principes* I, § 9, in *Œuvres de Descartes*, éd. C. Adam et P. Tannery, Paris, Vrin, 1978, t. IX-2, p. 28.

4. « Lorsque nous voyons, que nous entendons, que nous flairons, que nous goûtons, que nous sentons, que nous méditons ou que nous voulons quelque chose, nous le connaissons à mesure que nous le faisons. Cette connaissance accompagne toujours nos sensations et nos perceptions présentes ; et c'est par là que chacun de nous est à lui-même ce qu'il appelle lui-même ». *Essai philosophique concernant l'Entendement humain,* trad. Coste, réimp. Paris, Vrin, 1983, livre II, chap. 27, § 9, p. 264.

de soi. Pour qu'un étant puisse parler de lui-même, ont-ils admis, et spécialement de ses activités ou états courants, il faut bien sûr qu'il ait un langage, propre à exprimer ses pensées, mais il faut en outre qu'il soit capable de cette sorte particulière de pensée qu'est la *conscience de soi*. Un énoncé égologique quelconque, par exemple « je lève le bras » ou « je pense à ma mort », est rendu possible parce que celui qui fait cela, lever son bras ou penser à sa mort, aperçoit qu'il le fait. Beaucoup d'événements ont lieu sans que les substances qui en sont le siège ne les aperçoivent. Ainsi, un arbre perd-il ses feuilles, mais n'aperçoit pas qu'il les perd. Mais s'il pouvait l'apercevoir, alors, s'il avait un langage, la possibilité lui serait ouverte de penser et de dire « je perds mes feuilles ». C'est donc parce que nous disposons de cette aptitude cognitive qu'est la conscience de soi que nous sommes capables d'égologie. C'est elle qui nous permet de parler de nous-mêmes et de nous comporter comme des sujets ou des personnes.

Cependant, comme Descartes l'avait lui-même remarqué, cette notion de conscience de soi est loin de permettre une explication pleinement satisfaisante de notre aptitude à l'égologie. Considérons en effet un jugement quelconque faisant référence à tel ou tel objet de notre environnement courant, par exemple : « ce coq a une belle crête ». On peut supposer que, pour pouvoir penser cela, il faut que nous ayons un certain accès perceptif aux différents constituants de cette proposition, ici l'occurrence d'un certain animal et de l'un de ses attributs. Je ne puis penser « ce coq a une belle crête » sans percevoir ce coq et sa crête ou, au moins, sans être en présence de quelque chose que je puis percevoir *comme* un coq et *comme* une crête. Il faut donc non seulement que quelque chose me soit donné, mais il faut en outre que ce quelque chose présente une articulation ou une complexité interne propre à expliquer la distinction du sujet et du prédicat. Or, considérons à l'inverse un jugement égologique comme « je me sens fatigué ce soir ». On peut admettre qu'il ne me serait pas possible de dire cela si je n'apercevais pas en quelque façon ma fatigue[1]. Mais est-ce que j'aperçois en outre *qui* est fatigué ? Est-ce qu'au mot "je", comme à l'expression *ce coq*, nous pouvons associer une manière d'intuition du sujet de la proposition, un contenu distinct de notre expérience ? Descartes lui-même en doutait puisqu'en réponse à une objection de Hobbes, il écrivait, à propos de son « je pense » que

> [s']il est très certain que la pensée ne peut pas être sans une chose qui pense et en général aucun accident ou aucun acte ne peut être

1. Nous verrons néanmoins un peu plus loin que cette manière de s'exprimer est incorrecte.

sans une substance de laquelle il soit l'acte », néanmoins, « nous ne connaissons pas la substance immédiatement par elle-même, mais seulement parce qu'elle est sujet de quelques actes [1].

Autrement dit, Descartes avait bien remarqué que l'explication de l'égologie par la conscience de soi pourrait n'être que partielle : si le prédicat d'un énoncé égologique portant sur nos actions ou états courants ne doit d'être connu qu'au fait d'être aperçu, on ne saurait soutenir avec la même assurance que cette aperception [2] s'étende toujours jusqu'au sujet même d'un énoncé égologique de ce type, jusqu'à l'ego lui-même.

Hume [3] et, à sa suite, des auteurs comme Nietzsche [4], Mach [5] ou Wittgenstein [6] se sont comme engouffrés dans cette brèche ouverte au cœur de l'aperception et en ont conclu que ce n'était que par une manière de « préjugé grammatical » que nous rattachions nos actions ou états courants à un "je". Car s'il est clair que nous ne percevons pas seulement une belle

1. AT, VII, 175-176; IX, 136.

2. Le concept d'aperception vient, semble-t-il, de Leibniz : « Ainsi il est bon de faire distinction entre la *perception*, qui est l'état intérieur de la monade représentant les choses externes et l'*aperception* qui est la *conscience* ou la connaissance réflexive de cet état intérieur, laquelle n'est point donnée à toutes les âmes, ni toujours à la même âme ». *Principes de la nature et de la grâce*, § 4, éd. L. Prenant, Paris, Aubier, 1972, p. 391. Dans les pages qui suivent, j'emploierai ce mot d'*aperception* et les termes qui en dérivent pour désigner une (éventuelle) perception de soi ou de nos états internes.

3. *A Treatise of Human Nature*, I, IV, vi, "Of Personal Identity", éd. L.A. Selby-Bigge rev. by P.H. Nidditch, Oxford, Clarendon Press, 1978, trad. fr. Philippe Baranger, Philippe Saltel, Paris, GF-Flammarion, 1995.

4. « Soyons plus prudents que Descartes qui est resté pris au piège des mots. *Cogito*, à vrai dire, n'est qu'un seul mot, mais le sens en est complexe. [...] Dans ce célèbre *cogito* il y a 1) quelque chose pense ; 2) je crois que c'est moi qui pense ; 3) mais en admettant même que ce deuxième point soit incertain, étant matière de croyance, le premier point : quelque chose pense, contient également une croyance, celle que "penser" soit une activité à laquelle il faille imaginer un sujet, ne fût-ce que "quelque chose"... », Nietzsche, *Volonté de puissance*, I, § 98, trad. Geneviève Bianquis, Paris, Gallimard, coll. "Tel", 1995, t. 1, p. 43.

5. « Le Moi ne peut en aucun cas être sauvé [*unrettbar*]. C'est en partie cette intuition, en partie la peur qu'elle suscite, qui conduisent aux absurdités les plus extravagantes, pessimistes ou optimistes, religieuses, ascétiques et philosophiques. On ne pourra pas à la longue occulter cette vérité simple que révèle l'analyse psychologique... », *L'Analyse des Sensations*, trad. Françoise Eggers, Jean-Maurice Monnoyer, Nîmes, J. Chambon, 1996, chap. 1, p. 27.

6. Cf. notamment le § 57 de ses *Remarques philosophiques* : « L'emploi du mot "je" est une des formes de re-présentation les plus fallacieuses de notre langage, en particulier là où celui-ci a recours au "je" pour représenter l'expérience vécue immédiate – comme dans "je vois une tache rouge". Aussi serait-il riche d'enseignement de remplacer cette façon de s'exprimer par une autre dans laquelle l'expérience vécue immédiate ne serait pas re-présentée à l'aide du pronom personnel... » (trad. Jacques Fauve, Paris, Gallimard, 1975, p. 86).

crête, mais la belle crête de ce coq, les actions et états que nous apercevons et nous attribuons semblent quant à eux purement impersonnels. Du moins est-ce manifestement le cas pour les divers états psychologiques que nous nous attribuons. Une sensation, une pensée, une disposition affective ou cognitive semblent autant de micro-procès sans sujet apparent, sans propriétaire visible[1]. Comme l'écrit Hume, dans un passage célèbre et souvent cité :

> Pour moi, quand je pénètre le plus intimement dans ce que j'appelle moi-même, je tombe toujours sur une perception particulière ou sur une autre, de chaleur ou de froid, de lumière ou d'ombre, d'amour ou de haine, de douleur ou de plaisir. Je ne parviens jamais, à aucun moment à me saisir moi-même sans une perception et je ne peux jamais rien observer d'autre que la perception[2].

Lorsque nous prêtons attention aux « impressions » dont dérivent les idées qui figurent dans nos jugements égologiques, force est d'admettre, selon Hume, que nous n'avons nulle « impression » du "je", nulle expérience du Moi. Nous apercevons nos sensations, mais nous n'apercevons pas le propriétaire de ces sensations, celui qui est censé avoir chaud ou froid, aimer ou haïr, etc. Si notre langage devait donc s'efforcer de rester le plus fidèle possible à nos idées, ne faudrait-il pas se résoudre à dire, selon la célèbre suggestion de Lichtenberg[3], non plus « Je pense », mais « Ça pense », non plus « Je me sens fatigué ce soir », mais « Il y a de la fatigue ce soir » ?

Ces conséquences étranges seraient certainement envisageables, et peut-être même inévitables, si la seule explication possible de l'égologie était celle qu'ont avancée Descartes et Locke. La conclusion à laquelle parviennent des auteurs comme Nietzsche ou Lichtenberg s'explique en effet parce qu'ils semblent partager avec les auteurs précédents une même conviction relative à ce qui serait de nature à expliquer la possibilité de

1. C'est ce que Peter Strawson a appelé la *no-owner theory*, la « théorie non-propriétaire » : cf. *Individuals*, Londres, Methuen, 1959, p. 95, trad. fr. *Les individus* par A. Shalom, P. Drong, Paris, Le Seuil, 1973, p. 106.

2. *A Treatise of Human Nature*, *op. cit.*, p. 252, trad., p. 343.

3. « Nous avons conscience de certaines représentations qui ne dépendent pas de nous ; d'autres croient que nous, nous dépendons au moins de nous-mêmes. Où est la frontière ? Nous ne connaissons que l'existence de nos sensations, de nos représentations et de nos pensées. On devrait dire *ça pense*, comme on dit *ça éclaire*. Dire *cogito* est déjà trop dire sitôt qu'on le traduit par *je pense*. Postuler le *je* est un besoin pratique. », Georg Christoph Lichtenberg, *Le miroir de l'âme*, trad. Charles Le Blanc, 2e éd. rev. et augm., Paris, José Corti, 1997.

l'égologie. Ce qui fait croire à ces auteurs que le "je" n'est qu'une fiction linguistique, c'est leur adhésion à la thèse de Descartes ou de Locke selon laquelle la seule chose qui soit de nature à expliquer l'égologie, c'est le fait qu'on puisse s'apercevoir. Et c'est parce qu'il s'avère, à leurs yeux, qu'on n'aperçoit pas l'ego qu'ils proposent de faire disparaître de nos jugements toute mention du sujet. C'est parce qu'aucune aperception d'un constituant distinct de notre expérience ne peut être associée au "je" qu'ils concluent que l'égologie n'est qu'une manière de parler et qu'ils proposent de supprimer de nos jugements ou d'y tenir pour superflu tout ce qu'on ne peut rattacher à quelque acte distinct d'aperception. C'est donc, plus généralement, parce qu'on croit que rien ne peut être dans un jugement égologique qui n'ait été au préalable dans l'aperception que l'on est conduit aux formulations curieuses de la « théorie non propriétaire ».

Or, cette manière de raisonner n'a rien de nécessaire. Admettons en effet qu'il ne soit pas possible de rattacher le "je", dans chacun de ses emplois, à quelque aspect saillant de notre expérience. Admettons, autrement dit, ce que les auteurs anglophones appellent l'*elusiveness of the self*[1], ce qu'on pourrait appeler *l'inapparence de soi*. Cette situation dans laquelle un terme, appliqué à notre expérience, n'aurait cependant aucun corrélât *dans* cette expérience aurait beaucoup de ressemblance avec la situation qui, selon Hume, caractérise l'usage du concept de causalité. Il est également vrai, si l'on suit Hume, que notre expérience ne nous montre rien de tel qu'une relation causale[2]. Ce que nous percevons, ce sont seulement des successions de phénomènes, plus ou moins semblables. Mais la connexion causale entre ces phénomènes n'est pas quelque chose que nous percevons. Or, comme on le sait, le fait qu'un concept ne soit pas dérivé de l'expérience n'implique nullement que nous ne soyons pas fondés à l'appliquer à notre expérience. C'est là du moins la thèse que Kant a soutenue s'agissant de ce concept de causalité[3]. D'après Kant, le fait qu'on ne puisse associer le concept de causalité à un contenu distinct de notre expérience ne condamne pas pour autant notre usage du concept de cause dès lors qu'on peut montrer que ce concept, bien qu'il ne soit pas tiré de notre expérience, est cependant seul en mesure de conférer à notre expérience la valeur objective que sans cela elle serait impuissante à posséder.

1. Cf. Quassim Cassam (ed.), *Self-Knowledge*, Oxford, Oxford University Press, 1994, p. 3.

2. Cf. *An Enquiry Concerning Human Understanding*, éd. L.A. Selby-Bigge, rev. by P.H. Nidditch, Oxford, Clarendon Press, 1975, sect. VII, p. 60-79.

3. Cf. *Critique de la Raison pure*, "Deuxième analogie de l'expérience", A189-211-B232-256, trad. A. Renaut, Paris, Aubier, 1997, p. 258-271.

Si l'on se laisse guider par ces idées, on peut donc être amené à envisager l'hypothèse suivante : le "je", comme le concept de cause selon Kant, pourrait lui aussi, en un sens de ce terme qui reste à définir, être *a priori* tandis que son application serait seule en mesure de conférer à notre expérience une valeur que sans lui elle serait impuissante à posséder. D'un côté, il serait vrai, comme Hume l'a soutenu, qu'une description du contenu de notre expérience ne contiendrait aucun contenu distinct que nous puissions associer au "je". Notre expérience, muette, ne serait pas subjective. Et son contenu pourrait peut-être même être adéquatement décrit de manière purement impersonnelle. Cependant, cela n'entraînerait nullement que le "je" soit superflu ou facultatif, dès lors qu'on pourrait établir que c'est seulement parce que nous articulons le contenu de notre expérience au moyen du "je" que cette expérience acquiert une certaine valeur que, sans cela, elle ne pourrait posséder. Il serait vrai, comme le dit Descartes, que « nous n'apercevons pas la substance immédiatement par elle-même », mais il ne s'ensuivrait pas, comme l'ont soutenu les partisans de la théorie « non-propriétaire », que l'égologie ne soit que l'effet d'un « préjugé grammatical ».

C'est cette possibilité, fortement inspirée de la doctrine kantienne[1], que je voudrais donc envisager ici et l'hypothèse spécifique que je voudrais proposer est que le "je", s'il n'est pas dérivé de l'expérience, est cependant ce par quoi notre expérience devient subjective et, par conséquent, ce par quoi nous devenons nous-mêmes des sujets, des êtres possédant une vie intérieure et une conscience de nous-mêmes. De même que, selon Kant, l'emploi de certains concepts *a priori* est une condition de l'objectivité de l'expérience, de même l'usage du pronom de la première personne est une condition de la subjectivité de notre expérience.

Cette hypothèse paraîtra peut-être curieuse. Comment l'usage d'un *mot* pourrait-elle être créditée d'un si grand effet ? Poser une telle question serait toutefois oublier qu'un mot n'est pas seulement un son ou un *flatus vocis*. C'est d'abord le vecteur d'un mode déterminé de penser. Or, si l'on peut trouver curieuse l'idée que le "je" fasse de nous des sujets, c'est sans doute parce qu'il est difficile de ne pas appliquer à l'usage du pronom de la première personne, et plus généralement à l'égologie, ce que j'appellerai le *paradigme de la pensée perceptive*. Tous les auteurs jusqu'ici évoqués raisonnent en effet comme s'il était à la fois possible et légitime d'assimiler

1. Quoique inspirée de la doctrine kantienne de l'*a priori*, cette hypothèse n'a que peu à voir avec la position propre de Kant sur la nature de l'égologie et le statut de l'ego. Sur cette question, cf. notre article « Kant et l'égologie »,*Archives de Philosophie*, vol. 65 n°2,2002 (à paraître).

un jugement égologique à un jugement devant porter sur un objet actuellement présent dont nous serions immédiatement conscients. Et il est en effet clairement impossible de penser à ce coq ou de penser à cet objet-ci sans que nous soyons en mesure de discerner, dans notre environnement courant, l'aspect discret de cet environnement qui forme la dénotation de ces expressions. Nous avons un objet sous les yeux et ce sont les informations que nous acquérons du fait de cette relation perceptive avec lui qui rendent épistémiquement possible le jugement démonstratif que nous formons. De la même manière, on imagine que pour former un jugement égologique, pour entretenir la pensée qui s'exprime dans ce jugement, il faudrait que nous soyons dans une relation aperceptive avec nous-mêmes, notre pensée égologique constituant alors une articulation conceptuelle et propositionnelle de ces informations aperceptives. Mais cette soumission de l'égologie au paradigme de la pensée perceptive n'a rien de nécessaire. La raison fondamentale en est qu'un jugement égologique, avant d'être un certain acte théorétique par lequel nous prenons conscience d'un certain fait, est d'abord un certain événement dans l'Être, un événement qui se produit dans l'esprit d'un sujet et par lequel celui-ci prend conscience de ce qu'il est ou de ce qu'il fait. On dira sans doute que c'est là une grossière banalité : il est clair que la phrase « je suis P » sort d'une certaine bouche et que la pensée qui lui correspond a lieu dans une certaine tête, pour parler métaphoriquement. Mais c'est justement faute d'avoir prêté attention à cette évidence que les philosophes ont été conduits dans les difficultés que j'ai rappelées. Considérons en effet la situation suivante : un certain événement a lieu dans le monde ; nous assistons à cet événement, nous en prenons conscience, nous en prenons même conscience de manière articulée, comme le fait qu'il est arrivé que *p*. Cette pensée de l'événement est ontologiquement distincte de l'événement lui-même. La pensée qu'il pleut à Moscou est ontologiquement distincte de la pluie qui tombe sur Moscou. Elle n'est pas elle-même quelque aspect ou dimension de l'événement, mais, en tant que processus psychologique, elle est une partie d'un autre événement et est rattachée à une autre substance. Les tenants du paradigme perceptif s'imaginent qu'il y a la même relation entre un certain événement ou fait concernant une personne et la conscience égologique que cette personne en prend. Ils s'imaginent qu'un jugement égologique rapporte ou relate un certain événement égologique, la seule différence étant que cet événement est particulièrement proche de celui qui en prend conscience. Or, c'est justement ce point qui semble erroné : les événements égologiques ne sont pas simplement plus proches de nous que les événements altérologiques [1]. Il faut plutôt dire qu'un jugement égologique fait lui-même partie de l'événement égologique qu'il exprime et qu'il contribue à lui donner son égologicité. Le jugement « je suis P » fait partie intégrante du fait que je suis P. L'acte de penser égologiquement à quelque chose est une partie constituante de l'événement égologique total. C'est en ce sens qu'un jugement égologique, avant d'être un acte théorétique, est lui-même un événement ou une partie d'événement, quelque chose qui a lieu dans le monde et qui fait que l'étant dans lequel il a lieu est un sujet ou une personne. Former un jugement égologique, c'est donc certes *penser* à quelque chose et y penser d'une certaine manière, mais cette pensée est aussi, pour le penseur, un mode d'*être* ou une certaine manière d'*exister* que l'on peut appeler « subjective ».

Les pages qui suivent éclaireront, je l'espère, ces idées. Mais on peut résumer notre thèse principale en disant qu'on voudrait proposer une conception de la subjectivité qu'en suivant Paul Ricœur on peut appeler "narrative" [2]. Un étant est un sujet s'il est capable de s'attribuer des pensées, des intentions, des actions, etc. Or, cette capacité n'est pas susceptible d'être réduite à des opérations cognitives qui seraient infra-logiques ou, si l'on veut, anté-prédicatives [3]. Les deux positions antagonistes dont j'ai parlé précédemment, celle qui fait de l'auto-référence une pure coutume linguistique et celle qui en fait l'expression d'une perception de soi, quelle que soit la « substance » de ce soi, ont pour point commun que, dans les deux cas, quoique pour des raisons différentes, un jugement égologique quelconque (« je mets mes bottes », « je me sens fatigué ce soir », etc.) n'entretient aucune relation essentielle avec la subjectivité elle-même, c'est-à-dire avec le fait, pour celui qui l'énonce, d'être un sujet. Dans le premier cas, un jugement égologique n'est qu'une *apparence* linguistique, une sorte de mirage qui fait croire en l'existence d'une dimension de la réalité qui s'avère n'être qu'un leurre. Dans le second cas, un jugement égologique n'est qu'un *phénomène*, manifestant la présence de la

1. J'emploierai désormais cette expression pour désigner les jugements et les faits qui ne sont pas égologiques.

2. Cf. *Soi-même comme un autre*, Paris, Le Seuil, 1990. Une conception plus proche de celle que l'on va proposer est esquissée par Daniel Dennett sous le titre « The Self as a Center of narrative Gravity », « le Moi en tant que centre de gravité narrative », *in* F. Kessel, P. Cole, D. Johnson (eds.), *Self and Consciousness : Multiple Perpectives,* Hillsdale, Erlbaum, 1992.

3. La meilleure tentative récente pour essayer de dériver l'égologie d'une conscience antéprédicative ou non conceptuelle de soi se trouve dans le livre de José Luis Bermudez, *The Paradoxe of Self-Consciousness*, Cambridge (Mass.), The MIT Press, 1998.

subjectivité, mais ne contribuant nullement à la constituer. La position que je souhaiterais développer ici constitue donc une alternative conjointe à ces deux conceptions, puisqu'elle revient à affirmer que la faculté de parler de soi est constitutive de la subjectivité elle-même ou, si l'on préfère, que la capacité de s'attribuer des pensées, des actions, etc. et de se comporter en fonction de cette aptitude est médiatisée par la faculté d'user du pronom de la première personne. Pour expliquer l'égologie, pour expliquer qu'un étant puisse parler de lui-même, il ne suffit pas et il n'est même pas toujours nécessaire d'invoquer son pouvoir d'aperception. Un loup possède vraisemblablement un tel pouvoir d'aperception. Mais ce qu'il ne possède pas et qui est nécessaire pour que l'égologie soit possible, c'est la maîtrise du mot "je" et le mode de penser qui lui est associé. Pour être un sujet, pour se poser comme un sujet en s'attribuant les états ou actions dont nous sommes le siège ou les auteurs, il faut (dans certains cas) posséder une certaine faculté *naturelle* d'aperception, mais il faut en outre maîtriser des capacités conceptuelles ou de type conceptuel qui ne peuvent s'acquérir qu'en apprenant un langage. Autrement dit, au rebours de la thèse que, pour faire simple, je qualifierai de « cartésienne » et qui voudrait que, pour pouvoir parler de soi, il soit nécessaire de pouvoir penser à soi, je vais au contraire tenter de montrer que pour pouvoir penser à soi, il est nécessaire de savoir parler de soi, c'est-à-dire de maîtriser le pronom de la première personne.

La conséquence directe de cette thèse est qu'une créature qui ne maîtrise pas le pronom de la première personne n'est tout simplement pas un sujet. Cela veut donc dire que les animaux ne sont pas des sujets, mais pas non plus les très jeunes enfants. Cette dernière conséquence peut paraître embarrassante si l'on pense que nos obligations morales sont liées à la subjectivité des êtres auxquels nous avons affaire. Mais il n'y a sans doute aucune raison ou, du moins, aucune nécessité de restreindre ainsi le champ de nos obligations morales. D'autre part, il semble avéré que les très jeunes enfants, même en l'absence de toute aptitude linguistique, sont capables de certaines formes de conscience non conceptuelle de soi [1]. Mais, comme nous le verrons, il n'y a aucune raison de considérer que ce genre de comportements a quelque chose à voir avec le mode d'être que nous acquérons quand nous devenons capables d'égologie.

Une autre conséquence possible de la thèse que je vais essayer d'étayer, c'est que la subjectivité, le fait d'être et d'agir comme un sujet, pourrait être

1. C'est la thèse principale du livre de José Luis Bermudez précité. Cf. les chapitres 2 à 5.

liée à des instruments linguistiques contingents[1]. Mais en réalité, s'il y a bien une certaine dépendance entre le fait *d'être* un sujet et la maîtrise de certains instruments linguistiques, la présence de ces instruments linguistiques n'est pas entièrement contingente. On essayera en effet de montrer qu'un langage expurgé du pronom de la première personne serait sans doute logiquement et psychologiquement possible, mais il nous priverait de certaines possibilités d'existence, de certaines formes de vie sans lesquelles nous aurions du mal à juger que la vie que nous menons est une vie humaine. Par conséquent, si la subjectivité possède une dimension linguistique, cela ne la rend pas artificielle pour autant dès lors que le langage et l'usage du langage font partie de notre nature humaine et qu'un langage sans marqueur de la première personne ne serait pas humainement possible.

Ce que je vais essayer d'établir ici est donc, en un sens, une simple tautologie, à savoir que pour pouvoir parler de soi, il est nécessaire de pouvoir parler de soi ! Mais cette tautologie est, je crois, instructive, d'abord parce qu'il faut se *convaincre* de sa vérité en reconnaissant que des explications d'apparence moins tautologiques sont simplement inadéquates. En outre, il me semble qu'en prononçant ou en scandant de manière adéquate cette proposition de prime abord tautologique, on peut réussir à y entendre une assertion informative sur l'essence de la subjectivité. S'il faut savoir dire "je" pour être un sujet, il ne suffit pas de prononcer le "je" pour être un sujet, sinon, comme l'a remarqué Robert Nozick, un magnétophone devrait être tenu pour un sujet[2]. Il faut penser d'une certaine manière *en disant "je"* pour être sujet. Rien ne nous est plus familier que cette manière de penser qui *est* nous-mêmes. Rien par conséquent n'est plus délicat à objectiver. C'est pourtant seulement si l'on parvient à décrire en « troisième personne » cette manière de penser qu'*est* la subjectivité qu'on aura réussi à percer à jour le « mystère » du Moi[3].

Pour tenter d'y parvenir, je vais d'abord reprendre à nouveau frais les aspects principaux de la *no-owner theory.* Il existe en effet une assez vaste littérature récente qui s'est efforcée, par des arguments variés, de ruiner la thèse humienne et de restaurer l'idée classique de la conscience de soi. Loin

1. Affirmer que la subjectivité dépend de la maîtrise du pronom de la première personne, « serait faire la suggestion suivant laquelle une pensée qui participe de la conscience de soi dépend de l'utilisation intérieure de la signification conventionnelle de certains instruments linguistiques publics... », Gareth Evans, « Understanding Demonstratives », in *Selected Papers,* Oxford, Clarendon Press, 1985, p. 321, trad. fr. « Comprendre les démonstratifs » par Jérôme Dokic et Eros Corraza in *Penser en contexte*, Combas, L'Éclat, 1993, p. 134.

2. Robert Nozick, *Philosophical Explanations*, Oxford, Clarendon Press, 1981, p. 71.

3. « Le Je, le Je, voilà le profond mystère ! », Wittgenstein, *Carnets 1914-1916*, trad. Gilles-Gaston Granger, Paris, Gallimard, 1971, p. 150.

toutefois de nous reconduire à la métaphysique dualiste d'un Descartes, cette restauration de la conscience de soi comme fondement de l'égologie s'inscrit au contraire dans un programme de *naturalisation* de la subjectivité et, plus globalement, de l'esprit. Ainsi espère-t-on montrer comment un organisme conscient, dès lors qu'il dispose d'informations sur lui-même, est capable d'adopter un comportement « subjectif » dont l'aptitude à l'égologie ne constituerait qu'une manifestation sophistiquée. Les philosophes tentés par ce programme naturaliste ont donc multiplié les arguments à l'encontre de l'*elusiveness of the self* et en faveur de ce que je vais appeler « une justification informationnelle » de l'égologie. Je chercherai donc, dans les trois premiers chapitres, à écarter ces arguments et à isoler ce qu'on peut considérer comme le noyau de vérité de la thèse humienne.

Je m'efforcerai toutefois, dans un second temps, de rejeter les *conclusions* adoptées par les partisans de la *no-owner theory* à propos de la superfluité du "je". En m'inspirant d'un autre aspect de la littérature contemporaine sur ces questions, un aspect qui touche à la sémantique des pensées démonstratives et indexicales, j'essayerai de proposer, dans les chapitres quatre et cinq, l'esquisse d'une justification « transcendantale » du "je" visant à faire apparaître la connexion étroite qui unit la maîtrise du pronom de la première personne et l'aptitude à *être* un sujet ou une personne. J'essayerai alors, pour finir, dans le chapitre six, de proposer une conception de la nature du Moi qui permette d'intégrer ce qu'une *épistémologie* de l'égologie nous aura permis de découvrir.

Au terme de ces analyses, on devrait donc réussir à entrevoir, au delà de la tautologie à laquelle j'ai fait allusion, ce qu'*exclut* et, par conséquent, ce que signifie l'identification de l'*être* d'un sujet avec son aptitude continuée à l'*égo*logie [1].

1. La position que je vais développer, je tiens à le souligner d'emblée, a été explicitement soutenue par le linguiste Émile Benveniste dans un article célèbre intitulé « De la subjectivité dans le langage », *Journal de Psychologie*, juillet-sept. 1958, repris dans *Problèmes de linguistique générale*, Paris, Gallimard, 1966, t. I, chap. XXI, p. 258-266. On peut par exemple y lire que « c'est dans et par le langage que l'homme se constitue comme *sujet* » et, un peu plus loin qu' « est *ego* qui dit *ego* » (p. 259-260). C'est là très exactement ce que je vais essayer de montrer. Disons seulement que je souhaiterais rendre cette idée aussi claire et convaincante que possible et, pour cela, je crois nécessaire d'essayer de prendre en compte un éventail de faits et de raisons beaucoup plus large que celui qu'invoquait E. Benveniste.

CHAPITRE PREMIER

CE QUE L'ÉGOLOGIE DOIT À L'APERCEPTION

Un philosophe comme Kant aurait abordé le problème qui va nous retenir dans ce chapitre et les deux suivants en se demandant si le "je" était « dérivé de l'expérience ». Nous nous demanderons plutôt s'il y a des « racines informationnelles de l'égologie ». La notion d'information ou de contenu informationnel, telle que je vais l'utiliser [1], permet d'isoler, dans le contenu d'une expérience, la partie de cette expérience qui n'est pas placée sous la dépendance des concepts que nous employons pour *penser* son contenu. Soit l'expérience consistant à voir un tigre s'approcher de nous. Dans les conditions normales d'une expérience de ce genre, c'est-à-dire si l'on écarte la possibilité que cette expérience soit hallucinatoire, nous pouvons admettre qu'une personne ne voit un tigre s'approcher d'elle que parce qu'un tigre s'approche effectivement d'elle. Si le tigre était brutalement transformé en citrouille, la personne ne verrait plus la même chose. On peut donc dire que c'est ce qui a lieu dans le monde autour d'elle qui explique que l'expérience de cette personne ait un certain contenu. Néanmoins, il est également bien connu que ce contenu de l'expérience dépend en partie des concepts mis en œuvre pour penser ce contenu. D'une part, une personne qui disposerait d'un autre système de concepts que le nôtre ne verrait pas *un tigre* s'approcher d'elle. D'autre part, une créature qui ne disposerait d'aucun concept, mais qui serait cependant physiologiquement conformée comme nous le sommes, pourrait cependant avoir une représentation non conceptuelle de la scène. Nous pouvons dire que

1. En m'inspirant de Gareth Evans, *The Varieties of Reference*, Oxford, Clarendon Press, 1982, chap. 5 : « Information, Belief and Thought », p. 121-137.

l'expérience de ces créatures serait différente de la nôtre, parce que le contenu de l'expérience dépend à la fois de la capacité du sujet de l'expérience à faire usage de concepts en même temps que du système de concepts dont il dispose. Mais il nous faudrait également reconnaître que ces créatures seraient placées dans un *état informationnel* semblable à celui dans lequel nous serions nous-mêmes, si nous étions à leur place dans le monde. Le *contenu informationnel* d'une expérience est donc la partie du contenu d'une expérience qui dépend exclusivement de l'objet ou des objets qui suscitent cette expérience. Ce contenu contribue à déterminer le contenu représentationnel de l'expérience, mais ce contenu représentationnel dépend en outre 1) de l'aptitude d'une créature à faire ou non usage de concepts et 2) du système de concepts dont cette créature dispose [1].

Cette idée que notre présence au monde nous place, à chaque instant, dans un certain état informationnel permet d'expliquer, d'une manière presque triviale, qu'une personne puisse, à un moment donné, former une pensée démonstrative du type : « ce P est Q ». Si quelqu'un nous dit : « ce tigre me regarde », nous ne pourrons mieux nous expliquer qu'il ait formé cette pensée-là, à ce moment-là, sinon en vertu des informations (éventuellement fourvoyantes) que nous le supposerons recueillir du fait de sa simple présence au monde [2]. Comme l'écrit Gareth Evans :

> Nos pensées portant sur des particuliers sont très souvent basées sur des informations que nous avons à propos du monde. Nous nous trouvons informés en quelque façon de l'existence de tel ou tel objet et nous pensons ou spéculons à son propos. Une pensée de cette sorte (...) est gouvernée par une conception de son objet qui est (...) le résultat d'une croyance à propos du mode d'être du monde que le sujet possède parce qu'il a reçu une information (ou une dés-information) en provenance de l'objet [3].

Sans doute une personne doit-elle au préalable avoir acquis le jeu de concepts qui est impliqué dans les pensées démonstratives qu'elle forme, mais rien d'autre ne peut expliquer qu'à un moment donné elle mette ces concepts en œuvre à l'intérieur d'une pensée démonstrative de la forme « ce

1. Pour une présentation plus détaillée de ces distinctions, cf. Christopher Peacocke, *Sense and Content*, Oxford, Clarendon Press, 1983, chap. 1 : « Sensation and the Content of Experience », p. 4-8.

2. Évidemment, une autre explication possible est la théorie leibnizienne de l'automatisme spirituel, mais on supposera que le lecteur n'a pas de goût pour les contes fantastiques.

3. Gareth Evans, *The Varieties of Reference*, p. 121.

P est Q », sinon le contenu et la structure (non-conceptuels) des informations perceptives qu'elle retire de son environnement immédiat.

On peut dire que les philosophes qui trouvent quelque vertu à la notion de « conscience de soi » sont simplement convaincus que c'est en vertu d'un mécanisme semblable qu'une personne peut former des pensées égologiques. Leur raisonnement est grossièrement le suivant : si, à un moment donné, une personne forme la pensée « je lève le bras », c'est nécessairement qu'elle est informée qu'elle lève le bras, plutôt que la jambe ou quoi que ce soit d'autre. Il y a nécessairement quelque chose qui lui fait connaître ce qu'elle fait. Mais il faut aussi bien que cette personne soit informée qu'elle*[1] lève le bras et non pas, soit que son bras se lève tout seul, soit que quelqu'un d'autre lève son bras. Autrement dit, de même que le prédicat « lever le bras » exclut d'autres prédicats possibles, le sujet « je » exclut aussi d'autres sujets possibles. Par conséquent, il doit y avoir, dans l'expérience de la personne, quelque chose qui explique qu'elle forme, à un moment donné, non seulement cette pensée égologique là, mais aussi bien une pensée égologique, plutôt qu'une pensée altérologique.

On peut sans doute aisément admettre qu'il soit nécessaire de trouver une explication au fait qu'une personne forme, à un moment donné, une pensée égologique plutôt qu'une pensée altérologique. Mais toute la question est de savoir si l'explication peut être trouvée *dans* les informations dont la personne dispose. C'est ce point que rejette la thèse d'origine humienne de l'*elusiveness of the self*. Cette thèse ne nie pas que nos pensées égologiques se fondent (le plus souvent) sur des informations dont nous sommes nous-mêmes la source causale, mais seulement que l'on puisse trouver *dans* ces informations de quoi justifier l'articulation égologique de la pensée que nous formons sur leur base.

Un certain nombre de philosophes contemporains contestent l'argument humien en mettant en avant qu'il repose sur une conception erronée du mécanisme de la connaissance introspective[2]. Dans le texte que nous

1. La notation "il*" vient de Hector-Neri Castaneda (« "He". A Study in the Logic of Self-Consciousness », *Ratio*, vol. 8, 1966, p. 130-157) et sert à représenter les emplois de "il" comme « quasi-indexical ». "Il" est un quasi-indexical lorsqu'il exprime, dans un discours indirect, ce que le discours direct exprimerait avec "je", par exemple : « Pierre pense qu'il* a mal », c'est-à-dire : « Pierre pense : "j'ai mal" ». Nous laissons pour l'instant de côté l'analyse sémantique de "je" et des termes qui lui sont associés.

2. Les critiques les plus convaincantes de la conception du sens interne se trouvent dans Gareth Evans, *The Varieties of Reference*, chap. 7 : « Self-Identification » et dans les travaux de Sydney Shoemaker regroupés dans le volume *The First-Person Perspective and Other Essays*, Cambridge, Cambridge University Press, 1996. Toutes ces critiques ont cependant leur source dans la critique wittgensteinienne de la philosophie de la psychologie.

avons cité, Hume semble en effet raisonner comme si la conscience de soi devait s'apparenter à une *perception* de soi et son argument revient à dire que nous ne percevons nul « sujet mental » lorsque nous percevons que nous souffrons ou que nous croyons qu'il pleuvra. Mais supposons que ce modèle de la perception d'objet soit inapplicable à la manière dont un sujet recueille les informations qui le concernent : quel sens aurait l'objection que nous ne percevons nul sujet mental, puisque, de toute façon, il n'y aurait nulle perception de quoi que ce soit ?

Une autre critique, aujourd'hui assez répandue[1], est que l'argument humien prendrait exclusivement en compte la connaissance *introspective* de soi. Hume parle en effet de ce que nous percevons (et ne percevons pas) quand nous « pénétrons en nous-mêmes ». Mais, objecte-t-on, nous ne nous connaissons pas seulement comme un être sentant ou pensant, mais aussi comme un corps mobile dans l'espace. Nous formons aussi des pensées comme « je me promène » ou « je suis devant ta maison ». Or, ne faut-il pas dire que, dans ce cas, nous nous percevons nous-mêmes en tant que corps, distingué de tous les autres corps qui nous entourent ? Comment alors parler d'*elusiveness of the self* sauf à *postuler* que le *self* ne peut être que de nature mentale ?

Ces deux lignes d'argumentation sont, comme on le voit, fort différentes puisque l'une conteste qu'il y ait lieu de *percevoir* le sujet, tandis que l'autre conteste qu'on ne le perçoive *pas*. L'une et l'autre visent néanmoins à restaurer, de manière sans doute plus sophistiquée, la thèse classique qui voudrait que l'égologie ait sa source dans la conscience de soi. L'une et l'autre suggèrent donc qu'un sujet ne pourrait *parler* de soi que parce qu'il pourrait *penser* à soi.

Dans ce chapitre et les deux suivants, mon but sera donc de montrer que même si l'on modifie profondément notre conception du mécanisme de la connaissance de soi et même si on rejette la thèse cartésienne qui voudrait que le sujet ne pût être qu'une chose pensante, on ne réussit pas pour autant à donner une assise informationnelle à l'égologie. Cela ne veut pas dire que rien ne puisse justifier le "je". Mais cela signifie au moins que l'articulation égologique de nos pensées ne peut s'expliquer par le contenu ou la structure des informations qui (le plus souvent) les nourrissent et par conséquent que le "je" n'est pas dérivé de la composante informationnelle de notre expérience.

1. Cf., principalement, Gareth Evans, *The Varieties of Reference*, § 7.3 et U. Neisser (ed.), *The Perceived Self*, Cambridge, Cambridge University Press, 1993. Une vue d'ensemble des théories "matérialistes" de la subjectivité est donnée par J. L. Bermudez, A. Marcel, N. Eilan (eds.), *The Body and the Self*, Cambridge (Mass.)-Londres, The MIT Press, 1995.

1. *Variétés d'égologies*

Il me semble nécessaire de commencer par prendre la mesure de la *diversité* de nos pensées égologiques. Un exemple bien choisi suffit en effet souvent à suggérer une théorie qu'on serait pourtant bien en peine d'appliquer à tous les cas. Ce qui est vrai du « je pense » par exemple, l'est-il de toutes nos pensées égologiques ? Il n'est pourtant pas difficile de voir que nos diverses pensées égologiques n'exigent pas, pour être produites, le même genre d'opérations cognitives. Les pensées égologiques que nous formons dans le cours de notre vie sont bien sûr innombrables, mais il est manifeste que l'on peut distinguer quelques grandes classes de jugements égologiques en fonction de leurs différentes conditions cognitives de production, ou, du moins, de ce que l'on peut intuitivement pressentir de ces différences.

La distinction la plus importante pour le problème qui nous occupe est celle qui sépare les jugements égologiques portant sur des propriétés ou états courants ou occurrents, qu'ils soient physiques ou psychologiques, et les jugements portant sur des propriétés permanentes. C'est, pour notre objet, la *summa divisio*. Seuls en effet les jugements de la première sorte semblent directement impliquer ce que les philosophes ont appelé "conscience de soi" ou "aperception". Pour savoir dans quel état physique ou mental je me trouve présentement, pour savoir quelle action je suis en train d'accomplir ou quelle pensée je suis en train d'entretenir, il peut sembler nécessaire que j'aperçoive ces états ou actions, que j'y ai un accès vivant et direct. En revanche, lorsque je pense que je suis un brave type, je ne m'attribue pas une propriété occurrente, mais une propriété plus ou moins permanente dont il n'est pas nécessaire que je fasse montre au moment où je forme cette pensée. Il parait donc plus délicat de soutenir que des jugements de cette dernière sorte ont pour condition cognitive de production une forme ou une autre d'aperception de soi. Il y a toutes sortes de choses que je sais ou crois à propos de moi-même et qui, manifestement, ne requièrent pas, pour être pensées, le même genre d'opérations cognitives que celles qui sont impliquées par un jugement comme « j'ai mal ». Le genre de savoir qui est impliqué par des jugements portant sur des caractéristiques permanentes semble plus nettement de nature conceptuelle que perceptuelle. De même que je puis penser que les girafes sont des animaux sympathiques, même s'il n'y a actuellement aucune girafe dans mon champ perceptif, je puis entretenir diverses pensées à propos de mon caractère, de mes goûts, de mon aspect physique, etc., sans que je sois actuellement en train de faire montre de telle ou telle de ces qualités ou de les observer. De même que nous avons un concept des girafes que nous pouvons explorer pour penser quelque chose à leur propos, il semble que nous ayons également un concept ou un quasi-concept de nous-mêmes qui ne paraît pas pouvoir être réduit à l'exercice d'une forme d'aperception actuelle. Nous disons « quasi-concept », parce que nous verrons qu'on ne peut assimiler notre Moi, c'est-à-dire la somme des qualités plus ou moins permanentes que nous nous attribuons, à un *concept* de nous-mêmes, au sens où nous avons un concept des girafes. Mais il est au moins certain, pour l'instant, que si l'on veut mesurer la part exacte que l'aperception peut prendre à la formation de nos pensées égologiques, c'est plutôt vers des jugements portant sur nos propriétés, états ou actions courants que nous devons nous tourner, vers des jugements comme « j'ai froid », « je mets mes bottes » ou « je crois qu'il va pleuvoir », plutôt que vers des jugements comme « je suis un garçon courageux ».

Or, à l'intérieur de l'ensemble des jugements portant sur nos actions ou états courants ou occurrents, il y a certaines distinctions qu'il est encore nécessaire de faire. Il ne fait aucun doute d'abord que lorsque nous parlons d'une sensation que nous avons (« J'ai froid ») ou d'une action que nous accomplissons (« Je mets mon pantalon ») nous devons clairement disposer de certaines informations proprioceptives (nous sentons nos muscles) ou perceptives (nous voyons nos mains, nos jambes, etc.). En revanche, cela est beaucoup plus douteux s'agissant de jugements comme « je crois qu'il va pleuvoir » ou « je voudrais voir l'Arabie heureuse », parce qu'il paraît plus délicat de supposer que nous sommes conscients d'une croyance ou d'une volition, comme nous sommes conscients d'une douleur ou d'un mouvement de notre bras. Toutefois la plupart des auteurs classent un jugement comme « j'ai mal » parmi les jugements nous attribuant un état mental, par opposition ceux qui nous attribuent un état ou une caractéristique physique ou corporelle, comme « je marche »[1]. Et il est vrai qu'il y a une différence entre une pensée comme « j'ai mal », que nous pourrions avoir dans l'ignorance totale que nous avons un corps, un corps ayant tel aspect, un corps situé parmi d'autres corps dans l'espace, et une pensée comme « je suis assis » qui mobilise une perception externe de l'espace et, au moins, une image mentale de notre corps. Autrement dit, il y a des pensées égologiques qui requièrent, d'une manière ou d'une autre, une intervention de sens externes comme la vue ou le toucher et par conséquent qui impliquent une certaine idée de l'espace, tandis que d'autres seraient accessibles à un être privé de la vue, du toucher et de l'ouïe. Toutefois, il semble y avoir aussi une différence pertinente entre ces derniers jugements, que nous appellerons désormais *sensoriels* (« j'ai mal », « j'ai chaud », « je

1. Cf. par exemple P.F. Strawson, *Individuals*, p. 89, trad. p. 99.

tends mon bras », etc.) et des jugements nous attribuant des états ou opérations cognitives ou déontiques, comme « je crois qu'il pleuvra » ou « je veux m'en sortir ». Il y a au moins cette différence évidente qu'une croyance ou une intention ne sont pas senties ou ressenties. En outre, s'il faut attendre d'avoir mal pour former la pensée qu'on a mal, il ne semble pas nécessaire d'attendre de vouloir sortir pour former la pensée qu'on* veut sortir. Il semble donc également nécessaire de faire une distinction entre ces jugements et ceux que nous avons appelés sensoriels.

Il apparaît donc nécessaire de distinguer au moins *trois* grands types d'attributions égologiques courantes, dont il est manifeste qu'en raison de la nature de leurs prédicats, elles présentent, du point de vue de leur mécanique cognitive, certaines différences importantes :

1) Il y a d'abord les jugements dont la formation semble dépendre de l'occurrence de certaines *expériences sensorielles*, par exemple « j'ai mal », ou bien des jugements fondés en partie sur des sensations de ce genre, par exemple « je lève le bras », qui implique au moins certaines sensations kinesthésiques. Ce sont là des jugements qui, pour employer un vocabulaire classique, requièrent une certaine *passivité* du sujet puisqu'il faut que le sujet soit placé dans un certain état sensible pour pouvoir former la pensée égologique correspondante.

2) Il y a ensuite des jugements par lesquels nous nous attribuons des croyances ou des volitions. A l'inverse des précédents, ils ne paraissent pas requérir, pour être formés par un sujet, un élément de passivité. Pour former la pensée qu'on* croit qu'il va pleuvoir, il ne semble souvent nécessaire que de regarder le ciel[1]. De même, pour vouloir sortir, pour former la pensée : « je veux sortir », il ne paraît pas nécessaire d'apercevoir qu'on veut sortir. Ces jugements tranchent donc sur les précédents en ce qu'ils ne paraissent pas requérir que le sujet soit informé de ce qu'il croit ou de ce qu'il veut pour juger qu'il* croit que p ou qu'il* veut faire X.

3) Enfin il y a des jugements égologiques qui paraissent étroitement dépendre de la perception courante du sujet. Ce sont ceux qui nous attribuent une localisation dans l'espace et une position par rapport à d'autres corps (« Je me promène » ou « Je suis assis à sa droite ») et qui, pour cela, requièrent que nous fassions appel à notre perception externe

1. Cf. l'apophtegme de Wittgenstein cité par Evans (*The Varieties of Reference*, p. 225) : « Si quelqu'un me dit, en regardant le ciel : "je crois qu'il va pleuvoir donc j'existe", je ne le comprends pas. », C. Coope, P. Geach, T. Potts, R. White (eds), *A Wittgenstein Workbook*, Oxford, Blackwell, 1971, p. 21.

de l'espace et à notre sens de l'orientation dans cet espace, même si, comme nous le verrons, ils prennent également appui sur des informations "internes".

Comme chacun peut s'en rendre en compte en tournant son regard en lui-même, les opérations cognitives que nous accomplissons pour penser « j'ai mal », « je crois en Dieu » ou « je me promène » présentent des différences importantes qui peuvent déjà nous faire douter du caractère homogène de ce que les philosophes ont appelé *conscience de soi*. Ces trois types de jugements forment en outre une sorte de système de l'égologie courante, c'est-à-dire qu'à peu près tout ce que nous pouvons nous attribuer, à titre d'action ou d'état courants, peut rentrer dans l'une ou l'autre de ces trois rubriques, même s'il serait et sera parfois nécessaire de distinguer des sous-espèces pour faire droit à certains différences cognitives [1].

Nous allons donc examiner quelques candidats représentatifs relevant de chacune de ces rubriques et montrer que, dans chaque cas, *si* des informations nourrissent nos pensées égologiques, celles-ci ne contiennent rien qui puisse expliquer la forme égologique de ces pensées.

2. *Existe-t-il un sens interne ?*

Considérons pour commencer les jugements égologiques du type : « J'ai mal », « J'ai froid » autour desquels se concentre une bonne part de la résistance contemporaine à l'argument humien en faveur de l'*elusiveness of the self*. Ces jugements égologiques ont, d'un point de vue cognitif, cette caractéristique évidente de n'être rendus possibles que par certaines sensations que nous avons. Nul ne peut dire ou penser « j'ai mal » ou « j'ai chaud » s'il ne sent pas quelque chose. Toute la difficulté est cependant de décrire comment ce jugement "sort" de la sensation correspondante. La conception la plus courante chez les philosophes a été précisée par Kant au

1. Nous pouvons considérer que des jugements nous attribuant des états affectifs ou émotionnels, comme « je suis en colère » ou « j'ai peur », peuvent être rattachés à la première classe, même s'il y a une différence qualitative évidente entre un affect et une sensation, une différence qui vient sans doute de la plus grande implication de nos concepts d'états affectifs dans la réalité même de ses états. En revanche, un traitement particulier devrait certainement être réservé aux jugements que l'on peut appeler "mémoriels" comme « j'y suis allé » ou, réflexivement, « je me souviens d'y être allé », qui pourraient former une quatrième classe de jugements égologiques courants. Néanmoins, comme nous le verrons dans le cours du chapitre cinq, ces jugements sont certainement ceux auxquels s'appliquent de la manière la plus incontestable la thèse de l'*elusiveness of the self* et c'est la raison pour laquelle nous les laisserons pour l'instant de côté.

moyen de son concept d'un « sens interne », « par l'intermédiaire duquel l'esprit s'intuitionne lui-même ou intuitionne son état intérieur[1] ». L'idée est que pour dire « j'ai mal », il faudrait que nous sachions que nous avons mal et nous saurions que nous avons mal parce que nous *percevrions* notre douleur. Or, notre douleur n'étant pas une entité physique existant dans l'espace, il faudrait la considérer comme une entité intérieure que nous saisirions au moyen d'un sens interne, de la même manière que la vue ou le toucher sont des sens externes. Notre sens interne nous apprendrait donc que nous avons mal parce qu'il nous permettrait de percevoir notre douleur et c'est parce que nous percevrions ainsi notre douleur que nous pourrions dire « j'ai mal ».

C'est l'introduction d'un processus de ce genre qui semble à la racine de l'argument humien en faveur de l'*elusiveness of the self*. Il est vrai que la distinction entre un « sens interne » et un « sens externe » ne se rencontre pas dans le passage de Hume que nous avons plusieurs fois mentionné. Hume affirme que l'esprit est constitué d'un ensemble ou, plus exactement, d'une série de « perceptions particulières », ces perceptions n'étant cependant, à ses yeux, ni internes, ni externes puisqu'il place sur le même plan aussi bien des perceptions « de chaleur ou de froid » que « de lumière ou d'ombre ». Néanmoins, Hume admet bien que, comme la lumière ou l'ombre, la chaleur ou la douleur sont *perçues* et c'est ce qui lui permet de nier que si nous percevons de la douleur ou de la chaleur, on « perçoive quelque chose de simple et de continu[2] » qu'on pourrait appeler soi-même. Même si Hume ne distingue donc pas explicitement une perception interne et une perception externe, il semble néanmoins admettre que le mode dominant d'acquisition d'informations est la *perception* et il semble donc bien y avoir un lien entre cet attachement au modèle général de la perception d'objet et la thèse de l'*elusiveness of the self :* ce que Hume rejette, c'est l'idée qu'il puisse y avoir une *perception* de l'*ego*.

Nous allons donc essayer de montrer simultanément deux choses. La première, c'est que, malgré ce que Hume semblait penser, il y a bien lieu de faire une distinction entre « l'interne » et « l'externe », car la manière dont nous acquérons des informations sur nous-mêmes tranche sur la manière dont nous acquérons des informations sur « l'extérieur ». Néanmoins le fondement de cette distinction tient précisément au fait que ce n'est pas de manière *perceptive* que nous acquérons des informations sur nous-mêmes,

1. Par opposition au sens externe, « par l'intermédiaire [duquel] nous nous représentons des objets comme extérieurs à nous ». Cf. *Critique de la Raison pure*, A 22-B 37, trad. A. Renaut, Paris, Aubier, 1997, p. 119.

2. *Traité de la nature humaine,* I, IV, vi, trad. cit., p. 344.

ce qui rend le modèle de la perception d'objet inapplicable à la saisie introspective de nos états sensoriels. Nous verrons alors si ce rejet du modèle de la perception d'objet pour caractériser la manière dont nous acquérons des informations sur nous-mêmes suffit à ôter toute pertinence à la thèse de *l'elusiveness of the self.*

Commençons d'abord par présenter l'idée principale de la critique du modèle de la perception interne. Elle revient à remarquer que, pour savoir que j'ai mal, il n'est nullement requis que, grâce à mon sens interne, je perçoive ma douleur. Il suffit au contraire que je me trouve dans ce que j'appellerai désormais un *état sensoriel*[1]. Et se trouver dans un état sensoriel ayant une certaine coloration qualitative est une chose tout à fait différente de celle qui consiste à percevoir quelque chose[2].

Pour saisir cette différence, considérons une perception auditive, la perception d'un bruit quelconque. Une expérience de ce genre présente *au moins* trois caractéristiques. Elle est d'abord *intentionnellement* orientée. Cela signifie que lorsque nous entendons un bruit, nous ne sentons pas, pour parler métaphoriquement, la vibration de nos organes, mais cette vibration, si elle est réelle, est cependant vécue comme mode de présence d'un certain bruit. Une autre caractéristique est que nous pouvons identifier le bruit que nous entendons. Nous pouvons percevoir tel ou tel bruit comme étant le même que celui entendu hier ou comme étant un bruit différent. Le contenu de la perception, qu'il soit conceptuel ou non-conceptuel, est donc *classifiant ou identifiant*. Enfin, un dernier trait caractéristique est qu'une expérience de ce genre peut être *hallucinatoire :* il

1. A une différence (non négligeable) d'idiome près, j'appelle « état sensoriel » ce que Maine de Biran appelle « mode purement affectif » ou « affection simple » et qu'il définit « une propriété impressionnable et affectible, inhérente à chaque partie et à l'ensemble de l'organisation vivante; [...] cette propriété mise en jeu ou effectuée dans la sensation organique et animale (qui ne diffèrent que par le degré) ne renferme point la perception [...] mais constitue un mode d'existence que l'on pourrait dire impersonnel et auquel sont probablement réduits une multitude d'animaux », *Mémoire sur la décomposition de la pensée*, éd. F. Azouvi, Paris, Vrin, 1988, p. 97.

2. Notre but n'étant pas de nous livrer à une exégèse de la position propre de Hume, mais de discuter les conditions d'acceptabilité de la thèse d'ascendant humien qu'il n'y a pas de justification informationnelle de l'égologie, nous ne nous attarderons pas sur la difficulté suivante : le concept humien d'*impression* semble assez proche de ce que nous allons décrire sous le nom d'*état sensoriel*. La difficulté est alors de comprendre comment il se fait que Hume n'ait pas accordé d'importance à la différence que nous allons introduire entre percevoir et ressentir, entre percevoir de la lumière et ressentir de la chaleur. Cette différence condamne en effet l'usage exclusif du concept de *perception* comme mode unique d'acquisition d'informations sensibles.

se peut que nous entendions un bruit, alors même qu'il n'y en a pas. Une expérience perceptive peut donc, en ce sens précis, être erronée.

Retrouve-t-on des traits semblables dans l'expérience de la douleur, ce qui justifierait que l'on décrivît cette expérience comme une perception de notre douleur ? Il y a au moins ceci de commun entre ces expériences, c'est que nous pouvons reconnaître qu'une douleur actuellement ressentie est qualitativement la même qu'une autre douleur que nous avons déjà éprouvée ou, au contraire, qu'elle en est différente. Nous faisons souvent l'expérience d'avoir déjà éprouvé *cette* douleur ou du moins d'en avoir éprouvé une de même sorte. Le contenu de notre expérience de la douleur est donc lui aussi *classifiant* ou *identifiant*. Cette particularité de l'expérience de la douleur semble donc militer en faveur de son caractère intentionnel ou objectuel : le fait que nous ayons le pouvoir d'identifier nos douleurs, de les comparer, etc., semble impliquer que nous pouvons les considérer comme nous considérons des objets ou des traits objectifs. A cela s'ajoute que nous pouvons localiser nos douleurs, par exemple éprouver une douleur dans le bras. Et cela renforce l'idée que, si la douleur est dans le bras, c'est qu'elle est un objet qui s'impose à nous, puisque, à tout le moins, nous ne sommes pas nous-mêmes tout entier dans notre bras et que notre bras présente l'objectivité qui appartient à tous les objets localisés dans l'espace.

Ces deux aspects de l'expérience de la douleur, sa ré-idenfiabilité et sa localité, sont donc ce qui suggère le plus fortement que l'expérience de la douleur pourrait être une perception de la douleur, une perception interne sans doute, mais néanmoins une perception. Toutefois, l'expérience de la douleur présente aussi une autre caractéristique qui la distingue d'une perception externe comme l'audition d'un son : à la différence d'une perception auditive, l'expérience de la douleur ou toute autre expérience de ce genre, ne peut pas être hallucinatoire. Il est en effet impossible que je croie avoir mal alors que je n'aurais pas mal. Il y a un sens à dire : « il me semble entendre le son d'une cloche, mais peut-être n'est-ce qu'une hallucination », mais il n'y a aucun sens à dire : « il me semble que je souffre, mais peut-être n'est-ce qu'une hallucination ». Sans doute, la souffrance étant susceptible de degrés, telle sensation peut être vécue comme un commencement de douleur alors qu'on découvrira, un instant après, qu'il ne s'agissait que des prémices d'un chatouillement. Mais il semble qu'on doive considérer ce commencement de plaisir comme une douleur, dès lors qu'il fût fugacement vécu comme tel. La raison en est que tout ce que nous *sentons* comme de la douleur *est* de la douleur. Il suffit que nous sentions de la douleur pour qu'il soit vrai que nous souffrons effectivement, au moins dans le temps que nous sentons de la douleur. Or, il est manifeste que l'impossibilité où nous sommes d'être victimes d'une hallucination en sentant que nous avons mal ne vient pas de ce que nous serions mieux placés pour connaître nos douleurs que pour connaître des sons ou des couleurs extérieurs. Cette impossibilité vient plutôt du fait que la douleur et la sensation de douleur sont identiques : avoir mal et ressentir de la douleur sont une seule et même chose[1]. Or, il n'est évidemment pas possible de ne pas sentir ce que nous sentons tandis que nous le sentons. Il est donc *logiquement* impossible que, tandis que nous sentons de la douleur, nous ne sentions pas de la douleur. J'appellerai cette caractéristique de l'expérience de la douleur son *immunisation contre le risque d'hallucination*.

Or, il me semble que cette particularité de l'expérience de la douleur suffit à impliquer qu'elle n'est pas une perception de la douleur. Si nous pouvons identifier et localiser nos douleurs, cela n'implique pas que nos douleurs sont des objets "internes" que nous percevons. Pour le voir, essayons d'imaginer à quelle condition une expérience auditive pourrait, comme l'expérience de la douleur, être immunisée contre le risque d'hallucination[2]. Il me semble que cette condition serait la suivante : au lieu d'entendre (percevoir) un son, nous nous sentirions vibrer d'une certaine façon. Nos organes seraient placés dans l'état électrochimique dans lequel ils sont placés lorsque nous entendons le son d'une cloche par exemple, mais au lieu d'entendre le son d'une cloche, au lieu de faire l'expérience que nous faisons lorsque nous entendons le son d'une cloche, nous sentirions certaines vibrations particulières. Plus exactement, nous n'entendrions pas des vibrations, mais nous vibrerions. Au lieu de dire :

1. Quelques auteurs, (notamment N. Newton, « On Viewing Pain as a Secondary Quality », *Nous*, vol. 23, n° 5, 1989, p. 569-598) défendent l'idée selon laquelle, à travers notre sensation de douleur, nous percevrions notre douleur comprise comme un état physiologique de notre corps, de la même manière qu'au travers d'une impression visuelle de jaune, nous percevrions une certaine propriété de réflectance d'une surface. Si l'anesthésie n'existait pas, on pourrait peut être trouver une certaine plausibilité à cette idée. Mais quiconque a été anesthésié sait qu'avec la sensation de douleur, c'est toute la douleur qui disparaît. En outre, si la théorie des qualités secondes rend possible l'argument du spectre inversé, on ne voit guère ce que signifierait qu'une personne vive ses douleurs comme des caresses voluptueuses, sinon qu'elle ne souffre pas !

2. Il existe d'autres arguments que celui que je vais exposer. Sydney Shoemaker explore, par exemple, une expérience de pensée qu'il appelle l'expérience de l'auto-aveuglement (*self-blindness*, *op. cit.* p. 226 *sqq.*). L'idée est qu'une caractéristique d'une expérience perceptive, c'est qu'elle n'est la perception d'un *objet* que si cet objet peut exister indépendamment de sa perception. Mais pourrait-on avoir mal, sans savoir (apercevoir), en première personne, qu'on* a mal ? Cet argument n'est toutefois efficace que si l'on rejette la théorie des qualités secondes.

« La cloche sonne », nous dirions donc : « Je clochevibre », pour caractériser en même temps le genre de vibration dont nous nous sentirions animés. Dans ce cas, il est clair qu'il n'y aurait aucune différence générique entre cette expérience auditive et une sensation de douleur ou de chaleur. Il n'y aurait donc également pas de place pour une éventuelle hallucination, car clochevibrer et sentir qu'on clochevibre seraient une seule et même chose. Or, quelle différence y a-t-il entre l'expérience d'entendre le son d'une cloche et l'expérience de clochevibrer ? Il s'agit manifestement de la différence que l'on peut faire entre *percevoir* quelque chose et *ressentir* quelque chose. Mais quelle est exactement cette différence ? Intuitivement, on ne mieux l'exprimer qu'en distinguant le fait d'être en présence d'une qualité sensible et le fait d'être dans un certain état sensoriel, entre percevoir une qualité et être dans un certain état qualitatif.

Ce qui empêche de voir nettement cette différence entre percevoir et ressentir, c'est l'habitude que nous avons d'associer perception et sensation. On affirme en effet que, pour percevoir quelque chose, pour voir ou entendre quelque chose, il faut que nous ayons certaines *sensations* visuelles ou auditives. Si nous percevons du rouge, c'est, dit-on, que nous avons des sensations de rouge. Si nous percevons le son d'une cloche, c'est que nous avons certaines sensations auditives déterminées. Ce qui motive l'introduction de telles sensations, c'est d'abord le fait que nous ne percevons pas tout ce que nous voyons, qu'il y a un écart entre les informations visuelles que nous recueillons et la représentation visuelle que nous formons. Dans la célèbre illusion de Müller-Lyer, nous voyons deux lignes de même taille, mais percevons deux lignes de taille inégale [1]. D'autre part, le fait que nos perceptions puissent être hallucinatoires semble nous obliger à distinguer ce qui nous fait voir du rouge, c'est-à-dire nos sensations de rouge, et la surface que nous voyons rouge.

On pourrait certes arguer qu'il y a d'autres façons possibles d'expliquer aussi bien les illusions que les hallucinations perceptives et qu'il n'est donc pas nécessaire de distinguer entre nos sensations visuelles ou auditives et notre perception visuelle ou auditive. Mais il suffit, pour atteindre l'objectif qui est le nôtre, de remarquer que, même s'il fallait introduire de telles sensations, le mot "sensation" n'aurait pas le même sens lorsque nous parlons d'une sensation de douleur et lorsque nous parlons de sensations visuelles ou auditives. Cette assimilation, pourtant très générale chez les philosophes, ne laisse pas d'être erronée. Supposons en effet qu'il

1. Sur ces phénomènes, cf. Gaetano Kanizsa, *La Grammaire du Voir*, tr. fr. A. Chabolle, Paris, Diderot Éditeur, 1997. Notons que des phénomènes semblables ne semblent pas avoir lieu dans le cas de l'ouïe.

s'agisse du même genre de phénomène. Supposons que la différence entre une sensation visuelle et une sensation de douleur ne soit qu'une différence qualitative, mais nullement une différence catégoriale entre deux types distincts d'états cognitifs. Nous serions des êtres sensibles, des êtres dotés d'une sensibilité [1] et nous aurions des sensations présentant des différences qualitatives, quoiqu'elles soient toutes identiquement des sensations [2]. Supposons alors que le modèle de la perception visuelle soit le modèle général. Il nous faudrait dire d'abord, si nous supposons qu'une perception visuelle est formée de sensations visuelles, que ces sensations, en devenant conscientes, se transforment en perceptions. En effet, lorsque nous percevons du rouge ou un son, nous ne sommes pas conscients *de* nos sensations, notre conscience n'est pas conscience *de* nos sensations, mais nous percevons un trait sensible objectif. Cela veut donc dire que nos sensations, en devenant conscientes, nous placeraient dans un état perceptif intentionnel. Or, si ce modèle était général, cela voudrait dire que *toute* sensation devrait être vécue par nous comme une certaine perception, comme la perception d'une certaine qualité sensible : de même que sentir du rouge, c'est voir du rouge, sentir de la douleur, ce serait percevoir de la douleur. Ainsi aurions-nous un modèle commun, calqué sur le modèle de la perception visuelle ou auditive, et applicable à la sensation de douleur. Néanmoins, même dans ce modèle commun, il nous faudrait admettre l'existence d'une différence notable entre sentir du rouge et sentir de la douleur. Dans le premier cas, en effet, sentir du rouge n'est rien d'autre que percevoir du rouge. Lorsque nous voyons une surface rouge, nous ne sommes pas conscients de deux contenus distincts, un contenu « sensationnel », une façon de vivre le rouge, et un contenu « représentationnel », notre perception d'une surface rouge. La perception du rouge est seulement un état représentationnel et non pas, à la fois, un état de rougeoiement dans lequel on se sent et, en outre, la perception d'une surface rouge. Le contenu sensationnel de nos perceptions, s'il existe, est donc, comme on dit, « diaphane », c'est-à-dire qu'il se laisse comme traverser par la direction intentionnelle de notre conscience perceptive [3]. En revanche, dans cette

1. Au sens de la *Sinnlichkeit* kantienne. Cf. *Critique de la raison pure*, A19-B33, trad. cit., p. 117.

2. C'est sur une hypothèse semblable qu'est construit le *Traité des Sensations* de Condillac.

3. Le mot « diaphane » vient de G.E. Moore, « The Refutation of Idealism », *Mind*, oct. 1903, p. 176-193, trad. fr. F. Armengaud in *G.E. Moore et la genèse de la philosophie analytique*, Paris, Klincksieck, 1985, p. 82. La « diaphanéité » du contenu sensationnel de la perception ne signifie certes pas que ce contenu est non-conscient. Néanmoins, on ne peut affirmer que la conscience de ce contenu est intentionnelle. Les philosophes qui soutiennent

hypothèse, sentir de la douleur ne serait pas seulement percevoir de la douleur : car ce serait aussi, précisément, éprouver ce que chacun de nous ressent quand il a mal. Or, si, dans le cas précédent, le contenu sensationnel de la perception est diaphane, il ne l'est évidemment pas dans le cas de la douleur puisque, au contraire, on peut dire que c'est le *contenu sensationnel lui-même qui constitue le contenu représentationnel de notre expérience de la douleur*. D'où suit que si l'on voulait caractériser cette expérience comme une perception, il nous faudrait dire que percevoir notre douleur serait, aussi paradoxal que soit cette expression, *percevoir notre sensation de douleur*, tandis que percevoir du rouge ne serait jamais percevoir notre sensation de rouge, mais bien toujours voir du rouge. Autrement dit, dans un cas, une sensation serait vécue *comme* perception d'une qualité, tandis que, dans l'autre, la sensation serait elle-même perçue. Mais il est évident que ces deux assertions sont manifestement absurdes.

Que signifie en effet d'abord l'assertion qu'une sensation est vécue comme une perception ? Cela signifie que nous ne nous sentons pas sentir, mais que nous *projetons* nos sensations et les vivons comme des qualités objectives[1]. Or, il arrive parfois que ces prétendues sensations inconscientes deviennent conscientes, par exemple lorsque nous modifions notre angle de vue en nous mettant la tête en bas ou bien lorsque nous modifions notre acuité visuelle en plissant les yeux[2]. Or que se passe-t-il dans ce cas ? Cessons-nous de percevoir pour ressentir ? Cessons-nous d'entendre un son pour nous mettre à clochevibrer ? Cessons-nous de percevoir du rouge pour rougeoyer ? Nullement. Nous continuons de percevoir un son, du rouge, etc., mais tout se passe comme si nous avions extrait de notre perception, du contenu représentationnel de notre perception, tout ce qui est à mettre au compte de nos concepts ou des mécanismes correctifs de type gestaltistes. Les "sensations" auxquelles nous parvenons en nous plaçant dans ce genre de situations n'ont donc rien perdu de leur intentionnalité : elles restent des perceptions, mais elles nous paraissent déformées, par rapport à nos

que *toute* conscience est intentionnelle doivent donc être embarrassés pour *dire* que, dans la perception, la sensation est consciente. La *modalité* sensationnelle d'une perception est une forme originaire de conscience, irréductible à sa forme intentionnelle, mais irréductible également à la manière dont un état sensoriel est conscient.

1. C'est la théorie de la perception défendue par Malebranche dans sa *Recherche de la Vérité :* « Nous avons coutume d'attribuer nos sensations aux objets toutes les fois qu'ils agissent sur nous par le mouvement de quelque parties invisibles. » (livre I, chap. XI, éd. Rodis-Lewis, Paris, Vrin, 1965, p. 60). Cette théorie revient au fond à décrire toute notre perception, y compris les perceptions véridiques, sur le modèle de l'hallucination.

2. Cf. Jacques Bouveresse, *Perception langage et réalité*, t. 1, « La perception et le jugement », Nîmes, J. Chambon, 1995, p. 267-268.

perceptions usuelles, parce que nous en avons extrait toutes les corrections que leur ajoutent, soit nos jugements, soit certains contrastes gestaltistes. Par conséquent, dire que les sensations auditives et visuelles sont vécues comme des perceptions n'est qu'une manière compliquée de dire que nous avons des perceptions auditives et visuelles, mais qu'il y a des degrés dans l'élaboration de ces perceptions selon que s'y joignent ou non divers correctifs intellectuels ou sensibles. Il n'y a pas, dans la perception, des sensations qui ne seraient pas des perceptions. La perception n'est faite, si l'on peut dire, que de perceptions.

A l'inverse, dans le cas de l'expérience de la douleur, c'est cette fois la perception qui est de trop. Il est évident en effet qu'en affirmant que nous *percevons notre sensation* de douleur, on multiplie les entités sans nécessité. Car, lorsque nous souffrons, nous sentons, nous sentons d'une manière qualitativement déterminée. Et cette sensation est consciente. Non que nous ayons conscience *de* cette sensation, mais cette sensation est intrinsèquement un événement qualitatif conscient. Percevoir qu'on sent, percevoir une sensation de ce genre, ce serait donc prendre conscience de quelque chose qui est déjà conscient, ce qui, il faut l'avouer, est une manière bien étrange de s'exprimer.

Il y a donc clairement une différence à faire entre percevoir et ressentir. On peut, si on le souhaite, affirmer qu'il s'agit là de deux modalités du sentir, mais il convient de préciser que percevoir n'est pas quelque chose qui s'ajoute au fait de sentir ou d'avoir des sensations, mais que c'est une certaine façon d'avoir des sensations. Pour percevoir, on aurait envie de dire que nous devons sentir, mais que nous devons en outre vivre nos sensations *comme* le mode de présence de certains objets (des sons, des couleurs, etc.). Cette interprétation accrédite l'idée que nous *projetterions* sous forme d'objets des contenus qui seraient “subjectifs”, sensoriels. Mais quel sens y-a-t-il à dire que nous avons des sensations inconscientes, mieux, que toutes nos sensations sont inconscientes, dès lors du moins qu'elles nous servent à percevoir des objets ? Ne vaut-il pas mieux dire que percevoir est une manière de sentir, une manière intentionnelle de sentir ? Sentir intentionnellement, c'est percevoir des qualités sensibles et c'est bien là ce qui se passe lorsque nous entendons ou voyons. A l'inverse, dans l'expérience de clochevibrer ou dans celle d'avoir mal, la différence n'est pas du tout que, pour de mystérieuses raisons, nous aurions cessé de projeter sous forme d'objets ce que nous sentirions. Ni même, plus étrange encore, que nous projetterions comme sensations nos sensations. La différence est que nous avons affaire ici à une autre manière de sentir, non plus une sensation intentionnelle, mais un ressentir conscient. Nous ressentons consciemment de la souffrance, c'est-à-dire nous souffrons. Nous ne percevons pas une souffrance, *a fortiori* une sensation de souffrance. Nous *sommes* dans un état sensoriel de souffrance ou de clochevibration.

On pourrait cependant objecter que, dans la mesure où nous localisons nos douleurs ou autres sensations de ce genre, celles-ci acquièrent, de ce fait même, une certaine objectivité. Le fait d'avoir mal à tel endroit ne signifie-t-il pas que nous percevons tel endroit comme douloureux? Mais imaginons que nous soyons totalement dénués de toute perception externe. Nous ne pouvons ni voir, ni toucher notre corps, ni, *a fortiori* situer notre corps dans l'espace des autres corps. Et imaginons, plus radicalement, que nous n'ayons jamais pu le faire : nous n'avons absolument aucune idée de l'espace extérieur et des objets situés dans cet espace. Dans une telle situation, nous continuerions d'éprouver différentes douleurs dans ce que nous aurions pu appeler différents endroits de notre corps, si nous n'avions pas été aussi cognitivement mutilés. Mais ces différences ne pourront plus être vécues comme elles l'auraient été si nous les avions placées sur la carte mentale de notre corps. Désormais, ces différences comporteront sans doute à la fois un élément qualitatif (une migraine n'est pas la même sorte de douleur qu'un mal de ventre), mais aussi un élément spatial. Seulement, comme on peut le conjecturer, cette spatialité de la douleur sera vécue du dedans. Elle prendra place à l'intérieur du sentiment diffus que constitue la sensation de la spatialité de notre corps propre. Or, on sait que c'est une particularité de cet espace du corps propre, de cette spatialité du corps propre, qu'elle ne peut être éprouvée comme un milieu séparable des choses qui l'occupent[1]. La proprioception de la spatialité du corps propre est certainement mieux caractérisée comme un certain sentiment de *voluminité*. On pourrait donc considérer ce sentiment de voluminité comme le substrat de tous nos états sensoriels différenciés, comme si chaque état sensoriel n'était qu'une intensification locale de ce sentiment de voluminité globale. En conséquence, rien n'oblige à considérer que la localisation des douleurs constitue une forme d'objectivation, transformant une sensation en perception d'une sensation. Nous n'avons cette impression que parce que nous ajoutons à la nue expérience d'une douleur localisée, non seulement la carte mentale de notre corps, mais notre perception de ce corps comme un objet dans l'espace. Mais si nous nous privons de cette ressource externe, le fait de sentir de la douleur en un lieu nous apparaîtra comme différent du fait de percevoir une sensation en un lieu. La douleur ne cesse pas d'être un état sensoriel du fait d'être locale, pour la raison que cette localisation,

1. Cf. Jacques Merleau-Ponty, *Phénoménologie de la Perception*, Paris, Gallimard, 1945, p. 117.

avant d'être liée à un repérage externe mettant en œuvre la vue ou le toucher, est d'abord un certain état sensoriel, une modification de notre sentiment de voluminité. La localisation de la douleur n'introduit donc aucune rupture dans le caractère d'état sensoriel de la douleur. Le fait d'avoir mal au pied n'est pas d'une autre nature que le fait d'avoir mal partout.

On peut donc résumer la distinction entre percevoir et ressentir en disant que, même si une expérience perceptuelle et une expérience sensorielle présentent l'une et l'autre, en tant qu'expériences, un élément qualitatif, un « ce que ça fait »[1] d'entendre un son ou de souffrir, le contenu sensationnel d'une expérience perceptuelle est *diaphane* au lieu que le contenu sensationnel d'une expérience sensorielle est en même temps le contenu intentionnel de cette expérience consciente. Ou, pour le dire encore d'une autre façon, si une sensation de douleur est un état qualitatif conscient, une perception, si elle est aussi un état qualitatif, n'est pas la conscience de cet état.

3. *Exprimer un état et décrire un objet*

Si l'on admet donc cette distinction entre percevoir et ressentir, il en découle qu'il n'est pas possible d'expliquer la conscience que nous avons de nos états sensoriels au moyen d'un concept comme celui de sens interne. Car ce concept d'une perception interne impliquerait que nous ayons conscience de nos états sensoriels, alors que ces états sont déjà des états conscients. Il faut donc dire que nous n'apercevons pas notre douleur, mais simplement que nous souffrons, parce que souffrir est à lui seul un état conscient. Celui qui pense « j'ai mal » ou « j'ai chaud » ne perçoit aucun objet intérieur. Et pour cette raison même, il ne peut s'apparaître à lui-même comme distinct de cet « objet ». Il est *dans* un certain état sensoriel, qualitatif et si sa conscience était réduite à ce qu'il sent actuellement il faudrait dire qu'il *est* cet état sensoriel conscient.

Cette différence entre percevoir et ressentir est décisive pour appréhender la relation tout à fait singulière que le locuteur d'un jugement égologique entretient avec l'état sensoriel qu'il exprime. Nous pouvons admettre en effet que tout jugement altérologique est doué d'intentionnalité : il est à propos de quelque chose. Or, dans la plupart des cas, l'intentionnalité du jugement est, soit précédée, soit accompagnée de l'intentionnalité de l'état informationnel dans lequel le sujet du jugement se trouve placé. Il dispose d'informations qui sont elles-mêmes intentionnellement

1. Sur cette expression, cf. Thomas Nagel, « What it is like to be a bat? », *Philosophical Review*, vol. 81, n° 2, 1974, p. 127-136.

orientées. Par exemple, nous pensons que ce coq a une belle crête parce que nous possédons diverses informations visuelles et auditives qui sont elles-mêmes intentionnellement orientées vers lui. Dans le cas général, on peut interpréter la genèse informationnelle d'un jugement comme l'articulation conceptuelle d'informations qui sont elles-mêmes à propos de ce qui deviendra l'objet du jugement. On voit quelque chose et on dit ce qu'on voit, même si ces deux opérations ne sont pas nécessairement successives, dès lors qu'on voit quelque chose *comme* quelque chose. Or, dans le cas d'un jugement relatif à un état sensoriel, on ne peut expliquer la genèse informationnelle de ce jugement comme l'articulation conceptuelle d'informations à propos de cet état sensoriel. Il faudrait sinon supposer que le locuteur, d'une part ressent de la douleur ou de la chaleur et, d'autre part, perçoit ou aperçoit sa sensation de douleur ou de chaleur. Mais, nous l'avons vu, c'est manifestement multiplier les entités sans nécessité. On ne peut donc dire que le jugement qui est relatif à cet état sensoriel de chaleur articule une information que nous avons à propos de notre état sensoriel. Il faut plutôt dire qu'il articule l'état sensoriel lui-même, un peu comme si un jugement à propos de ce coq était une auto-articulation de ce coq lui-même.

Mais, dira-t-on, ne faut-il pas quand même faire une différence entre avoir chaud et *penser* qu'on a chaud ? Une chose n'est-elle pas d'avoir chaud et une autre de le penser et de le dire ? Et pour le dire, ne faut-il pas le savoir et, par conséquent, ne faut-il pas apercevoir qu'on a chaud ? Le lecteur reconnaîtra ici un raisonnement familier, le genre de raisonnement que fait par exemple Descartes qui imagine que l'âme doit apercevoir ce qui se passe en elle pour juger de ce qui s'y passe [1]. Nous aurions donc d'une part une sensation ou un état sensoriel de chaleur et, de l'autre, une aperception de cette sensation, au moyen, semble-t-il, d'un acte d'intuition intellectuelle. Cet acte serait évidemment postulé : aucune évidence empirique ne peut venir appuyer l'invocation d'un tel acte aperceptif orienté vers nos états sensoriels. Quand nous avons mal, nous n'apercevons pas que nous avons mal, mais nous nous contentons en général de souffrir. Si Descartes insiste cependant sur la réalité d'une telle opération, c'est parce qu'il croit que *tout* jugement n'est possible que si le sujet qui juge s'oppose ses objets pour en juger. Tout jugement étant intentionnel, c'est-à-dire à propos de quelque chose, nous ne pourrions savoir quoi que ce soit à propos de quelque chose, si nous n'étions pas comme en regard de cette chose et ne lisions pas sur elle ce que nous exprimons dans notre jugement. Nous retrouverons plusieurs fois ce raisonnement dans ce chapitre et le suivant, avec toujours

1. *Principes*, I, § 9, AT IX-2, p. 28.

cette conséquence que le sujet pensant doit apercevoir ses propres états pour pouvoir en parler ou les penser. L'idée de conscience de soi est étroitement liée à cette théorie générale de la possibilité du jugement selon laquelle l'intentionnalité des jugements doit être précédée ou fondée sur celle des informations qui nous permettent de parler d'un objet. Or, dans le cas présent, rien n'impose ce raisonnement et ce postulat, simplement parce que nous pouvons comprendre autrement, et de manière plus économique, la relation du jugement aux états sensoriels sur lesquels il porte.

Il suffit pour cela de renoncer à l'idée qui est sous-jacente à la thèse cartésienne, à savoir qu'il y aurait une dualité entre la conscience informationnelle d'un contenu et la reconnaissance et articulation conceptuelles de ce contenu[1]. Le raisonnement "cartésien" suppose qu'une personne souffre et que c'est parce qu'elle aperçoit qu'elle souffre qu'elle pense qu'elle souffre. Mais ne voit-on pas que la "première" souffrance suffit à l'affaire? Il suffit en effet d'admettre qu'au cœur de nos états sensoriels conscients, certaines capacités conceptuelles se trouvent dès l'abord exercées, qui nous permettent, par exemple, de discerner la faim et la soif, la douleur et la chaleur, etc. Sans doute la diversité qualitative de ces états n'est pas isomorphe à la diversité beaucoup plus restreinte de nos concepts. Cela n'empêche pas toutefois que cette diversité qualitative soit directement articulée par nos concepts et si nous sentons plus que nous ne disons, cet excès n'a de sens que par référence à une limite qui est donc bien interne à ces sensations elles-mêmes[2]. D'autre part, ces capacités conceptuelles impliquées dans nos états sensoriels peuvent ne pas être actualisées : nous pouvons avoir chaud ou soif sans le penser effectivement et nous laisser conduire par divers automatismes instinctuels. Et l'on peut même soutenir qu'il y a une différence qualitative entre le fait d'être simplement et muet-

1. J'adapte ici une des idées centrales du livre de John McDowell, *Mind and World*, Cambridge (Mass.)-Londres, Harvard University Press, 1994, réimp. augm., 1996. La différence est toutefois que, selon McDowell, ce n'est pas seulement la conscience de nos états sensoriels qui est conceptuellement articulée, mais aussi celle de nos états perceptuels, l'articulation conceptuelle du contenu de ces états leur conférant leur intentionnalité. Mais il me semble que si ce sont nos concepts qui transforment des sensations externes en perceptions, il faudrait dire que nos concepts transforment nos sensations internes en perceptions internes. On retrouverait donc le modèle du sens interne. Mais une objection contre cette manière de voir, outre celle qu'on peut tirer de l'existence de contenus non-conceptuels de la perception, c'est qu'elle occulte la différence de structure qui sépare la conscience d'un état qualitatif et la conscience perceptive d'un objet.

2. La thèse selon laquelle les différences perçues sont plus nombreuses que les différences conçues est présentée par Gareth Evans comme un argument en faveur du caractère non-conceptuel de l'expérience perceptuelle, cf. *The Varieties of Reference*, p. 229. Mc Dowell examine cet argument dans *Mind and World*, p. 56-60.

tement dans tel état sensoriel et le fait d'y penser. Nous ne souffrons pas de la même façon selon que nous accompagnons ou non cette souffrance de sa récognition conceptuelle. Mais cela suggère alors que cette conscience conceptuelle *de* l'état sensoriel dans lequel on se trouve n'est pas extérieure à l'état sensoriel lui-même, mais qu'elle constitue un mode interne d'existence de cet état. Penser « j'ai chaud » ne constitue qu'une certaine manière d'avoir chaud, une articulation de notre conscience sensible de la chaleur. L'objectivation de notre état sensoriel est simplement une propriété de cet état, au sens où avoir chaud, c'est sentir d'une façon qui enveloppe une disposition à en juger. Le fait d'être dans cet état implique la conscience de cet état et cette conscience peut mettre en œuvre des capacités conceptuelles qui nous font identifier ces divers états. C'est, semble-t-il, cette relation particulière du jugement avec l'état sensoriel qu'il exprime qui a permis à Wittgenstein de rapprocher un jugement comme « j'ai mal » d'un gémissement de douleur, par contraste avec un jugement quelconque à propos de quelque objet perçu ou conçu[1]. Le jugement semble ici prolonger l'état sensoriel ou, plutôt, en faire partie.

Cette description de la connaissance sensorielle, par opposition à une connaissance perceptuelle, permet en outre d'expliquer qu'un jugement comme « j'ai mal » soit immunisé contre le risque d'hallucination. S'il fallait apercevoir sa souffrance pour en juger, il serait au moins *logiquement* possible qu'on se trompe en jugeant qu'on souffre. Mais il semble pourtant impossible de supposer que quelqu'un qui juge, sincèrement et en pleine maîtrise du concept, qu'il souffre, puisse ne pas souffrir. On peut dire que, peut-être, il exagère sa souffrance, mais non qu'il l'hallucine. Or, si le jugement était une existence indépendante de la souffrance qu'il rapporte, il serait incompréhensible que le jugement suffise à attester de la réalité de l'état qu'il exprime. En revanche, si le jugement est interne à l'état qu'il exprime, son occurrence suffit à attester de la réalité de cet état.

S'il faut donc renoncer au modèle du sens interne, c'est non seulement parce qu'un tel modèle obligerait à parler de la perception (ou prise de conscience) d'un état qualitatif conscient, mais c'est aussi parce que ce modèle ne permettrait pas de rendre compte de l'immunité des jugements sensoriels contre les risques d'hallucination. Aucun jugement basé sur une expérience perceptuelle ne suffit à attester de la réalité de l'objet perçu. Si je juge qu'un tigre me regarde, il ne s'ensuit pas qu'un tigre me regarde. Mais

1. *Investigations philosophiques*, § 404, trad. P. Klossowski, Paris, Gallimard, 1961, p. 250.

si je juge que je suis triste, je le suis, non pas parce que je pense que je le suis, mais parce que je ne puis penser que je le suis sans l'être.

On ne peut donc assimiler les conditions de formation d'un jugement comme « j'ai chaud » avec celles d'un jugement perceptif. Dans un cas, nous dirons que le jugement *exprime* l'état dans lequel se trouve (consciemment) celui qui juge. Dans l'autre cas, nous dirons que le jugement *décrit* le contenu intentionnel de notre perception. L'expression d'un état qualitatif conscient est une certaine façon d'*être* dans cet état, au lieu que la description du contenu d'une perception est une existence indépendante de l'état de choses décrit. Les jugements égologiques qui *expriment* nos états sensoriels ont donc des conditions informationnelles absolument spécifiques, parce qu'ils sont une composante de ces états sensoriels, parce qu'ils sont la forme de notre conscience sensorielle.

4. *L'impersonnalité des états sensoriels*

La plupart des philosophes contemporains qui se sont penchés sur la thèse humienne de l'*elusiveness of the self* admettent sinon les étapes, du moins les conclusions de l'analyse que l'on vient de proposer. Rares sont ceux qui trouvent encore quelque vertu au modèle kantien de la perception interne et la plupart admettent que le processus cognitif qui nous fait connaître que nous souffrons ou que nous avons chaud ne peut être décrit selon le modèle de la perception d'objet, mais plutôt selon le modèle de l'expression d'un état sensoriel[1]. Mais les conséquences qu'ils en tirent, s'agissant de la justification de la forme égologique de la conscience que nous prenons de ces états sensoriels, sont plus étranges.

Que dit tout d'abord la thèse de l'*elusiveness of the self*? Que rien, dans un état sensoriel de douleur ou de chaleur, ne peut être mis en correspondance avec le "je". « Dans mon expérience, qu'est-ce qui justifie le "mes" dans : "Je sens mes douleurs" ? Où est la multiplicité du sentiment qui justifie ce mot ? », demandait Wittgenstein[2]. On pourrait plus radicalement formuler le problème ainsi : « Qu'est-ce qui justifie le "je" dans : "J'ai chaud" ? ». Or, il est clair que les choses ne se passent pas ici comme dans le cas d'un jugement altérologique où un certain prédicat est affirmé ou nié d'un sujet. Dans ce cas, il y a, à l'intérieur même de la scène perceptive, la multiplicité qui correspond à la différence du sujet et du prédicat. Il y a une région de la scène qui correspond à l'objet dénoté par le sujet et il y a, à

1. *Sed contra* A. Goldman, « The Psychology of Folk Psychology », *Behavioral and Brain Sciences*, 16, 1993, p. 15-28.

2. *Remarques philosophiques*, § 63, trad. p. 90.

l'intérieur de cette région, un trait qui répond au prédicat. On peut comparer la situation à celle d'une caméra qui s'arrête sur une région de l'espace puis zoome sur un détail de cette région. Dans le cas d'un jugement comme « j'ai chaud », on ne saurait dire que la caméra embarquée à bord du sujet s'arrête sur le sujet puis zoome sur l'un de ses états, ni non plus, semble-t-il, que la caméra s'arrête sur un état puis zoome sur sa "mienneté".

Il faut toutefois reconnaître que la difficulté propre au raisonnement que nous venons de reconstituer est qu'il ne conclut à *l'elusiveness of the self* qu'en appliquant à la situation cognitive de l'égologue le modèle de la perception d'objet. Il est en effet vrai que, lorsque nous souffrons, nous ne zoomons pas sur la mienneté de notre souffrance. Mais n'est-ce pas tout simplement parce que nous ne faisons usage d'aucune caméra? Comme l'écrit Shoemaker :

> si nous ne considérons plus comme allant de soi que nous percevons *quelque chose* par introspection, que cette perception introspective est la source de notre connaissance introspective, il devient moins plausible d'avancer comme une objection significative et dérangeante que nous ne percevons aucun Moi ou sujet mental[1].

Il n'y aurait un sens à mettre en avant le contraste entre « j'ai mal » et « ce coq a une belle crête » que si, dans les deux cas, la pensée que nous formons articulait le contenu d'une expérience perceptive. Il serait alors pertinent de souligner que, dans le premier cas, le contenu de notre expérience perceptive ne justifie pas la dualité du sujet et du prédicat. Mais puisqu'on ne peut décrire la genèse de notre connaissance introspective au moyen du modèle de la perception d'objet, il n'y a plus à s'étonner que l'on ne perçoive rien de tel qu'un « sujet mental » : puisqu'on ne *perçoit* pas, il est nécessairement vrai qu'on ne perçoit pas non plus *ceci ou cela*. L'argument en faveur de l'*elusiveness of the self* serait donc au fond solidaire d'un modèle erroné de la connaissance introspective. En écartant ce modèle, on ôterait tout son prestige à cet argument.

Mais demandons-nous d'abord si, en écartant ce modèle, on réussit à conférer une forme quelconque de justification à l'usage du pronom de la première personne pour penser au contenu de notre expérience introspective? Oui, pourrait-on penser, parce qu'en montrant l'inadéquation du modèle de la perception d'objet, nous mettons également en lumière le contraste qui sépare la *manière* dont nous sommes informés de nos états sensoriels et la *manière* dont nous obtenons des informations à propos des

1. « Introspection and the Self », in *The First Person Perspective*, p. 10.

objets que nous percevons [1]. La manière dont nous acquérons des informations sur nous-mêmes tranche qualitativement sur la manière dont nous acquérons des informations sur le Non-Moi. Le *style* général d'une expérience sensorielle tranche sur le style général d'une expérience perceptive. Il y aurait donc, pour cette raison, une justification informationnelle de l'égologie, parce qu'il y aurait une différence entre la manière dont nous apercevons que nous souffrons et la manière dont nous percevons que ce coq a une belle crête et cette manière d'être informé de ces événements expliquerait que, dans un cas, nous y pensions égologiquement et dans l'autre, altérologiquement.

Cette différence de style entre la manière dont nous sommes informés que nous souffrons et la manière dont nous sommes informés qu'un tigre nous regarde suffit-elle cependant à expliquer que nous formions, dans un cas, une pensée égologique et, dans l'autre cas, une pensée altérologique ? Qu'il y ait une différence, informationnellement saillante, entre ressentir et percevoir, entre une expérience sensorielle et une expérience perceptive, est indéniable. Et l'on peut même ajouter que, s'il y a aussi une différence qualitative entre une perception visuelle et une perception auditive, la différence entre ressentir et percevoir est plus profonde que la différence entre deux espèces de perceptions, parce qu'elle s'apparente à une différence catégoriale entre deux *genres* d'expériences. Mais a-t-on ce faisant prouvé que la seule manière possible de *capturer* cette différence était d'opposer le Moi au Non-Moi, l'égologie à l'alterologie ? Il est à ce point décisif de ne pas laisser le raisonnement être contaminé par une influence inaperçue de la description en troisième personne que nous pourrions donner de la situation. Pour l'observateur omniscient d'une personne qui souffre, il est clair que lorsque celle-ci a mal quelque part, c'est elle qui a mal et non pas qui ou quoi que ce soit d'autre. C'est elle qui est le suppôt ontologique de ces états sensoriels. Il est donc vrai que les informations dont cette personne dispose sont des informations dont elle est la source causale et qui la concerne, elle. Mais, comme le suggère John Perry [2], il est nécessaire de

1. C'est l'idée centrale de Gareth Evans : « Nos pensées conscientes de soi (*self-consious thoughts*) à propos de nous-mêmes sont irréductibles à tout autre mode de penser ; en particulier, elle ne peuvent être regardées comme impliquant l'identification d'un objet par une description. Les pensées conscientes de soi à propos de quelqu'un sont des pensées informées, ou au moins susceptibles d'être informées, par des informations que le sujet possède (ou peut normalement acquérir) à propos de lui-même de différentes façons » (*The Varieties of Reference*, p. 255). Et c'est ce *way of acquiring knowledge about oneself* qui est caractéristique des pensées égologiques.

2. John Perry, « Pensée sans représentation » in *Problèmes d'indexicalité*, trad. sous la dir. de Jérôme Dokic et Fabien Preisig, Stanford-Paris, éd. CSLI, 1999, p. 121.

distinguer le fait qu'une information soit causée par un objet, et donc le concerne, et le fait que cette information soit représentative de cet objet ou qu'elle soit à propos (*about*) de cet objet. Lorsqu'une personne forme la pensée : « j'ai mal », elle exploite des informations qui la concerne, des informations dont elle est la source causale, mais ces informations ne la *contiennent* pas, ne la représentent pas. Elle sent qu'elle *souffre*, mais non pas qu'*elle* souffre. C'est cette situation paradoxale de l'égologue que John Perry a illustré au moyen de l'apologue suivant :

> Considérons un petit groupe isolé, vivant dans un lieu que nous appelons le pays Z. Les habitants de Z ne se déplacent pas vers ou ne communiquent pas avec les habitants d'autres pays ; ils n'ont aucun nom pour le pays Z. Quand un habitant de Z voit la pluie, il dit à ceux qui ne peuvent pas regarder dehors : "il pleut". Ses auditeurs agissent alors conformément au fait qu'il pleut sur Z : ils ferment les fenêtres des maisons, ils renoncent aux pique-niques prévus, ils prennent des parapluies avant de sortir pour se promener dans Z. Ils n'ont aucun autre usage de l'expression "il pleut". Ils n'appellent pas leur fils dans des pays lointains, ils n'écoutent pas les nouvelles de la météo et ils ne lisent pas les journaux avec les bulletins météo[1].

Les habitants de Z, tels que les imaginent John Perry, forment des pensées qui sont vraies (ou fausses) du pays Z qu'ils habitent. Et ils forment ces pensées parce qu'ils reçoivent des informations perceptives en provenance de Z, des informations dont Z est la source causale. Mais ces informations ne sont pas, pour eux, représentatives de Z, elles ne permettent pas de l'identifier. Dans le vocabulaire de Perry, ces informations *concernent* Z, mais ne *portent pas sur* Z (*about*). Autrement dit, même s'il est vrai que l'expérience introspective d'un locuteur lui donne accès à des états qu'il serait vrai de lui attribuer en troisième personne, il ne s'ensuit nullement que lui-même connaît ces états *comme* le concernant, lui.

S'il y a donc une différence qualitative entre ressentir et percevoir, il ne s'ensuit nullement que cette différence ne puisse être capturée qu'en opposant le Moi et le Non-Moi, sauf à faire intervenir tacitement une vérité en troisième personne. Il est exact que cette différence doit être capturée et qu'elle doit en outre être capturée de façon à faire apparaître la différence catégoriale entre ces deux types d'expérience. Mais comme de nombreux partisans de l'*elusiveness of the self* l'ont suggéré, cette différence pourrait parfaitement être capturée en opposant *l'impersonnalité* ou *l'absence de*

1. *Ibid.*, p. 117.

propriétaire de nos états sensoriels et, à l'inverse, la structure sujet / prédicat du contenu de nos perceptions. Il y a entre « il fait chaud » et « cette rose est rouge » une différence structurale qui est tout aussi capable de capturer la différence des types d'informations sous-jacentes que l'opposition entre « j'ai chaud » et « cette rose est rouge ». Il faudrait donc avoir au préalable montré l'impossibilité logique ou psychologique de ce que nous appellerons désormais une « conscience impersonnelle » pour avoir, en partie au moins, justifié la forme égologique de nos pensées introspectives.

Nous ne nous engagerons pas, pour l'instant, dans cet examen[1]. Car il suffit à notre présent objet que nous ayons fait apparaître que le point central de l'argument en faveur de l'*elusiveness of the self*, c'est que les informations qui nourrissent nos pensées égologiques ne nous contiennent pas. Or, cette thèse n'implique nullement que ces informations soient recueillies de manière perceptive. Par conséquent, même si l'on rejette le modèle du sens interne, il reste vrai de dire que rien, dans le *contenu* d'une expérience sensorielle, ne peut être mis en regard de la dualité logique du sujet et du prédicat d'une pensée égologique.

Si, d'autre part, il y a un contraste indiscutable entre la manière dont nous sommes informés que nous avons mal et la manière dont nous sommes informés que ce tigre nous regarde, il ne s'ensuit nullement que ce contraste ne puisse être capturé qu'en opposant le Moi au Non-Moi, si, du moins, on ne se laisse pas influencer par la vérité en troisième personne que c'est bien le locuteur qui est le suppôt ontologique de ses états sensoriels. Le style spécifique des expériences sur lesquelles sont basées (certaines de) nos pensées égologiques ne suffit pas à lui seul à justifier l'égologicité de ces pensées. Il peut nous fournir un *critère* pour mettre en œuvre une pensée égologique, mais il ne saurait expliquer causalement l'égologicité de cette pensée.

En outre, même s'il apparaissait que la distinction du Moi et du Non-Moi était l'unique dispositif logique propre à capturer cette différence stylistique, la connexion entre la forme égologique de nos pensées et la nature de l'expérience qui les fonde ne serait pas une connexion interne, mais une relation contingente entre un dispositif de représentation d'une différence et cette différence elle-même.

Autrement dit, s'il est vrai, en troisième personne, que l'expérience de la souffrance est une expérience de soi, il est faux que celui qui est dans cet état sensoriel soit en relation consciente *à soi*. Il est certes dans un état

1. Ce sera l'objet du chapitre cinq, *infra*.

informationnel spécifique, mais cette spécificité n'est pas elle-même égologique.

5. *Le sens de l'Effort*

Ce que nous venons de dire de jugements égologiques comme « j'ai mal » ou « j'ai chaud » est sans nul doute applicable à toute une gamme de jugements mettant en jeu, soit d'autres états sensoriels, soit des états affectifs. Tristesse, colère, énervement, lassitude semblent en effet pensés par nous selon le même mécanisme cognitif qui est à l'œuvre dans un jugement comme « j'ai mal », à cette différence prêt que la conscience conceptuelle que nous prenons de ces états contribue en bonne partie à leur donner leur différence qualitative. Chacun sait que les sentiments que nous éprouvons sont d'autant plus nombreux et différenciés que nous sommes nous-mêmes en mesure d'en prendre une conscience conceptuellement différenciée. Le fait que nous éprouvions, tantôt de la colère, tantôt de la rage, est en bonne partie dépendant du fait que nous sommes en mesure de prendre une conscience conceptuellement différenciée de nos états affectifs.

Il y a toutefois une caractéristique commune aux états sensoriels et affectifs, c'est que ce sont des états *passifs*. Nous nous découvrons souffrants ou tristes et c'est sans doute la raison pour laquelle le surgissement de ces états peut s'apparenter à un *événement*. Mais il semble que la théorie humienne de l'*impersonnalité* de l'expérience soit plus difficile à défendre lorsque nous considérons non plus des états sensoriels passifs, mais ces états dynamiques que constituent nos sensations kinesthésiques. Si l'expérience de la souffrance peut s'accommoder d'un « ça fait mal » aussi bien que d'un « j'ai mal », la situation n'est-elle pas quelque peu différente lorsqu'on considère des jugements du type « je lève mon bras » ? Ici aussi le sujet doit se trouver dans un certain état sensoriel. Si, par exemple, nous voyons notre bras se lever sans avoir en même temps une certaine sensation kinesthésique d'effort, nous ne dirons certainement pas : « Je lève mon bras », mais bien : « Mon bras se lève ». Ce serait là, pour nous, un événement aussi impersonnel qu'une averse, quoique bien plus inquiétant. Mais si nous voyons la même chose en sentant un certain effort musculaire, nous dirons : « Je lève mon bras ». Quel rapport y-a-t-il entre la sensation d'effort qui s'ajoute dans le second cas et l'introduction du "je" dans le jugement ? Le sentiment d'effort n'est-il pas la racine informationnelle du "je" ?

En dépit de certains arguments bien connus de Wittgenstein à l'encontre de cette idée[1], l'association de la subjectivité au sentiment d'effort se rencontre aujourd'hui chez les auteurs qui, à la suite des travaux de Christopher Frith, ont cherché à fournir une explication cognitive de certains symptômes schizophréniques, notamment ceux regroupés sous le nom d'« insertions de pensées » et de « délire d'influence »[2]. Dans le premier cas, le sujet impute à autrui des pensées qui lui viennent à l'esprit, par exemple : « Tue Dieu ». Dans le second cas, le sujet impute à autrui une action qu'il accomplit lui-même. Là où une personne normale formerait la pensée : « Je bouge ma main » ou bien : « Je désire tuer Dieu », ces personnes forment la pensée « Autrui avance ma main » ou « Autrui me communique sa pensée de tuer Dieu ». Pour les auteurs que je viens d'évoquer, de telles attributions déviantes ne peuvent s'expliquer que par un dysfonctionnement de ce qu'ils appellent « le sens de l'action » [*the sense of agency*]. Si un sujet s'attribue une certaine action, s'il forme une pensée de la forme « je fais que p », c'est tout simplement, pensent-ils, qu'il est informé du fait qu'*il** est l'auteur de cette action. Si une personne perdait donc la faculté de recueillir ce genre d'informations, elle perdrait donc aussi l'aptitude à s'attribuer sélectivement ses propres actions. Elle conserverait ce que Shaun Gallagher appelle « le sens de la propriété », *the sense of ownership,* c'est-à-dire qu'elle continuerait à percevoir ce qui se passe en elle comme se passant en elle, mais elle perdrait la faculté de penser à ce qui se passe en elle comme à ce qu'elle fait elle-même.

Je ne vais pas discuter, pour l'instant, cette explication cognitiviste de la schizophrénie, mais seulement m'arrêter sur l'idée sous-jacente selon laquelle il y aurait, dans les informations qu'un sujet normal recueille quand il agit, un élément correspondant au fait qu'il* agit. Mon but est seulement de raviver certains arguments de Wittgenstein à l'encontre de l'idée que la différence entre une action et une "passion" est informationnellement accessible au sujet.

Y-a-t-il donc, dans les informations que nous recueillons lorsque nous levons le bras quoi que ce soit qui puisse expliquer que nous formions la pensée : « Je lève mon bras » ? Écartons d'emblée le problème que pourrait

1. Cf. notamment *Inv. Ph.*, § 612 à 628, trad. p. 292-295.

2. Christopher Frith, *The Cognitive Neuropsychology of Schizophrenia*, Hillsdalle (NJ), Lawrence Erlbaum, 1992, trad. fr. *Neuropsychologie cognitive de la schizophrénie*, par B. Pachoud, C. Bourdet, Paris, PUF, 1996; Shaun Gallagher, « Self-Reference and Schizophrenia : A Cognitiv Model of Immunity to Error through Misidentification » *in* Dan Zahavi, Josef Parnas (ed.), *Problems of the Self*, Amsterdam-Philadelphia, John Benjamins ed., 1999.

soulever le fait que, dans cet exemple, il est question de *notre* bras. Qu'est-ce qui justifie ici ce "mon"? Nous pourrions songer à la présence d'un certain état kinesthésique ou sentiment d'effort. Mais nous avons vu cependant qu'on dirait aussi bien « Mon bras se lève », si nous ne sentions aucun effort musculaire. De plus, supposons que, par une étrange coïncidence, chaque fois qu'une personne est dans un certain état kinesthésique et qu'elle voit son bras se lever, elle entend aussi un coq chanter : pourquoi ne devrait-elle pas dire aussi bien : « Je lève mon bras » que : « Je fais chanter le coq » ? C'est, dira-t-on peut-être, que nous voyons ou sentons que c'est notre effort, kinesthésiquement ressenti, qui fait lever notre bras, tandis que nous ne voyons ou ne sentons aucune connexion de ce genre avec le mouvement du bec et du gosier du coq. Mais, comme Malebranche l'avait déjà remarqué [1], nous n'apercevons pas non plus l'action causale que notre effort est censé exercer sur le mouvement de notre bras. Cette connexion causale existe très certainement, mais nous ne la connaissons et ne sommes pas persuadés de son existence pour la raison que nous l'apercevons. Il se trouve seulement que notre sensation kinesthésique s'accompagne d'une perception externe d'un mouvement de notre bras. Mais c'est tout autre chose que de sentir l'action causale elle-même [2].

S'il est donc certainement exact que ce bras qui se lève est bien notre bras, nous ne savons pas qu'il est nôtre parce que nous *sentons* qu'il est nôtre, parce que nous sentons sa mienneté. Cet aspect du jugement n'est pas dû à un état informationnel dans lequel le sujet se trouverait placé et qui lui permettrait de percevoir la mienneté de ce bras. Ce que nous appelons notre corps est une région du monde dont nous avons fini par découvrir qu'elle entretenait une relation privilégiée avec certains états kinesthésiques ou proprioceptifs. Mais on peut imaginer

> d'être directement relié, disons par transmission d'ondes dans un certain milieu, au corps de quelqu'un d'autre. Dans une telle situation, nous devrions devenir conscients des mouvements des

1. *Entretiens sur la Métaphysique*, VII, 13-14. Ce texte est commenté par Vincent Descombes dans son étude intitulée « L'Action » *in* Denis Kambouchner (dir.), *Notions de Philosophie*, t. II, Paris, Folio-Gallimard, 1995, p. 115 *sqq*.

2. C'est sans doute ce que voulait dire Wittgenstein lorsque, dans ses *Carnets*, il écrivait : « Qui voit cela ne voudra pas faire une place privilégiée à son corps ou au corps humain. Il considérera en toute naïveté les hommes et les animaux comme des choses qui se ressemblent et sont faites l'une pour l'autre. », *Carnets*, 2 septembre 1916, trad. p. 153.

membres de l'autre, de la même manière que nous devenons conscients des mouvements de nos propres membres[1].

Autrement dit, la connexion entre certaines de nos sensations kinesthésiques et certains aspects du monde extérieur est contingente dès lors que l'on peut concevoir, sans contradiction, que, par exemple, on puisse éprouver de la douleur dans la jambe d'autrui. Comme le dit encore Wittgenstein, « une pierre, le corps d'un animal, le corps d'un homme, mon propre corps, tout cela est sur le même plan[2] ». Il ne s'agit évidemment pas de nier que nous avons ou sommes un corps et que, par exemple, si quelqu'un touche une certaine région du monde, nous ne sentirons rien, tandis que, s'il en touche une autre, nous sentirons quelque chose. C'est manifestement ainsi que nous en venons à reconnaître *notre* corps. Mais cela signifie que la "mienneté" de ce corps est inférée et non pas immédiatement aperçue[3].

Ce qui renforce cet argument, c'est que nous pouvons parler de notre corps comme d'un objet étranger, un objet situé sur le même plan que tous les objets du monde. Si nous disons : « Mon bras se lève », le "mon" ne fait nullement référence à un mode d'accès privilégié ou interne à cet objet, mais constitue seulement une propriété distinctive de cet objet. Nous disons « mon bras », comme nous dirions « cet arbre là ». Pour s'en convaincre, imaginons qu'une personne soit dénuée de toute sensation kinesthésique en même temps que totalement incapable de se trouver dans le moindre état sensoriel. Lorsqu'elle bande ses muscles, elle ne sent strictement rien. De même, elle ne sent ni la douleur, ni la faim, ni la soif, etc. Vraisemblablement, cette personne mourra si nul ne l'assiste : pour se divertir, elle pourrait en effet se jeter contre les murs. Ou bien elle ne pensera pas à manger. Imaginons cependant que, pour tous ces aspects de la vie et de la survie, il y ait quelqu'un qui l'assiste. Il est en revanche plus délicat d'envisager comment cette personne pourra agir et mouvoir son corps. Car, même si un esclave lui crie : « Le pied droit devant ![4] », comment saura-t-elle ce qu'elle doit faire pour mouvoir son pied droit ? On peut toutefois imaginer qu'un appareil sera implanté sur son cerveau et que

1. D. M. Amstrong, « Consciousness and Causality » *in* D. M. Amstrong, N. Malcom, *Consciousness and Causality*, Oxford, B. Blackwell, 1984, p. 113.

2. *Carnets*, 12 octobre 1916, trad. p. 156.

3. Rappelons ici que le très jeune enfant doit apprendre à reconnaître son corps et à le reconnaître comme un ensemble unifié. C'est le fameux « stade du miroir » : cf. Jacques Lacan *Écrits*, Paris, Le Seuil, 1966, p. 93-100.

4. Leibniz, *Essais de Théodicée*, in *Philosophische Schriften*, éd. Gerhardt, t. VI, réimp. Hidelsheim, G. Olms Verlag, 1978, p. 129.

l'esclave l'actionnera, plutôt que de lui donner des ordres. Une décharge électrique stimulera les muscles de sa jambe droite. Si cette personne voit son pied droit avancer, il est alors vraisemblable qu'elle ne dira pas : « J'avance mon pied ». Mais rien n'empêche en revanche qu'elle dise : « *Mon* pied s'avance ». En effet, quoiqu'elle puisse observer divers pieds dans le monde (nous supposons que cette personne n'est pas, en outre, aveugle), il y a au moins deux pieds qui lui apparaîtront autrement que tous les autres. Car si tous les pieds qu'elle observe sont coordonnés à des jambes, à un tronc, une tête, etc., il y en a deux qui se trouvent toujours placés au même endroit de son champ visuel et qui ne font pas partie d'un corps entier. Elle pourra donc singulariser ces deux pieds. En les appelant "mes pieds" toutefois, elle ne fera que marquer lexicalement leur singularité, comme le ferait, par exemple, un nom propre. En aucune façon, "mes" signifiera qu'elle les connaît "du dedans". De ce point de vue, il n'y aura pas de différence entre "mes pieds" et "ma chaise", si on laisse de côté l'aspect juridique de la possession. A notre chaise, nous pourrions très bien donner un nom propre ou, mieux encore, l'appeler, par antonomase, « la Chaise ». On marquerait ainsi quelle sorte de chose elle est, tout en soulignant qu'elle n'est pas n'importe laquelle de cette sorte de choses.

Pour nous concentrer sur le problème posé par "je" dans « je lève mon bras », convenons donc de remplacer « mon bras » par « le Dbras ». Nous considérerons le suffixe "D-" comme une sorte d'indexical qui, lorsqu'il est ajouté par un locuteur à un mot comme « corps » ou « pied » désigne nécessairement ce que nous appellerions « son corps » ou « son pied ». Dans le langage que nous imaginons, si quelqu'un dit « le Dbras se lève », nous comprenons donc nécessairement de quel bras il parle. Ce que désigne, pour chaque locuteur, une occurrence de « le Dbras » n'est pas un bras comme les autres. Mais la singularité de ce bras est seulement, pour chacun, celle d'un objet du monde [1].

Comparons donc maintenant « le Dbras se lève » avec « je lève le Dbras ». Qu'est-ce qui justifie le "je"? Est-ce à quelque information que nous devons de dire : « Je lève le Dbras » plutôt que : « Le Dbras se lève » ? Il semble difficile de résister ici à la tentation de donner une explication biranienne de la situation. On sait que Maine de Biran a critiqué les auteurs qui, de Locke aux Idéologues, réduisaient la psychologie à la description de la généalogie de nos idées et de ses lois. Le fondement de la critique de Maine de Biran est qu'avant les opérations de combinaison des idées consi-

1. « Cette chose dont nous ne voyons ni les yeux ni les oreilles, très peu le nez et la tête, bref, notre corps. », Georg C. Lichtenberg, *Le miroir de l'âme*, p. 136.

dérées par ces auteurs, il y aurait une opération plus fondamentale qui régirait ensuite toute la vie de l'esprit et qu'on pourrait appeler la « consciencisation » des idées. Le fait pour un contenu d'être l'objet d'une idée ou d'être conscient ne résulterait pas du fait qu'il tomberait sous ou dans la lumière de la conscience, mais du fait qu'il aurait subi une opération de translucidation interne. Maine de Biran peuple ainsi l'esprit de modes purement affectifs, ce que j'ai appelé jusqu'ici des états sensoriels, et il soutient qu'à proprement parler ces états sensoriels ne sont pas aperçus. Le suppôt de ces états, qu'il soit ici humain ou animal, *est* ces états sensoriels ou, plus exactement, il les *devient*[1]. Mais il ne les *sait* pas ou n'en est pas conscient, car, pour les savoir, il faudrait qu'il soit en quelque façon distinct d'eux[2]. Il faudrait, autrement dit, que l'état sensoriel soit perçu *comme* un mode affectif, c'est-à-dire comme une modification de quelque chose qui en serait non seulement logiquement, mais surtout perceptuellement distingué. Dans la douleur, comprise comme simple état sensoriel, je *suis* cette douleur. Pour pouvoir *penser* que j'ai mal, pour pouvoir m'attribuer cette douleur comme un état dans lequel *je* me trouve, il faudrait donc que je ne coïncide pas totalement avec cette douleur et que, dans le temps même où je souffre, je m'apparaisse *comme* souffrant ou, qu'au moins, quelque chose d'autre que la douleur occupe la scène perceptive. Or, d'après Maine de Biran, ce sentiment de soi, nous l'éprouvons, au sein même de nos états affectifs, chaque fois qu'au simple ressenti correspondant à cet état se joint, ou plutôt se mêle, celui de l'effort qui est notre vie propre :

> Écartons, par exemple, toute impression du dehors ; que les yeux soient ouverts dans les ténèbres, que les oreilles soient tendues (*arrigantur*) dans le silence, tous les muscles volontaires contractés dans le repos du corps, etc., et nous aurons, pour ainsi dire, *l'élément personnel pur*, pris dans sa condition proprement efficiente, le rapport du sujet au terme de l'effort. Suspendez au contraire toute action de la force motrice, ou ce qui revient au même, anéantissez par la pensée tout terme propre ou direct de son déploiement et la *personne* n'est plus que virtuelle, elle ne peut pas même être dite exister en quelque manière, puisqu'elle n'est jamais que dans sa conscience. [...] Tel est l'être dont la volonté n'est pas encore née, tel nous sommes

1. *Mémoire sur la décomposition de la pensée*, éd. F. Azouvi, Paris, Vrin, 1988, p. 89.

2. On reconnaît ici l'argument cartésien : je ne puis penser à quelque chose que si j'ai préalablement objectivé ce quelque chose.

dans le sommeil et dans tous les états où cette puissance est suspendue ou opprimée. Voilà l'élément sensitif[1].

Pour pouvoir se penser, il faudrait donc au moins[2] se sentir au sein même de ce que nous ressentons. Ce serait, selon Maine de Biran, la précondition informationnelle de toute pensée de soi-même.

Cette thèse fort célèbre et fort belle de Maine de Biran pèche d'abord par son excessive généralité. Il est en effet clairement faux que ce qui nous permet de nous attribuer quelque état ou action courants soit, *en général*, le fait que nous nous sentions vivre, agir, pousser au sein de cet état ou action. Nous verrons bientôt que, s'agissant de la vaste classe des jugements égologiques relatifs à nos désirs, à nos intentions ou à nos croyances, on ne peut isoler, à titre de précondition informationnelle de ces jugements, rien de tel qu'un sentiment de soi. D'autre part, s'agissant des état sensoriels comme la douleur ou le froid, il est là aussi dénué de toute espèce de fondement d'affirmer que, dans la douleur par exemple, à l'élément sensitif impersonnel se mêle une façon d'éprouver activement cette douleur. Il n'y a pas de sens de la douleur qu'on exercerait et tendrait, comme on tend sa vue ou son ouïe pour mieux voir ou mieux entendre. Il est d'ailleurs notable que Maine de Biran ne prend en considération que les sensations intentionnellement orientées ou orientables, comme la vision, le toucher, l'ouïe, etc. Or, ce qui est exact, c'est qu'il y a bien une composante kinesthésique dans l'exercice des sens ou, du moins, qu'il peut y en avoir une. Il y en a nécessairement une, dans le cas du toucher ou du goût, et il peut y en avoir une dans le cas de la vue, de l'ouïe ou de l'odorat, dès lors que nous pouvons chercher à mieux voir, mieux entendre ou mieux sentir. Par conséquent, ce qui se détache de la thèse de Maine de Biran, c'est que, là où il y a sensation kinesthésique d'un effort, il y aurait aussi une sorte de fondement informationnel de l'égologie. Nous *nous* sentirions et c'est *pour cette raison* que nous serions amenés, naturellement amenés, à nous attribuer le terme de ces efforts. Nous sentirions autre chose que le senti : nous sentirions en outre notre sensation du senti ou, plutôt, notre effort pour sentir le senti. Bref, il n'y aurait pas que du senti : il y aurait encore une action de sentir, une orientation vers le senti, il y aurait un sentant.

Cette conséquence, quoique finement observée, n'en semble pas moins fausse. Il est vrai qu'il nous arrive d'écarquiller les yeux dans le noir pour

1. *Mémoire sur la décomposition de la pensée*, p. 127-128.

2. "Au moins", parce que cela ne suffit pas. Il y a encore toute une série d'opérations complexes pour mener du simple sentiment de soi à la conscience ou aperception de soi. Néanmoins l'état informationnel sur la base duquel la conscience de soi est possible doit renfermer cette dualité d'éléments.

mieux voir. Mais il faut certainement faire attention à ne pas confondre notre désir de voir avec l'effort que nous faisons pour voir. Nous pourrions avoir le désir de voir, mais être trop fatigués pour faire le moindre effort. A l'inverse, notre effort pourrait être purement automatique, simple conséquence d'une obscurité subite. Nous pouvons admettre qu'une sensation kinesthésique, accompagnant un mouvement musculaire, est informationnellement distincte des sensations visuelles ou tactiles qui dérivent de cet effort. Mais il nous faut aussi admettre que cet effort est également distinct de notre désir ou de notre vouloir. Nous pouvons découvrir que nous bandons un muscle sans avoir voulu le faire ou sans avoir voulu faire ce que l'effort que nous faisons permettra d'accomplir. En conséquence, la sensation kinesthésique pure, séparée du vouloir qui, le plus souvent, s'y associe, n'a aucune raison d'être traitée autrement que n'importe quel état sensoriel. Si nous disons : « *Je* lève mon bras », ce n'est pas en effet parce que nous sentons notre effort, mais c'est parce que nous avons le sentiment de *contrôler* cet effort. C'est moins l'effort que notre pouvoir sur l'effort qui semble nous conduire à dire : « Je lève mon bras », plutôt que : « Mon bras se lève ». Or, ce pouvoir lui-même, devons-nous dire que nous le sentons, que nous sommes en présence de lui, que nous y avons quelque accès informationnel ? La réponse est que nous sentons une variation continue de notre effort, mais rien de telle qu'une action causale continue de notre volonté. Supposons qu'une personne, soit par suite d'une lésion cérébrale, soit par suite d'une lecture assidue de Schopenhauer, soit totalement privée de la faculté de vouloir. Cette personne « pourrait se représenter (disons : voir), mais ne pourrait aucunement vouloir[1] ». Supposons maintenant que le petit esclave que j'ai mentionné tout à l'heure actionne un dispositif branché sur le cerveau de cette personne et fasse agir ses muscles. Cette personne non seulement verra son bras se lever, mais elle sentira en outre qu'il se lève, elle sentira kinesthésiquement son mouvement. Que manquera-t-il pour que ce mouvement soit perçu par elle comme volontaire ?

La première chose que l'on peut dire, c'est que ce mouvement la surprendra. N'ayant pas *voulu* lever son bras, elle sera étonnée non seulement de le voir se lever, mais de *se sentir* le lever ou, plutôt, de sentir l'effort de le lever. Car elle continuera, en effet, d'associer ses sensations kinesthésiques aux mouvements spatiaux de ses bras, comme une cause à son effet : « On pourrait dire par conséquent que le mouvement volontaire

1. Wittgenstein, *Carnets*, 21 juillet 1916, trad. p. 145.

est constitué par l'absence d'étonnement[1] ». Que faudrait-il alors ajouter pour faire disparaître cet étonnement ? Qu'y aurait-il de plus que le simple effort musculaire, kinesthésiquement ressenti, si ce même effort était perçu comme volontaire ? On ne peut évidemment invoquer ici un nouvel effort, ne serait-ce que parce qu'il ne faut pas faire un effort particulier pour faire un effort : il suffit de faire un effort. Mais alors qu'est-ce qui ferait que cet unique effort musculaire serait vécu comme volontaire ? La réponse est qu'il ne suffirait que de le faire d'une certaine façon. Plus précisément : l'effort serait volontaire s'il était accompagné d'une intention, par exemple de saisir quelque objet ou même de lever le bras lui-même. « Vouloir le déroulement d'une action consiste à réaliser le déroulement d'une action, non à faire quelque chose d'autre qui le causerait. Quand je meus quelque chose, je me meus. Quand je réalise une action, je suis en action[2] ». Ou encore : « Lorsque je lève le bras, je n'essaie presque jamais de le lever[3] ». Cela signifie, comme le dit Vincent Descombes dans son étude précitée, que « l'élément à ajouter pour changer les mouvements corporels en action » n'est pas « une expérience interne de vouloir ou de faire un effort ». Ce qui doit être ajouté, c'est une intention et, comme nous le verrons un peu plus loin, une intention n'est précisément pas le genre de chose que je me sais avoir du fait que je m'aperçois l'avoir.

Ce qui confirme cette analyse wittgensteinienne de la signification de l'expérience de l'effort, c'est que, lorsque Maine de Biran parle de l'effort comme d'une manifestation du sujet, c'est toujours au vouloir, à *l'effort volontaire* qu'il songe. Maine de Biran cite Fichte, selon lequel « le vouloir seul et l'exercice de la volonté est la première condition de la conscience de soi-même[4] ». Reprenant ensuite pour lui-même cette analyse, Maine de Biran n'identifie pas le vouloir à l'effort. L'effort organique, automatique, instinctif, est l'origine génétique du vouloir, mais le vouloir lui-même est ce qui *crée* l'effort et ce n'est donc qu'à l'issue de cette "volontarisation" de l'effort organique que le moi apparaît vraiment :

> De ce principe que le moi primitif est tout entier dans la volonté ou la puissance qui crée l'effort, il suit que nous pourrions déterminer comment et quand ce moi commence à exister pour lui-même, si nous savions comment et par quelles lois, et suivant quelles

1. Wittgenstein, *Investigations philosophiques*, § 628, trad. p. 295.
2. Wittgenstein, *Carnets*, 4 novembre 1916, trad. p. 162.
3. *Inv. ph.*, § 622, trad. p. 294.
4. *Mémoire sur la décomposition de la pensée*, p. 109.

conditions, les mouvements automatiques de l'instinct premier, se transforment en mouvements ou actes *volontaires* proprement dit[1].

Autrement dit, s'il y a une connexion entre l'effort et le "je", c'est parce que l'effort est appréhendé comme signe ou manifestation du vouloir. Or, que l'effort procède du vouloir, outre que ce n'est pas toujours le cas, c'est là au moins quelque chose qui ne présente aucune espèce d'évidence sensorielle. Nous sentons nos efforts musculaires, mais ne sentons pas le vouloir qui est censé les causer. Un effort est volontaire lorsqu'il est accompli d'une certaine façon, en l'occurrence intentionnellement. Par conséquent, un état kinesthésique ne saurait, à lui seul, tenir lieu de mode de présentation du sujet à lui-même. Car si nous imaginons une personne qui ne pourrait percevoir en aucune façon son corps et ses organes, qui aurait subi une extinction du vouloir et dont les muscles seraient stimulés selon le procédé précédemment décrit, nous devons reconnaître que cette personne aurait des sensations kinesthésiques. Mais parce que chacun de ses efforts la *surprendrait*, la seule chose que nous pouvons supposer qu'elle *devrait* dire, si son langage devait épouser au plus prêt le contenu de sa conscience, c'est quelque chose comme : « Ça se tend » etcertainement pas : « Je me tends ». "Je" n'aurait ici pas plus de justification informationnelle que dans le cas des états sensoriels, simplement parce qu'une sensation kinesthésique, si on la sépare, d'une part de la perception du corps propre ou de son image mentale et, de l'autre, du vouloir, n'est pas différente de n'importe quel état sensoriel. Pour que l'expérience de l'effort devienne subjective, il faut lui ajouter le vouloir. Mais le vouloir ne fait pas lui-même partie du contenu informationnel de l'expérience de l'action volontaire.

*

Qu'un état sensoriel soit passif ou actif, il n'en est donc pas moins impersonnel et le contraste entre les états actifs et passifs, le contraste entre l'effort pour sentir et la sensation ne saurait introduire aucune différence que l'on devrait *nécessairement* vivre comme une différence du sujet et de l'objet, du moi et du non-moi. Une expérience « sensationnelle »,qu'elle soit liée à un état passif de douleur ou de joie ou à un état actif d'effort, ne nous contient pas. Et s'il y a bien un contraste entre une expérience exclusivement sensationnelle et une expérience perceptuelle, un contraste qui doit

1. *Ibid.*, p. 111.

supplanter celui de l'interne et de l'externe, il ne saurait à lui seul, et de manière interne, impliquer la différence du Moi et du non-Moi. D'où suit que les pensées égologiques qui expriment ou articulent les états qualitatifs dans lesquels nous nous trouvons consciemment ne doivent pas leur égologicité au contenu sensationnel qu'elles expriment.

CHAPITRE II

LA PENSÉE DE LA PENSÉE

Toutes nos pensées égologiques ne relèvent pas du modèle cognitif que nous venons de décrire, celui de l'expression d'un état sensoriel ou affectif conscient. C'est ce dont on peut se rendre compte si l'on considère attentivement la deuxième grande classe de jugements égologiques que nous ayons distinguée, celle qui renferme des jugements par lesquels nous nous attribuons, non plus des états sensoriels ou affectifs, qu'ils soient actifs ou passifs, mais des croyances ou des volitions. Il n'est pas difficile de voir ce qui fait, pour notre objet, l'intérêt de ces pensées égologiques. Supposons que l'égologicité de nos pensées trouve son explication dans le contenu ou la structure des informations qui les nourrissent. On devrait donc pouvoir mettre en évidence, pour chaque pensée égologique, la base informationnelle égologique qui lui sert d'assise. D'où suit que s'il existe une classe importante de pensées qui ne possèdent *aucune* base informationnelle, on aura quelque peu ébranlé la connexion supposée entre égologie et conscience de soi. Or, des pensées comme « je crois qu'il pleuvra » ou « je veux sortir » tranchent précisément sur le modèle général que nous avons considéré jusqu'ici, celui de pensées qui peuvent être dites exprimer ou articuler un état dans lequel le locuteur se trouve consciemment, que cet état soit "actif" ou "passif". Il est vrai qu'on a coutume d'associer les états sensoriels ou affectifs avec les pensées et les désirs lorsqu'on décrit le contenu de l'esprit. Et il est vrai que le trait commun entre ces divers contenus est que le sujet semble y avoir un accès privilégié. Nous sommes particulièrement bien placés pour savoir que nous avons chaud et nous sommes aussi bien placés pour savoir que nous croyons qu'il va pleuvoir ou que nous voulons sortir. Toutefois, il y a une différence assez profonde entre ces deux sortes de jugements, différence qui tient précisément à la manière dont nous jugeons que nous croyons que p ou que nous voulons que q. Il est en effet plus délicat de mettre en évidence une quelconque précondition informationnelle, même partielle, du “je crois” ou du “je veux” qui figure dans ces jugements, au point qu’à bien y regarder, des jugements aussi banals que « je veux sortir » ou « je crois qu’il viendra » semblent sortir tout droit du néant.

1. *Les limites du* cogito

Pour se convaincre de cette idée, il nous faut d’abord faire apparaître la signification tout à fait limitée que possède le célèbre *cogito* cartésien. A tout lecteur de Descartes, nos affirmations précédentes paraîtront en effet non seulement étranges, mais simplement absurdes : le jugement « je pense » n’est-il pas en effet enraciné dans une aperception de la pensée par elle-même ? N’est-il pas évident que, pour parler métaphoriquement, nous nous voyons penser, nous apercevons que nous pensons et l’apercevons de manière irréfragable ? Ce point, on va le voir, est, à condition de modifier légèrement sa formulation, peu contestable. Mais ce qui est discutable, c’est qu’il y ait un quelconque rapport entre les conditions cognitives de production du *cogito* et les conditions de production de jugements du type de ceux qu’on a mentionnés. Des jugements comme « je crois qu’il pleuvra », « j’imagine qu’il va venir », *a fortiori* « je voudrais partir demain » relèvent d’un tout autre processus cognitif et c’est pourquoi la théorie cartésienne du *cogito* ne peut nullement servir d’assise à une théorie générale de l’égologie.

Que signifie en effet ce jugement *cogito ?* Rappelons d’abord que dans la seconde des *Méditations métaphysiques,* la proposition que Descartes est soucieux d’établir n’est pas la proposition : « Je pense », mais la proposition : « Je suis » :

> Ce jugement [*pronuntiamentum*] *Je suis, j'existe* est nécessairement vrai toutes les fois que je le profère ou que je le conçois en mon esprit [1].

Il est bien connu que ce que Descartes entend établir, au seuil de ses méditations métaphysiques, c’est qu’il y a un étant dont l’existence résiste à tout doute, même le plus hyperbolique, et cet étant, c’est moi-même. Le jugement « je pense » n’a donc en lui-même rien de remarquable parce qu’il ne semble pas que nul n’ait jamais songé à le mettre en doute. Ce qui est plus remarquable, aux yeux de Descartes, c’est la connexion qui unit le

1. AT, VII, 25, l. 12.

jugement « je pense » au jugement « je suis » puisque Descartes croit pouvoir en tirer un certain nombre d'enseignements à la fois ontologiques et épistémologiques. L'enseignement ontologique le plus connu est relatif à la distinction réelle de l'âme et du corps :

> Il me semble aussi que ce biais est tout le meilleur que nous puissions choisir pour connaître la nature de l'âme, et qu'elle est une substance entièrement distincte du corps : car, examinant ce que nous sommes, nous qui pensons maintenant qu'il n'y a rien hors de notre pensée qui soit véritablement ou qui existe, nous connaissons manifestement que, pour être, nous n'avons pas besoin d'extension, de figure, d'être en aucun lieu, ni d'aucune autre telle chose qu'on peut attribuer au corps et que nous sommes par cela seul que nous pensons[1]...

Quant à l'enseignement épistémologique principal, il est clairement énoncé dans le *Discours :*

> Après cela, je considérai en général ce qui est requis à une proposition pour être vraie et certaine ; car puisque je venais d'en trouver une que je savais être telle, je pensai que je devais aussi savoir en quoi consiste cette certitude. Et ayant remarqué qu'il n'y a rien du tout en ceci : *je pense, donc je suis*, qui m'assure que je dis la vérité, sinon que je vois clairement que, pour penser, il faut être, je jugeai que je pouvais prendre pour règle que les choses que nous concevons fort clairement et fort distinctement sont toutes vraies, mais qu'il y a seulement quelque difficulté à remarquer quelles sont celles que nous concevons distinctement[2].

Ces deux conséquences sont évidemment les points les plus controversés de la doctrine de Descartes :

1) Le *cogito, sum* offre-t-il un fondement suffisant pour poser la distinction réelle de la pensée et de l'étendue, de l'âme et du corps ?
2) L'opération cognitive qui permet le passage de *cogito* à *sum* peut-elle avoir valeur de paradigme épistémologique ?

Je laisserai de côté ces deux questions traditionnellement disputées pour m'arrêter sur un problème assez différent : le mode de connaissance dont procède le seul *cogito* peut-il servir de paradigme pour l'ensemble des pensées que nous appellerons de second ordre[3], autrement dit celles qui consistent à nous attribuer des attitudes propositionnelles du type : « Je

1. *Principes*, I, § 8, AT IX-2, 28.
2. *Discours de la Méthode*, éd. et comm. Étienne Gilson, Paris, Vrin, 6ᵉ éd., 1987, p. 33.
3. Ou, si l'on préfère, d'ordre deux (*second-order thoughts*).

crois que p » ou celles qui décrivent quelle sorte de pensée nous mettons en œuvre, par exemple : « J'imagine que p » ?

On me permettra de rappeler d'abord quelques textes fondamentaux de Descartes relatifs au *cogito* :

1) Descartes nie expressément que le *ergo sum* puisse s'apparenter à la conclusion de quelque syllogisme et invoque quelque chose qu'on ne peut mieux nommer qu'*intuition* :

> Quand nous apercevons que nous sommes des choses qui pensent, c'est une première notion qui n'est tirée d'aucun syllogisme ; et lorsque quelqu'un dit : je pense donc je suis ou existe, il ne conclut pas son existence de sa pensée comme par la force de quelque syllogisme, mais comme une chose connue de soi ; il la voit par une simple inspection de l'esprit (*simplici mentis intuitu agnoscit*). Comme il paraît de ce que, s'il la déduisait par le syllogisme, il aurait dû auparavant connaître cette majeure : tout ce qui pense est ou existe. Mais, au contraire, elle lui est enseignée de ce qu'il sent en lui même (*apud se experiatur*) qu'il ne se peut pas faire qu'il pense, s'il n'existe[1].

2) Descartes reconnaît cependant que l'*intuitio* ne s'étend pas jusqu'au sujet lui-même, jusqu'à la substance, ce qui laisse donc subsister un élément inférentiel :

> – Il est très certain, lui objecte Hobbes, que la connaissance de cette proposition : *j'existe* dépend de celle-ci : *je pense,* comme il nous a fort bien enseigné. Mais d'où vient la connaissance de celle-ci : *je pense ?* Certes, ce n'est point d'autre chose que de ce que nous ne pouvons concevoir aucun acte sans son sujet, comme la pensée sans une chose qui pense, la science sans une chose qui sache et la promenade sans une chose qui se promène.
> – Il est très certain, répond alors Descartes, que la pensée ne peut pas être sans une chose qui pense et en général aucun accident ou aucun acte ne peut être sans une substance de laquelle il soit l'acte. […] Nous ne connaissons pas la substance immédiatement par elle-même, mais seulement parce qu'elle est sujet de quelques actes. » Et

1. AT, VII, 140; IX, 110. Cf. également, la *lettre à Clerselier sur les Instances de Gassendi*, AT, IX, 205 et une lettre de mars-avril 1648 au marquis de Newcastle : « Ne m'avouerez-vous pas que vous êtes moins assuré de la présence des objets que vous voyez, que de la vérité de cette proposition : je pense donc je suis ? Or cette connaissance n'est point un ouvrage de votre raisonnement, ni d'une instruction que vos maîtres vous aient donnée ; votre esprit la voit, la sent et la manie… », AT, V, 138.

Descartes ajoute : « Je ne nie pas que moi, qui pense, sois distingué de ma pensée comme une chose l'est de son mode[1].

3) Enfin, Descartes souligne que le *ergo sum* ne saurait avoir d'autre prémisse que le *cogito* :

> Il n'est pas permis par exemple de conclure : je me promène donc je suis, sinon en tant que la conscience que j'ai de me promener est une pensée : c'est de là seulement que l'on peut tirer cette conclusion comme certaine et non pas du mouvement du corps, lequel, en songe peut fort bien être nul, alors que j'ai cependant l'impression de me promener ; si bien que de ce que je pense me promener je puis fort bien inférer l'existence de mon esprit qui a cette pensée, mais non celle de mon corps qui se promène[2].

Que signifie maintenant, dans tous ces passages, le jugement *cogito ?* Comme tous ces textes le manifestent, le jugement *cogito*, quelle que soit pour l'instant sa signification, a au moins pour propriété épistémologique distinctive l'impossibilité de sa fausseté. Il est impossible que, chaque fois que je juge que je pense, je puisse me tromper. Il est en particulier impossible que je *croie* seulement penser, alors qu'en réalité je ne penserais pas. Je peux croire que je me promène, alors que je ne me promène pas, mais je ne peux simplement *croire* que je pense. Je ne peux que *savoir* que je pense, mais jamais simplement le croire (éventuellement en me trompant). Autrement dit, pour ce jugement : « je pense », il n'y pas de différence possible entre apparence et réalité, entre croyance et vérité. Des situations comme « il me semble que je pense, mais ce n'est peut-être pas le cas » ne peuvent se rencontrer. Une propriété caractéristique de l'*assertion* « je pense », c'est donc son *immunisation contre le risque d'hallucination*.

Or, il me semble que cette propriété distinctive du « je pense » nous permet de déduire sa signification. Introduisons pour cela une distinction entre trois types d'erreurs. Un premier type d'erreur, dont nous aurons l'occasion de reparler bientôt en détail, est ce qu'on appelle les erreurs d'identification. Nous percevons correctement que quelqu'un traverse la rue, mais nous croyons à tort que celui qui traverse la rue, c'est Pierre, alors que c'est Paul. Nous avons mal identifié le porteur du prédicat. Un second

1. AT, VII, 172-177. Cf. également : « Nous ne connaissons point les substances immédiatement par elles-mêmes ; mais, de ce que nous apercevons quelques formes ou attributs qui doivent être attachés à quelque chose pour exister, nous appelons du nom de substance cette chose à laquelle ils sont attachés. », *Quatrième Rép., à Arnauld*, AT, IX, 173.

2. *Cinquième Rép., à Gassendi*, AT, VII, 352. Pour le contexte général de ce passage, cf. P. Gassendi, *Disquisitio metaphysica*, éd. Bernard Rochot, Paris, Vrin 1962, p. 60-63.

type d'erreur, plus ordinaire et que nous appellerons prédicative, peut être décrite comme une erreur d'identification du prédicat. Nous croyons que Pierre, qui est devant nous, est un joueur de basket, mais en réalité, il est joueur de rugby. Le trait commun à ces deux types d'erreurs, c'est qu'elles sont des erreurs relatives à la *quiddité* de quelque chose. Il y a bien quelqu'un qui traverse la rue, mais on se trompe sur l'identité de la personne. Il y a bien un sport que pratique Pierre, mais on se trompe sur la nature de ce sport. Par contraste, une hallucination sera donc une erreur portant, non sur la quiddité, mais, plus radicalement, sur l'existence même : Hamlet croit voir son père, mais il n'y a *personne*.

Nous pouvons dire, à partir de là, que le *cogito* jouit d'une double immunité. Il est immunisé contre le risque d'hallucination, mais il est aussi immunisé contre le risque d'une erreur prédicative. Il est non seulement impossible que je ne pense pas, tandis que je juge que je pense, mais il est aussi impossible que ce que je fais soit quelque chose d'autre que penser [1].

Considérons maintenant, à la lumière de ces distinctions, quelques *exemples* de pensées : concevoir ce que c'est que Dieu ; imaginer ce qui arriverait si tel événement se produisait, etc. Considérons maintenant les jugements qu'on formerait si l'on devait dire ce qu'on est en train de faire : « Je conçois ou j'essaye de concevoir ce que c'est que Dieu » ; « J'imagine ce que pourrait être un monde juste et beau », etc. Ces jugements jouissent-ils du même degré d'immunisation épistémologique que le *cogito* ?

Il est d'abord parfaitement possible que je *croie* être en train de concevoir ou d'imaginer *que p*, alors que ce n'est pas le cas. Par exemple, il est parfaitement possible que je *croie* être en train de concevoir ce qu'est Dieu, alors que je ne fais que considérer quelque idole. Ou bien, je puis *croire* que je suis en train d'imaginer ce que serait un monde juste et beau, alors que je ne fais qu'imaginer la plus sombre des prisons. Il est donc parfaitement possible que je me trompe sur le contenu intentionnel de mes pensées. Je puis me tromper en jugeant que je pense que p, par conséquent je puis simplement *croire* que je pense que p, alors que je pense que q.

Mais on peut aller plus loin. Il ne parait nullement impossible d'envisager que je commette une erreur quant à la *sorte* d'opération mentale que je suis en train d'accomplir. Les jugements égologiques par lesquels nous nous attribuons des pensées mettent souvent en œuvre des concepts d'opérations cognitives ou déontiques (croire, imaginer, calculer, désirer,

1. Le *cogito* est également immunisé contre les erreurs d'identification, mais, comme nous le verrons dans les deux prochains chapitres, c'est là une caractéristique de tous les jugements égologiques.

vouloir, préférer, etc.) et il ne parait nullement impossible que l'on puisse se tromper en appliquant ces concepts. Je puis prendre une imagination pour une conception, une préférence pour une volonté, etc. et, d'ailleurs, il arrive qu'on reprenne quelqu'un lorsqu'on s'aperçoit qu'il se trompe sur la nature de l'activité mentale à laquelle il se livre (« Ce n'est pas là concevoir, mais seulement imaginer[1] », etc.). Aucun jugement égologique exprimant la sorte déterminée de pensée que je suis en train d'entretenir n'est donc immunisé contre le risque d'une erreur prédicative.

La conséquence de ceci est que le jugement *cogito* ne peut être que d'une autre nature cognitive que ces différents jugements, puisque ces jugements ne jouissent pas du même degré d'immunisation épistémologique. La manière dont je connais que je pense est nécessairement différente de la manière dont je connais que je conçois ce que c'est que Dieu, parce que ma connaissance que je pense est seule immunisée aussi bien contre le risque d'hallucination que contre le risque d'une erreur prédicative. Or, comment expliquer cette différence ? Si l'on suit Descartes, ce dont nous sommes certains, quand nous formons le jugement « je pense », c'est que nous sommes en train de *penser*, du moins lorsque c'est le cas que nous sommes en train de penser. Mais nous venons de voir que cette certitude ne vaut pas pour les jugements exprimant *ce que* je suis en train de penser ou *comment* je suis en train de penser ce que je pense. Il faut donc, semble-t-il, que le mot « penser » dans « je suis certain que je pense » désigne le *genre* commun à toutes les opérations cognitives que j'accomplis et qu'il soit employé comme un concept d'opération, abstraction faite du contenu intentionnel ou représentationnel de cette opération. Ce qui est certain, lorsque je conçois que Dieu n'a pas créé ce monde, c'est que je suis en train de penser, au sens large ou générique où je suis en train d'accomplir une certaine activité qui présente des caractéristiques permettant de la considérer comme une activité cognitive et de l'opposer à des activités physiques ou corporelles ou à d'autres genres d'activités mentales. Lorsque je suis en train de concevoir que Dieu n'a pas créé le monde, je suis certain que je suis en train de penser, et non de courir dans la nature ou d'avoir chaud. Mais on ne saurait affirmer qu'une certitude semblable caractérise ma conscience de la *sorte* d'opération mentale que je suis en train d'exercer (ce n'est peut-être pas une conception, mais une simple imagination) et du *contenu intentionnel ou représentationnel* de cette opération (je ne conçois peut-être pas ce que je crois que je conçois). C'est donc la seule affirmation générique et

1. Cf. Descartes lui-même dans son interprétation de l'analyse du morceau de cire, in *Méditation II*, AT, IX, 23 *sqq*.

“désintentionnalisée” « je pense » qui est telle qu’il est impossible que je me trompe en jugeant que j’accomplis une opération de ce genre. Le *cogito* se borne à l’unique assertion selon laquelle je suis en train d’accomplir une certaine opération cognitive, abstraction faite de la sorte d’opération que j’accomplis et abstraction faite de son contenu.

On objectera à cette analyse que Descartes paraît prêter à la forme et au contenu de nos pensées une évidence qui semble rejoindre celle dont jouit, à ses yeux, l’opération générique de penser. C’est du moins ce qui parait ressortir d’un passage célèbre des *Réponses aux Secondes Objections* :

> Par le nom de pensée, j'entends tout ce qui est tellement en nous que nous en sommes immédiatement connaissant (*ut ejus immediate conscii sumus*). [...] Par le nom d'idée, j'entends cette forme de chacune de nos pensées par la perception immédiate de laquelle nous avons connaissance de ces mêmes pensées (*ipsius cogitationis conscius sum*). En telle sorte que je ne puis rien exprimer par des paroles lorsque j'entends ce que je dis, que de cela même il ne soit certain que j'ai en moi l'idée de la chose qui est signifiée par mes paroles[1].

Ce texte montre clairement que Descartes envisageait l’existence d’un acte spécifique de conscience nous permettant de connaître le contenu même de nos pensées et qu’il ne paraissait pas envisager que cet acte puisse ne pas livrer le contenu véritable de nos pensées. Nous reviendrons un peu plus bas sur le premier point, qui est clairement erroné : lorsque, regardant le ciel, je dis « je crois qu’il va pleuvoir », je n’ai pas besoin, pour savoir ce que je crois, de regarder en moi-même : il me suffit de regarder le ciel. D’autre part, nous avons vu qu’il était largement douteux que tout jugement égologique portant sur *ce que* nous pensons et sur *la sorte* de pensée ou d’attitude propositionnelle que nous exerçons soit immunisé contre le risque d’une erreur prédicative. Mais même si le texte que nous venons de citer semble montrer que Descartes pourrait s’être mépris sur la nature et la valeur de nos connaissances de second ordre, il est au moins indéniable que chaque fois que Descartes invoque le *cogito* et le passage du *cogito* au *sum*, cette expression ne désigne jamais l’assertion d’une sorte de pensée déterminée, porteuse d’un contenu déterminé, mais bien l’assertion du fait que je suis en train de penser, du fait que j’accomplis un certain genre d’activité, mentale par opposition à corporelle. Le « je suis » ne se conclut pas directement d’un « je crois qu’il va pleuvoir », mais

1. *Seconde Rép., Raisons qui prouvent l'existence de Dieu*, AT, VII, 160; IX, 124-125.

indirectement d'un « si je crois qu'il va pleuvoir, c'est que je pense ». Comme le disent explicitement les *Principes* :

> Si je me persuade qu'il y a une terre à cause que je la touche ou que je la vois, de cela même, par une raison encore plus forte, je dois être persuadé que ma pensée est ou existe, à cause qu'il se peut faire que je pense toucher la terre, encore qu'il n'y ait peut-être aucune terre au monde et qu'il n'est pas possible que moi, c'est-à-dire mon âme, ne soit rien pendant qu'elle a cette pensée[1].

Autrement dit, de ce que j'ai telle ou telle pensée déterminée, il suit que je pense, au sens générique de ce terme, et de cela à son tour il suit que « ma pensée est ou existe », autrement dit qu'il y a de la pensée, de la pensée en train de s'accomplir dans l'Être, comme on dirait : « Ily a du bruit ou il y a du tonnerre ».Par contraste, il n'y aurait aucun sens à dire : « Mon "j'imagine ce qui se passerait s'il débarquait" est ou existe » ! Ce sont donc deux choses distinctes ou, au moins, deux assertions distinctes que celle qui exprime la pensée que je suis actuellement en train d'entretenir (par exemple : « j'imagine ce qui se passera s'il débarque ») et celle qui exprime la présence d'une occurrence de cette sorte générale d'opération qu'est la pensée ou la cognition, distinguée, par exemple, de la marche ou de la douleur.

Or cette différence, nous l'avons dit, n'est pas seulement sémantique : ce n'est pas seulement une différence entre le genre de choses dites. Cette différence est aussi cognitive : car la façon dont je sais que je pense n'est pas la même que la façon dont je sais que j'imagine ce qui se passera s'il débarque. Or, il est de ce point de vue difficile de ne pas rapprocher la connaissance du fait que je suis en train de penser (plutôt que de marcher ou de tourbillonner dans les nuées) de la façon dont je connais que j'ai mal. Car il est clair qu'un jugement comme « j'ai mal » est lui aussi immunisé à la fois contre le risque d'hallucination et contre le risque d'une erreur prédicative. Nous avons vu qu'il était impossible que je crois seulement avoir mal. Et nous avons vu qu'il était en même temps impossible de dissocier un « je pense que j'ai mal » d'un authentique « j'ai mal ». Sans doute, Descartes ou quelque cartésien objecterait que s'il est irréfragablement vrai que nous pensons avoir mal, il pourrait se faire que nous n'ayons pas mal[2]. Mais ce genre de distinction n'est possible que si l'on oublie qu'avoir mal, c'est avoir consciemment mal, de telle sorte qu'il est *logiquement* impossible que nous pensions avoir mal sans avoir effecti-

1. *Principes,* I, § 11, AT IX-2, 29.

2. Sur la conception cartésienne du sentiment de douleur comme *perception* de la douleur, cf. *Méditation* VI, AT, VII, 77.

vement mal. Il est également vrai, comme nous l'avons noté, qu'un état sensoriel étant susceptible de degrés et le passage d'une sorte d'état sensoriel à une autre étant souvent continu, il peut arriver que nous puissions formuler quelque chose comme : « Je sens là quelque chose, il me semble que c'est de la douleur, mais peut-être n'est-ce qu'un chatouillement ». Mais on peut trouver des cas fort semblables lorsqu'il s'agit de juger si ce que nous sommes en train de faire, c'est bien de penser. Car enfin y-a-t-il vraiment une activité générique de penser? Se souvenir, vouloir, calculer sont-ce là nécessairement des activités de même genre[1]? Et la distinction d'une activité mentale et d'une activité corporelle est-elle aussi tranchée que certaines affirmations de Descartes le suggèrent? Par exemple, si Descartes fait du sentir un mode du penser[2], ne devrait-il pas avoir reconnu qu'il y a un mode de présence phénoménale du sentir qui n'a pas d'équivalent si on le compare au calculer ou au vouloir? Il n'en reste pas moins que, si on la considère dans l'un de ses degrés marqués, la douleur ou plutôt la conscience de la douleur semble présenter le même genre d'immunisation que la conscience de la pensée. Or, l'explication à donner de ce trait commun n'est-elle pas que, dans les deux cas, nous avons affaire à l'expression ou l'articulation d'un *état qualitatif conscient ?* De trois choses l'une en effet: soit le *cogito* résulte d'une sorte de réflexion abstrayante sur des pensées éteintes : il y a un instant je croyais qu'il pleuvrait, donc je pensais. Mais dans ce cas, nous aurions un *cogitabam, ergo sum*, qui n'aurait pas l'effet escompté; ou bien le *cogito* ne fait référence qu'à sa propre occurrence, autrement dit : quand je pense que je pense, il est impossible que je ne sois pas en train de penser. Mais nulle part Descartes ne dit que le jugement « je pense » est formé par moi en considération de l'occurrence de ce jugement : « je pense »[3]. Pour découvrir que je pense, il n'est pas nécessaire que je considère ce que je fais quand je

1. « Une chose qui pense, c'est-à-dire une chose qui doute, qui conçoit, qui affirme, qui nie, qui veut, qui ne veut pas, qui imagine aussi, et qui sent. », *Méditation II*, AT, VII, 28, IX, 22.

2. AT, VII, 28, l. 22.

3. Notons que même si c'était le cas, cela ne ferait nullement du « je pense » un performatif, mais simplement un énoncé auto-référentiel, ce qui est tout à fait différent : un performatif n'a pas de conditions de vérité, mais seulement des conditions de pertinence et d'efficience, au lieu qu'un énoncé auto-référentiel a des conditions de vérité (excluant toute condition de fausseté). Mais le *cogito* n'est pas un énoncé auto-référentiel, car il ne décrit pas ce que je fais en le prononçant et ce, même si, dans un passage précité, Descartes parle d'un *pronuntiamentum*. Pour une lecture du *cogito* oscillant entre performativité et auto-référence, cf. Jean-Luc Marion, *La théologie blanche de Descartes*, Paris, P.U.F., 1981, chap. 16 : « La performance du cogito ».

forme ce jugement « je pense », mais seulement ce que je fais quand je doute que quoi que ce soit existe. D'où, troisième option, le jugement « je pense » exprime ce que je m'aperçois faire chaque fois je forme telle ou telle pensée déterminée, comme lorsque je doute que quoi que ce soit existe[1]. Or, il n'est dans ce cas pas besoin d'invoquer une *aperception* de l'acte même de penser. On peut se contenter d'admettre que la pensée de quelque chose place celui qui pense dans un état qualitatif qui le rend conscient qu'il pense. Le fait d'être dans un état qualitatif spécifique suffit à garantir que le jugement qui articule la conscience de cet état est à la fois immunisé contre le risque d'hallucination et immunisé contre le risque d'une erreur prédicative.

On est donc, je crois, amené à conclure que le jugement « je pense » n'exprime pas une pensée déterminée, mais qu'il se contente de manifester que quiconque est en train de penser à quelque chose, sous quelque modalité que ce soit, se trouve, de ce fait même, placé dans un état qualitatif spécifique, autrement dit qu'il y a un « ce que cela fait » de penser, plutôt que de désirer ou de courir dans les champs. Sans doute, serait-il extravagant de qualifier cet état de *sensoriel*. Mais un état qualitatif n'a aucune raison d'être seulement un état sensoriel : c'est, pourrait-on dire, un mode de présence à soi de la conscience elle-même et ce mode de présence à soi n'a aucune raison de se manifester dans les seules formes de la conscience sensorielle. En outre, ne pourrait-on imaginer que la spécificité qualitative de l'état dans lequel se trouve placé celui qui pense vienne, précisément, de ce qu'*il n'est pas* un état sensoriel ? Ne trouverait-on pas à expliquer par là que la pensée nous apparaisse inévitablement comme une activité « immatérielle » ?

1. C'est là, il faut le souligner, l'aptitude qu'Aristote prêtait à Dieu : « L'intelligence, écrit Aristote, se pense elle-même en saisissant l'intelligible, car elle devient elle-même intelligible en entrant en contact avec son objet et en le pensant. », *Métaphysique*, Λ, 7, 1072 b 20, trad. J. Tricot, Paris, Vrin, 1970, p. 681. On pourrait peut-être se demander pourquoi Aristote réserve cette aperception de la pensée par elle-même à la pensée divine. On sait que, selon Aristote, la pensée humaine est le fait d'une âme qui est la forme d'un corps et que la plupart des pensées humaines sont rendues possibles par des perceptions. L'aperception humaine de la pensée est donc, semble-t-il, le plus souvent, l'aperception d'un percevoir. Mais Aristote reconnaît fort bien l'existence d'opérations cognitives qui ne sont pas médiatisées par des perceptions, par exemple, les inférences syllogistiques. D'où vient alors qu'en pensant que P suit de Q et de R, la pensée ne soit pas « intelligible » à elle-même ? Est-ce la présence du langage, qu'Aristote interprèterait ici comme constituant l'élément matériel, qui empêcherait la pensée de se saisir dans sa pureté ? En réalité, tout ceci montre qu'Aristote n'admettait pas, à la différence de Descartes, qu'il existât une activité générique de penser dont l'intellection, l'imagination, la perception et même la volonté fussent des modes. Seule l'intellection se rend intelligible à elle-même, les autres modes de la « pensée » pouvant au mieux se rendre sensibles à eux-mêmes.

Quoi qu'il en soit de l'exacte nature de ce qu'on peut appeler « l'allure qualitative de la pensée », il faut au moins reconnaître que le *cogito* articule ou exprime simplement l'état qualitatif dans lequel nous place le fait de penser. Pour cette raison même, il ne peut servir de paradigme pour concevoir de quelle façon nous en venons à former des jugements égologiques exprimant *ce que* nous pensons et sous quelle modalité doxastique nous le pensons. Sans doute, comme nous allons le voir, il y a certainement un lien entre les conditions qui conduisent à la pensée du *cogito* et celles qui nous conduisent à spécifier la sorte déterminée d'activité cognitive à laquelle nous nous livrons. Néanmoins, il restera un hiatus indéniable entre le *cogito* et toutes nos autres pensées de second ordre. Il n'y aurait aucune impossibilité à imaginer la situation suivante : quelqu'un apercevrait qu'il est en train de penser, et non de marcher ou de souffrir, mais il serait incapable de savoir ce qu'il est en train de penser et quelle sorte de pensée il est en train d'exercer : « Je suis en train de penser, mais impossible de savoir comment et à quoi ! C'est trop embrouillé. ». Les conditions cognitives de production du *cogito* ne peuvent donc servir de paradigme pour concevoir la genèse de nos pensées égologiques de second ordre les plus ordinaires.

2. *La formation de la croyance et de la volonté*

Tournons-nous donc maintenant vers ces pensées égologiques que nous avons appelées de second ordre, autrement dit des pensées du type « je doute qu'il vienne », « je crois qu'il va pleuvoir », mais aussi bien « je vois trois hommes au loin » ou « je désire sortir d'ici ». Comment de tels jugements sont-ils cognitivement possibles ?

Tous ces jugements ont une même forme logique qui permet de les qualifier de pensées de second ordre : ils ne se contentent pas d'asserter une certaine proposition, un certain contenu de jugement, mais ils préfixent à ce contenu de jugement un opérateur qu'on appellera doxastique ou déontique selon qu'il exprime une croyance ou une volition. Tous ces jugements sont donc de la forme : « Je X que p », par exemple « je crois que p », « je préfère que p », « je vois que p », etc. Sans doute, des jugements comme « je vois X » ou « je désire faire X » ne relèvent pas exactement de cette forme, puisqu'on a moins affaire à des « attitudes propositionnelles » qu'à des attitudes « objectuelles ». Néanmoins il y a bien ceci de commun à tous ces jugements qu'ils expriment la manière dont le locuteur considère ou envisage, soit un fait exprimé par une proposition, soit un objet ou une action exprimés par un terme conceptuel, un nom propre ou un verbe. Ces jugements nous informent de l'état d'esprit du locuteur, un état d'esprit ayant un contenu intentionnel. Le problème fondamental de ce que Wittgenstein a appelé la philosophie de la psychologie, c'est de déterminer comment nous en venons à préfixer un opérateur doxastique ou déontique à ses jugements, comment, pourrait-on dire, les opérateurs doxastiques ou déontiques sont connus de nous.

Or, il semble nécessaire de faire une distinction préalable entre deux sortes d'opérateurs de ce genre. D'un côté, il y a ceux qui expriment la *sorte d'activité* cognitive à laquelle nous sommes en train de nous livrer, par exemple : « Je *vois* trois taches bleues » ou : « J'*imagine* qu'il pleut » ; ou bien qui expriment la *sorte de penchant* que nous avons pour quelque chose : « Je *préfère* ceci à cela », « J'*adore* faire X », etc. D'un autre côté, il y a les jugements qui ne renferment qu'un pur opérateur doxastique exprimant notre degré de confiance dans la valeur de vérité du contenu asserté, par exemple : « Je crois qu'il viendra » ou : « Je suis sûr qu'il est parti » ; ou bien ceux qui ne renferment que l'expression de la volonté, éventuellement nuancée : « Je veux que p », « Je voudrais que p », etc. Si cette distinction est importante, c'est que seuls les jugements du second type tranchent vraiment sur le modèle que nous avons considéré jusqu'ici, le modèle de l'expression d'un état qualitatif. Il est en effet peu contestable que nous ne pouvons exprimer quelle sorte d'activité perceptive ou même cognitive nous sommes en train d'accomplir que parce que nous sommes informés de ce que nous sommes en train de faire. Si quelqu'un nous demande : « Que fais-tu ? », il peut arriver que nous répondions : « J'écoute de la musique » ou « Je calcule combien font trois fois quatre » et il est difficile de ne pas considérer que nous ne pouvons penser à ce que nous faisons qu'à la condition que ce que nous faisons ne soit pas inaperçu de nous. Il est autrement dit difficile de ne pas insérer un élément de passivité informationnelle dans l'explication de la manière dont nous en venons à former des pensées de ce genre. En revanche, nous pouvons aisément résister à cette tentation dans le cas de jugements comme « je crois que p » ou « je veux que p ».

Considérons d'abord le cas de l'auto-attribution de croyances. Pour penser que je crois que p, faut-il que j'aperçoive que je crois que p ? A nouveau, nous retrouvons sur notre chemin le raisonnement "cartésien" : je ne puis parler de quelque chose que si je dispose d'un certain accès à ce quelque chose. Je ne puis dire que je crois qu'il pleuvra demain sans disposer d'un accès quelconque à cette croyance, sans être informé de la présence et de la quiddité de ma croyance.

Le rejet de ce que nous avons appelé le modèle du sens interne a évidemment un impact sur cette question. Il parait peu vraisemblable d'admettre que nos croyances seraient comme alignées au fond de notre esprit et qu'à la faveur d'une perception interne de chacune d'entre elles, nous pourrions former la croyance « je crois que p », comme si l'on faisait une sorte de découverte sur nous-mêmes [1]. Toutefois, l'adoption de ce que nous avons appelé le modèle de l'expression d'un état pourrait servir à renouveler l'argument cartésien. Nous pouvons dire qu'une créature est dans l'*état* qui consiste à croire que p, si cette personne est disposée à agir comme s'il était vrai que p. Ainsi nous pouvons dire qu'une personne qui prend son parapluie est nécessairement dans l'état qui consiste à croire qu'il y a un parapluie devant elle, même si cette croyance n'est pas effectivement exprimée. Un certain nombre d'auteurs [2] considèrent en conséquence qu'une personne ne peut former la pensée de second ordre : « je crois que p » que dans la mesure où elle se trouve dans l'état consistant à croire que p. De même que nous formons le jugement « j'ai mal » parce que et dans la mesure où nous sommes dans l'état sensoriel correspondant, nous formerions la pensée « je crois que p », parce que nous serions dans l'état consistant à croire que p.

Il me semble que l'on peut toutefois avancer deux arguments distincts à l'encontre d'une telle manière de voir. Le premier est qu'il y a une différence foncière entre un état sensoriel et un état de croyance. Nous avons vu que nous ne pouvions être dans un état sensoriel sans y être consciemment : on ne peut souffrir sans sentir qu'on souffre. Mais, paradoxalement, si une pensée de second ordre avait pour condition la réalisation de l'état de croyance qu'elle exprime, nous devrions être dans cet état de croyance, sans y être consciemment. Qu'est-ce en effet qu'être conscient de son état de croyance, sinon avoir la pensée de second ordre : « je crois que p » ? Je crois consciemment que p si je crois que je crois que p. On objectera qu'une personne qui prend son parapluie croit consciemment qu'il y a un parapluie devant elle. Mais c'est manifestement jouer sur le sens du mot « conscience ». Si une croyance non-consciente est une croyance freudienne, alors la croyance qu'il y a là un parapluie n'est certes pas fichée au fond de notre Inconscient. Mais il y a en même temps un sens à dire qu'une

1. Il est assez mortifiant pour un philosophe de découvrir que toutes les positions, même les plus improbables, trouvent, au sein de sa corporation, un défenseur. L'idée que nous regardons dans notre esprit pour voir ce qu'on croit est défendue par David Amstrong, in *A Materialist Theory of the Mind*, Cambridge, Cambridge University Press, 1968 : « Les cas excentriques mis à part, la perception, considérée comme un événement mental, est l'acquisition d'informations ou de désinformations à propos de notre environnement. Ce n'est pas un contact (*acquaintance*) avec des objets ou un rayon de lumière qui les touche, mais c'est simplement le fait d'acquérir des croyances. Il en va de même de l'introspection. C'est l'obtention d'informations ou de désinformations à propos de l'état actuel de notre esprit. » (p. 326).

2. Notamment Christopher Peacocke dans son très remarquable *Being Known*, Oxford, Clarendon Press, 1999, chap. 5 : « Self-Knowledge and Intentional Content ».

personne qui se dirige vers son parapluie ne forme pas la pensée qu'il y a là un parapluie. Cette croyance est impliquée dans ce qu'elle fait et peut l'expliquer, mais elle n'est pas formée ou actualisée par la personne qui prend son parapluie. D'après l'hypothèse que nous examinons, une pensée de second ordre de la forme « je crois que p » exigerait donc, pour être formée, que nous soyons dans l'état de croyance que p. Or, cet état de croyance ne pourrait être un état conscient de croyance puisque l'état conscient de croyance, au sens fort du mot conscience, consiste dans la croyance de second ordre que l'occurrence de l'état de croyance du premier ordre est censé rendre possible. Cela veut dire que, si cette explication était correcte, si la formation d'une croyance de second ordre était basée sur l'existence d'un état de croyance de premier ordre, il y aurait une différence importante entre un jugement comme « j'ai mal » qui articule l'état conscient dans lequel on se trouve et un jugement comme « je crois que p » qui *révèlerait* l'état non-conscient dans lequel on se trouverait. Mais alors, comment pourrait-on dire qu'une personne est *informée* qu'elle croit que p et que c'est en vertu de cette information qu'elle forme la pensée de second ordre : « Je crois que p » ? Si l'état de croyance de premier ordre n'est pas un état de croyance conscient, mais si nous formons notre croyance de second ordre parce que nous sommes dans un état de croyance de premier ordre, comment savons-nous ou sommes-nous informés que nous sommes dans l'état de croyance de premier ordre puisque cet état n'est pas, à strictement parler, conscient ? Est-ce en se regardant marcher vers le parapluie qu'une personne en viendrait à découvrir qu'elle croit qu'il y a là un parapluie ?

Il me semble que cette explication, fort peu naturelle, ne s'impose que parce que l'on veut donner au modèle de l'expression d'un état une portée universelle, dès lors du moins que l'on a affaire à une pensée égologique. On voudrait qu'une personne ne puisse former la pensée « je suis P » ou « je X que p » que parce qu'elle serait informée que le prédicat de son jugement se trouve instancié. Elle possèderait cette information parce que le fait pour le prédicat de son jugement d'être instancié consisterait, pour elle, à être dans un certain état conscient. Et elle articulerait égologiquement cette information en vertu de la manière dont elle aurait acquis l'information que le prédicat était instancié. Mais le problème est que des jugements de la forme « je crois que p » tranchent sur ce modèle ou ne s'y plient qu'avec difficultés.

Il semble en effet, et c'est le second argument que l'on peut avancer à l'encontre de l'idée qu'une croyance de second ordre est basée sur un état de croyance du premier ordre, que pour m'attribuer une croyance, il ne soit nullement *nécessaire* que je me trouve dans l'état qui correspondrait à la réalisation dispositionnelle de ma croyance. Considérons attentivement comment nous formons, par exemple, la pensée : « Je crois qu'il pleuvra ».

Il n'est manifestement pas nécessaire de tourner son regard au dedans de soi pour former une telle pensée[1]. Nous ne découvrons pas que nous croyons qu'il va pleuvoir comme nous découvrons que nous avons mal, par exemple. Comme le dit Gareth Evans[2], pour former la pensée : « Je crois qu'il va pleuvoir », il suffit de regarder le Ciel[3]. Lorsque quelqu'un, après avoir scruté le Ciel, prononce quelque chose comme « je crois qu'il pleuvra demain », il ne semble pas se livrer à une sorte de reportage à propos de ses états doxastiques. Il n'a pas regardé en lui-même, mais dans le Ciel et c'est de là que semble être sortie sa croyance. On pourrait dire qu'il nous exprime sa croyance en même temps qu'il la forme. On ne saurait dire qu'il est informationnellement relié à ses croyances et que c'est sur la base de cette information qu'il en parle.

Ce genre de situations suggère que pour former la pensée : « Je crois qu'il va pleuvoir », il n'est pas nécessaire d'*avoir formé* le jugement : « Il va pleuvoir » ou même d'être dans l'état correspondant au fait d'être disposé à le former. Nous ne formons pas la pensée que nous croyons qu'il va pleuvoir sur la base du fait que nous croyons effectivement qu'il va pleuvoir, c'est-à-dire que nous avons formé le jugement « il va pleuvoir » ou sommes dans l'état de le former. Nous formons la pensée que nous croyons qu'il va pleuvoir *en formant* le jugement qu'il va pleuvoir. Cela veut dire que les informations sur lesquelles sont basées nos croyances de second ordre sont celles même sur lesquelles sont basées nos croyances de première ordre. Nos croyances de second ordre ne sont pas formées sur la base d'informations relatives à nos pensées de premier ordre, mais sur la base des informations qui donnent naissance à nos croyances de premier ordre.

Ce genre de situations nous conduit donc à proposer une explication beaucoup plus simple du mode de formation de nos croyances de second

1. Notons que le problème serait le même si nous avions affaire à la croyance « je crois qu'il a plu hier ». L'occurrence du souvenir jouerait ici le rôle que joue l'observation du ciel dans notre exemple. L'occurrence d'un souvenir nous donne une raison de former une croyance relative au passé, mais il n'est pas lui-même une croyance. On peut donc dire que celui qui forme une pensée comme je crois qu'il a plu hier « regarde en lui-même », mais ce qu'il « regarde », ce n'est pas sa croyance, mais le souvenir qui lui donne un motif de former sa croyance de second ordre. La situation serait en revanche différente si l'on avait affaire à un « j'ai cru hier qu'il pleuvrait » qui est la *description* d'un souvenir et non l'expression d'une croyance de second ordre.

2. *The Varieties of Reference*, § 7.4, p. 225.

3. Christopher Peacocke admet que certaines de nos croyances de second ordre sont formées « selon la procédure d'Evans ». Aussi distingue-t-il entre des auto-attributions (de croyances) consciemment basées sur des états de croyance et des auto-attributions non médiatisées (*no-intermediate conscious-state*), *op. cit.* p. 222-223. Il est toutefois difficile de voir en quoi ces deux procédures « ne sont pas en concurrence » (p. 215).

ordre. Il semble que ce soit une caractéristique d'une part importante de nos pensées que leur *rationalité*, autrement dit que leur dépendance à l'égard des conditions et chances de vérité des propositions que nous assertons. Nous formons un certain nombre de nos pensées sur la base de certaines *raisons* et, si l'on peut dire, les pensées formées sur de telles bases gardent en elles la trace des raisons dont elles procèdent. Comme l'écrit Shoemaker :

> Si quelqu'un possède une croyance de premier ordre et possède un certain degré de rationalité, d'intelligence et de capacité conceptuelle (incluant la possession d'un concept de croyance et d'un concept de soi-même), alors automatiquement il possède la croyance de second ordre correspondante[1].

Si l'on suit cette analyse, une croyance de second ordre ne serait pas basée sur une croyance de premier ordre, mais elle serait seulement une autre façon, une façon *rationnelle,* de former une croyance. Nous pouvons admettre en effet que si toutes nos croyances sont formées sur la base de certaines informations, le lien entre ces informations et les croyances qui en procèdent est, tantôt un lien *causal*, tantôt un lien *rationnel.* Autrement dit, nous avons des croyances causalement induites en nous et d'autres qui sont rationnellement acquises. La vue d'un parapluie cause la croyance (le plus souvent tacite) qu'il y a là un parapluie, mais la vue des nuages peut être une *raison* de croire qu'il pleuvra tout à l'heure. C'est seulement lorsque nos croyances sont ainsi rationnellement formées[2] que nous pouvons les exprimer sous la forme de croyances de second ordre. Mais, en même temps, toute croyance causalement formée peut être rationnellement re-formée. Nous pouvons être amenés, soit en raison de nos échecs pragmatiques, soit sous l'effet du questionnement d'autrui, à prendre conscience des croyances de premier ordre qui sont en nous sans nous. Mais cette prise de conscience ne se borne pas à *révéler* un état de croyance qui était implicite : elle change la nature de la croyance qui, de disposition causalement implémentée en nous, devient un pari plus ou moins rationnel sur la réalité.

Il n'est donc pas nécessaire de croire que p pour former la pensée « je crois que p ». Former la pensée « je crois que p » n'est qu'une façon *rationnelle* de former la croyance que p. Autrement dit, la différence entre

1. S. Shoemaker, *op. cit.*, p. 243.

2. Soulignons que lorsqu'on dit qu'une croyance est rationnelle ou qu'elle est formée sur la base de raisons, il ne s'ensuit pas que ces raisons sont de bonnes raisons et que la croyance concernée est vraie. Sur la distinction et les rapports entre le concept psychologique et le concept normatif de la rationalité, cf. Pascal Engel, *Philosophie et psychologie,* Paris, Folio-Gallimard, 1996, chap. IV et V.

« je crois que p » et « p » n'est pas que le premier de ces jugements suppose l'occurrence du premier et porte sur lui. La différence réside dans le mode de formation de la croyance que p. Dans un cas la croyance est causalement induite, dans l'autre, elle est rationnellement formée. Et dire que « je crois que p » n'est qu'une façon rationnelle de former la croyance que p, c'est dire que les informations sur la base desquelles cette croyance est formée sont appréhendées comme autant de *raisons* en faveur de cette croyance.

Il suffit, pour valider cette analyse, de remarquer que les éléments qui conduisent quelqu'un à exprimer ce qu'il croit sont les mêmes que ceux qui le conduiraient à examiner la vérité de ce qu'il croit. Si quelqu'un nous demande si nous croyons qu'il pleuvra, nous lui répondrons en examinant, non le plus intérieur de notre âme, mais les signes qui rendent ou probables ou certains la vérité de la proposition « il pleuvra »[1]. Cela implique donc qu'une croyance de second ordre est moins une croyance à propos d'une croyance de premier ordre qu'un état de croyance distinct des états de croyances de premier ordre. Il y a ce que nous sommes déterminés ou "*causés*" à croire et il y a ce que nous avons des *raisons* de croire. Ce que nous avons des raisons de croire, nous le croyons consciemment, c'est-à-dire que nous *jugeons* que nous le croyons. Et s'il nous arrive d'en venir à croire consciemment ce que nous ne croyions jusqu'ici que dispositionnellement, cela ne veut pas dire que nous avons aperçu notre croyance de premier ordre. Cela veut dire que nous avons arraché notre croyance de premier ordre à l'empire des causes pour l'introduire dans la république des raisons. Celui qui marche vers son parapluie croit dispositionnellement et causalement qu'il y a là un parapluie. Mais si on lui demande : « Tiens ! tu crois qu'il y a là un parapluie ? », il ne va pas exploiter l'information « interne » qu'il croit qu'il y a là un parapluie, mais il va re-former rationnellement sa croyance de premier ordre en fonction des informations perceptives dont il dispose. A aucun moment, en formant cette croyance de second ordre, il n'aura eu à apercevoir ce qui se passait en lui.

1. Il est difficile, dans ce genre d'analyses, d'être certain d'avoir envisagé tous les types de cas. Il est en particulier manifeste qu'il y a des circonstances qui font qu'une personne, en formant des pensées de second ordre du type « je crois que p » ne forme pas une croyance, mais s'attribue réellement une croyance. Quelqu'un peut faire la liste de ses croyances, énoncer son *credo*. Mais nous quittons alors le registre de ce que nous avons appelé, pour faire simple, l'égologie courante car il n'est manifestement pas nécessaire de faire montre des croyances mentionnées dans un credo pour se les attribuer. Ce genre d'attribution relève donc de cette pensée égologique quasi-conceptuelle, dont nous traiterons au chapitre six. De même qu'une personne peut se prêter des qualités qu'elle ne possède pas, elle peut aussi se prêter des croyances qu'elle ne possède pas. C'est la preuve qu'il n'y a pas de connexion entre une telle auto-attribution de croyance et la présence de cette croyance.

La même situation semble présider à la formation des pensées exprimant nos volontés. Il est vrai que, dans ce cas, nos états affectifs semblent nous renseigner sur nos préférences ou nos aversions. Et il est vrai encore que nos états affectifs jouent un rôle bien connu dans la genèse de nos volontés : on veut souvent ce qu'on désire. Mais lorsque je forme la pensée : « Je veux partir », je ne me contente pas de faire état de ma préférence affective pour un départ ou d'exprimer l'état affectif dans lequel je me trouve. J'*exprime* ma volonté de partir et il semble que cette volonté soit formée en même temps qu'elle est exprimée.

> Lorsque quelqu'un dit "j'espère qu'il va venir", est-ce là un *rapport* sur son état d'âme ou bien une *manifestation* de son espoir ? Je puis par exemple me le dire à moi-même. Et cependant je ne me fais point de rapport sur moi-même. Ce peut-être un soupir, mais ce n'en est pas nécessairement un. Si je disais à quelqu'un "je ne puis concentrer aujourd'hui mes pensées sur mon travail, je ne cesse de penser à sa venue", on nommera cela une description de mon état d'âme[1].

Cette remarque de Wittgenstein, parmi des dizaines d'autres convergentes, résume assez bien le point fondamental de la discussion. Une large part des opérateurs déontiques que nous préfixons à l'expression de nos contenus de volonté ne rapportent pas un état que nous aurions découvert en nous-mêmes, mais ils donnent existence, à notre propre yeux aussi bien qu'aux yeux des autres, à notre volonté. On ne peut dire, comme dans le cas de la douleur, qu'ils accompagnent la conscience que nous prenons de « l'état volitionnel » dans lequel nous nous trouverions. Car on serait bien en peine, une fois retiré le jugement, d'isoler le contenu informationnel qui lui serait associé. Quand je dis ou pense en mon for intérieur : « Je veux en finir », cette pensée ne peut être décrite comme l'articulation d'une aperception d'un "état volitionnel". La volonté que j'exprime se confond ici avec la conscience articulée que j'en prend. Elle n'existe nulle part ailleurs que dans le jugement qui la manifeste, c'est-à-dire dans le *sens* de ce jugement. « J'ai mal » articule ce que nous sentons. Mais « je veux partir » n'articule pas ce que nous désirons. Il le prolonge en direction d'une action en même temps que d'une responsabilité et, par conséquent, le

1. Wittgenstein, *Inv. Ph.*, § 585, trad. p. 285.

jugement ne se contente pas d'en délivrer conceptuellement le contenu inarticulé. Nous pouvons dire qu'une telle pensée *constitue* son contenu [1].

Il semble donc que les pensées égologiques de la forme « je crois que p » ou « je veux que p » ne puissent être décrites comme des pensées informées. Du moins, les informations qu'une personne exploite pour former une pensée de ce type ne concernent en rien l'opérateur qui est préfixé à ces pensées, le « je crois » ou le « je veux ». Pour former la pensée : « Je crois qu'il pleuvra » nous devons disposer d'informations sur le temps qu'il va faire. Mais il n'est pas en outre nécessaire d'être informé que nous le *croyons*. De même, pour former la pensée : « Je veux m'en sortir », il faut sans doute se trouver dans une situation affective et matérielle déterminée, mais il n'est pas en outre nécessaire d'apercevoir que c'est là quelque chose que nous *voulons*. Le « je crois » ou le « je veux » ne procèdent d'aucune passivité informationnelle.

3.*Le contenu qualitatif des pensées*

Cette analyse implique qu'une croyance de second ordre ou une volition sont d'une autre nature cognitive que les pensées qui expriment la sorte d'activité cognitive à laquelle nous nous livrons ou la sorte d'inclination que nous avons. Cette idée ne présente pas de difficultés lorsqu'on songe aux pensées portant sur nos inclinations, parce qu'il a toujours été admis, par les philosophes, qu'une inclination était un état passif, ce qui implique qu'on ne peut connaître ce à quoi nous sommes enclins sans nous trouver effectivement dans l'état d'inclination correspondant. Mais s'agissant des pensées par lesquelles nous prenons conscience de la sorte d'activité cognitive à laquelle nous nous livrons, quelques précisions sont nécessaires.

Une pensée comme « je vois trois taches bleues » ou « je calcule combien font deux fois quatre » ne peut être assimilée à la *constitution* rationnelle d'un jugement ou à la *constitution* d'une volonté ou d'une intention. Il s'agit bien ici clairement de penser à ce que nous *faisons* et il semble manifeste que nous ne pouvons penser à ce que nous faisons sans être informés de ce que nous faisons et du fait que nous le faisons. Toutefois, une distinction est sans doute nécessaire entre la conscience de nos opérations perceptuelles et celle de nos opérations « supérieures ». On peut admettre que l'occurrence d'une expérience perceptive place un sujet dans un état qualitatif que l'on peut assimiler au « divers » qu'une pensée

1. C. Peacocke parle de « *making-up of the mind* », à propos de pensées comme « j'ai l'intention de faire p », *op. cit.*, p. 222. Cf. R. Moran, « Making-up your Mind : Self-Interpretation and Self-Constitution », *Ratio*, Ns I, 1988, p. 135-151.

de second ordre du type : « je regarde un film » vient articuler. Comme nous l'avons suggéré un peu plus haut, même si le contenu sensationnel d'une expérience perceptive est diaphane, on peut admettre qu'une expérience perceptive possède une telle dimension qualitative. En reconnaissant la réalité de cette dimension qualitative, on trouverait d'ailleurs à expliquer que l'occurrence d'une même expérience perceptive puisse servir d'assise aussi bien à un jugement rapportant ce qui est vu ou entendu qu'à un jugement rapportant qu'on le voit ou l'entend. C'est en effet la même expérience qui me conduit à former la pensée « il y a trois taches bleues » et la pensée « je vois trois taches bleues ». Mais c'est aussi bien que la même expérience nous place à la fois dans un état représentationnel et dans un certain *type* d'état représentationnel et par conséquent la même expérience perceptive peut servir d'assise aussi bien à une pensée de premier ordre qu'à une pensée de second ordre, selon que les circonstances nous rendront sensibles au seul contenu représentationnel de l'expérience ou, également, à son aspect qualitatif.

En revanche, il parait plus difficile d'admettre qu'être en train de calculer, de réfléchir, d'imaginer, etc. constituent autant d'*expériences* qualitativement distinctes. Il s'agit ici du même problème que celui que nous avons rencontré en analysant le *cogito.* Si le « je pense » exprime ou articule l'état dans lequel se trouve consciemment placé quiconque pense, en quel sens qualifier cet état de qualitatif[1] ?

Je voudrais formuler une simple hypothèse[2]. La possibilité de penser à la *sorte* d'activité cognitive à laquelle nous nous livrons pourrait ne pas dépendre du fait que, lorsque nous nous y livrons, nous soyons placés dans un certain état qualitatif qui nous informerait de la sorte d'opération que nous accomplissons. Cette possibilité pourrait plutôt être liée au fait que nous disposons du *concept* de cette activité. On peut imaginer qu'une créature fasse des inférences sans posséder le concept d'inférence. Mais on peut plus difficilement envisager comment une créature aurait la possibilité non seulement de penser qu'elle fait une inférence, mais simplement d'être sensible à ce qu'elle fait, sans posséder le concept d'inférence. Nous

1. Remarquons que ce problème ne semble pas avoir arrêté Christopher Peacocke qui écrit que, si « les expériences perceptuelles et les sensations d'un côté, les attitudes propositionnelles conscientes appelées occurrentes, de l'autre, diffèrent à plus d'un titre, [...], il y a une propriété qu'elles partagent. Elles contribuent toutes à ce que, subjectivement, cela fait de les avoir pour la personne qui les a » (*op. cit,* p. 206).

2. Dont j'emprunte les grandes lignes à McDowell qui cependant l'applique moins à la conscience des sortes d'opérations cognitives que nous accomplissons qu'à la conscience de nos états sensoriels eux-mêmes (cf. *Mind and World*, III, § 3 et VI, § 5), ce qui le conduit à nier que les animaux aient une expérience *de* la douleur.

pouvons admettre qu'une créature qui ne possède pas le concept de douleur est néanmoins sensible à sa douleur. Nous pouvons plus généralement admettre la possibilité d'une conscience non conceptuelle d'un état sensoriel et la possibilité d'une discrimination non conceptuelle de ces états. Ce que nous suggérons, c'est que la possession du concept d'une activité cognitive déterminée pourrait conférer à cette activité une réflexivité qui rendrait possible la formation de pensées de second ordre du type « j'infère », « je calcule », j'imagine », etc. Nous pouvons faire des inférences sans y penser ou sans penser à autre chose qu'au contenu de ces inférences. Mais si nous pouvons penser que nous faisons une inférence, c'est simplement parce que nous disposons du moyen conceptuel d'y penser. Quelles autres explications sont en effet possibles ? Soit nous élargissons le concept d'information et d'état informationnel pour soutenir qu'une créature est informée, de manière à la fois naturelle et non-conceptuelle, de la sorte d'opération cognitive qu'elle accomplit. Mais il est difficile d'échapper à l'idée que la pensée serait en quelque façon *sensible*. Soit nous réintroduisons le modèle de la perception d'objet *pour les pensées* et nous postulons quelque intuition intellectuelle de la pensée par elle-même. Aucune de ces explications n'est contradictoire, mais chacune a un prix élevé, soit qu'il s'agisse de sensibiliser la pensée, soit qu'il s'agisse d'introduire un œil intérieur. Mais si, au contraire, nous considérons une pensée de second ordre du type : « je calcule que p » comme la simple mise en œuvre du *concept* de l'activité mentale que nous accomplissons, concept qui est impliqué dans l'exercice intentionnel et conscient de cette activité, le prix à payer est seulement le suivant : admettre que la pensée ne s'*apparaît* à elle-même que dans la mesure où nous disposons des concepts de second ordre propre à la penser. Lorsqu'une créature souffre, elle est nécessairement dans un certain état informationnel, qu'elle possède ou non le concept de douleur. Même si le concept de douleur peut modifier la nature même de l'expérience de la douleur, il y a nécessairement un apparaître non-conceptuel de la douleur à celui qui souffre. Ce que nous suggérons, c'est que le fait qu'une créature soit, par exemple, en train de faire des inférences[1] ne se manifeste pas si cette créature ne possède pas le concept d'inférence. Quand un rat souffre, sa souffrance lui apparaît, quoiqu'il ne puisse y penser conceptuellement. Quand il fait une inférence, il n'en sait ni n'en *sent* rien.

Ce n'est là, il faut y insister, qu'une simple hypothèse. Mais elle permettrait d'expliquer la différence de degré d'immunisation épistémo-

1. On peut admettre que les animaux font des inférences.

logique qui sépare le *cogito* de quelque « je conçois ce que c'est que Dieu ». Cette différence serait liée à celle qui sépare un concept catégorial et un concept spécifique. Les différences entre deux catégories d'entités sont plus marquées que les différences entre deux espèces d'entités d'une même catégorie. On confond plus aisément deux espèces d'oiseaux qu'un oiseau et une assiette, *a fortiori* un oiseau et un coup de vent. On confond donc aussi plus aisément une conception et une imagination, une inférence et un calcul qu'une pensée et un mouvement du Dbras. Il ne serait donc pas nécessaire d'imaginer différents degrés d'acuité aperceptive, puisque la simple différence entre les conditions d'application des concepts catégoriaux et spécifiques (ou sortaux) suffirait à l'affaire. En outre, cette hypothèse ne nous parait pas annuler ce que nous avons dit précédemment lorsque, traitant du *cogito*, nous avons supposé que le fait de penser plaçait celui qui pensait dans un état qualitatif, au moins contrastif. Que la possession de concepts de la pensée soit nécessaire pour que la pensée *apparaisse* à celui qui pense peut valoir aussi bien pour le concept catégorial du penser que pour les concepts sortaux des diverses formes du penser.

Quoi qu'il en soit de cette hypothèse, il est au moins manifeste que l'on ne peut décrire en bloc les conditions de formation de toutes nos pensées de second ordre. Pour penser « je crois que p », « j'imagine que p » et « je regarde X », une créature ne doit pas exercer les mêmes genres d'aptitudes. Si l'on peut notamment admettre que le dernier de ces jugements obéit au modèle de la pensée informée, ce n'est nullement le cas du premier. Quand au second, il semble à première vue difficile de l'assimiler aussi bien à une simple pensée informée qu'à un *making-up of the mind*.

On peut donc conclure d'abord que des jugements comme « je crois que p » ou « je veux que p » constituent à eux seuls un démenti à l'idée que l'égologie aurait sa source dans la conscience de soi. Puisque ces jugements ne peuvent raisonnablement être interprétés comme des jugements basés sur des informations « internes », il n'est *a fortiori* pas possible d'interpréter le "je" qui y figure comme procédant d'une aperception de nous-mêmes. Ces jugements procèdent d'un néant informationnel.

Quant aux jugements du type « je pense » ou « je regarde la lune », ils nous reconduisent à des considérations semblables à celles que nous avons fait valoir dans le cas des jugements basés sur des états sensoriels. Pour tous ces jugements, qui sont basés sur des informations, il reste vrai de dire que rien, *dans* notre expérience, ne permet d'expliquer que nous y pensions égologiquement. Sans doute, nous *savons* bien *en qui* surviennent ces états ou, au moins, que ces états appartiennent à quelqu'un. Mais c'est là un savoir en « troisième personne », qui déborde largement le contenu de notre expérience. En outre, nous devons bien reconnaître que le genre d'expérience que l'on fait lorsqu'on se trouve dans un certain état qualitatif tranche sur nos expériences perceptuelles. Mais il n'en reste pas moins que cette spécificité générale des états qualitatifs peut au mieux servir de *critère* pour nous en attribuer égologiquement le contenu, mais elle ne peut à elle seule expliquer que nous y pensions égologiquement.

*

Si l'on devait donc restreindre la totalité de nos pensées égologiques à des pensées du type « j'ai mal », « je sens mon bras se tendre », « je regarde au loin » ou « je doute qu'il vienne », force serait donc de reconnaître que toutes ces pensées relèvent, soit du modèle de l'expression d'un état qualitatif conscient, soit du modèle du *making-up of the mind,* de l'auto-constitution de l'esprit. Or, ni dans un cas, ni dans l'autre nous ne trouvons quoi que ce soit qui puisse justifier l'idée qu'une pensée égologique s'enracine dans un acte d'aperception *de soi*. Cela est immédiat s'agissant des pensées du type « je veux ou je crois que p » qui constituent plus des *actes* de croire ou de vouloir que des *représentations* de croyances ou de volontés. Mais c'est tout aussi indéniable dans le cas des pensées basées sur des états qualitatifs, qu'ils soient sensoriels, affectifs ou cognitifs et qu'ils soient en outre actifs ou passifs. Car s'il est vrai qu'il y a quelque chose de spécifique dans l'expérience qui consiste à se trouver dans un état qualitatif conscient, par contraste avec l'expérience de percevoir quelque chose, il est tout aussi vrai que ce qui caractérise phénoménalement un état, par opposition à un objet perçu, c'est son impersonnalité. Comme le dit Shoemaker :

> Lorsque quelqu'un est introspectivement conscient de ses pensées, de ses sentiments, de ses croyances ou de ses désirs, il n'est pas présent à lui-même comme une personne de chair et de sang et il ne semble même pas être présent à lui-même comme un objet du tout[1].

C'est donc seulement si l'on avait montré pourquoi les états impersonnels dans lesquels nous nous trouvons *ne peuvent pas* être pensés impersonnellement que l'on aurait justifié le "je". Mais cette justification serait indirecte ou transcendantale, et non point directe ou causale. Pour tous ceux de nos jugements égologiques que l'on peut dire basés sur des informations « internes », il reste donc vrai de dire que rien, dans le contenu informationnel de notre expérience, ne justifie qu'il soit pensé égologiquement.

1. « Personal Identity : A Materialist's Account » *in* S. Shoemaker, R. Swinburne, *Personal Identity*, Oxford, Oxford University Press, 1984, p. 102.

CHAPITRE III

LOCALISATIONS ÉGOLOGIQUES

Il serait prématuré de nous engager dès maintenant dans la recherche d'une justification « transcendantale » de l'égologie. Il nous faut en effet encore examiner un dernier type de jugements égologiques que beaucoup d'auteurs récents considèrent comme propres à réfuter simultanément la doctrine de Hume autant que celle de Descartes. Il s'agit de jugements du type : « je me promène », « je passe à droite de l'obstacle », « je suis assis derrière toi », etc., c'est-à-dire des jugements dans lesquels nous nous considérons comme des corps possédant une relation spatiale à un ensemble d'autres corps. Nous avons vu que, selon Descartes, il y aurait une différence épistémologique majeure entre un jugement comme « je pense » et un jugement égologique comme « je me promène » ou tout autre jugement m'attribuant des propriétés ou actions physiques. Alors qu'il est impossible que le premier soit faux, tandis que nous l'assertons, il serait en revanche possible que j'ai seulement l'impression de me promener, si Dieu avait fait qu'il n'y eût pas de corps, quoique je crusse qu'il y en eût. D'où Descartes pensait pouvoir conclure que l'ego était une substance pensante, réellement distincte de l'étendue, parce qu'il était impossible de séparer, en pensée, l'ego de sa pensée, alors qu'il était possible de le séparer de ses propriétés physiques.

Or, il y a un rapport étroit entre cette doctrine cartésienne et la thèse de Hume concernant l'*elusiveness of the self*. L'argument humien en faveur de l'absence d'évidence empirique du moi est en effet exclusivement fondé sur l'examen de ce que nous avons conventionnellement appelé des pensées égologiques « introspectives », parce qu'elles consistent, pour le sujet, à s'attribuer des propriétés, des états ou des dispositions qui n'ont pas de réalité spatiale et qui pour cette raison ne peuvent faire l'objet d'une perception externe. Tout se passe donc comme si Hume admettait que l'ego ne pouvait être qu'une substance pensante, puisque pour montrer qu'il n'y a pas d'ego ou, du moins, que nous n'avons nulle expérience de l'ego, il lui paraissait suffire de considérer les circonstances qui nous conduisent à nous prêter des états ou opérations psychologiques. C'est donc à une réfutation conjointe de Descartes et de Hume que conduirait l'examen de jugements du type « je me promène ». Contre Descartes, il serait en effet possible de montrer qu'il n'y a pas de différence épistémologique entre auto-attributions psychologiques et auto-attributions physiques : la certitude que nous avons d'être en train de nous promener serait identique à celle que nous avons d'être en train de penser. D'autre part, à la différence des jugements égologiques solipsistes, les localisations égologiques impliqueraient une véritable perception de soi, en tant que corps mobile dans l'espace. Ainsi, contre Hume, il faudrait reconnaître que le Soi serait bien objectivement présent à notre conscience à la condition que, contre Descartes, on admette qu'il soit présent sous la forme d'un corps, un corps, non pas que nous aurions, mais que nous *serions*. L'égologie se fonderait donc sur la conscience de soi, mais cette conscience de soi aurait sa racine dans la conscience que nous avons d'être un corps, d'être une chose physique située au cœur de l'espace du monde. Comme l'écrit l'un des principaux partisans de cette théorie, Gareth Evans, « notre conception de nous-mêmes est fermement anti-cartésienne : nos idées égologiques sont celles de porteurs de propriétés physiques autant que de propriétés mentales [1] ».

Cette conception, que l'on peut dire matérialiste, du Moi a pris dans la littérature récente une assez vaste ampleur. Certains auteurs ne se contentent pas de dire, en effet, que, pour *penser* à sa position dans l'espace, il est nécessaire de se percevoir. Ils soutiennent, plus radicalement, que pour *s'orienter* dans l'espace, il est nécessaire de penser à sa position dans l'espace. Or, si la conscience de soi est impliquée par nos déplacements conscients dans l'espace, il semble alors nécessaire de prêter une forme élémentaire de conscience de soi à tout être qui est capable de s'orienter dans l'espace. Mais c'est un fait que les jeunes enfants ainsi que certains animaux possèdent une telle aptitude à la navigation spatiale, fondée, non sur un ensemble de réflexes conditionnés, mais sur une authentique conscience de l'espace et de l'impact de leurs déplacements sur les relations spatiales des choses qu'ils perçoivent autour d'eux. Nous serions donc contraints de prêter une conscience de soi aux bébés et à certains animaux [2].

1. *The Varieties of Reference*, p. 224.

2. C'est la thèse centrale du livre de José Luis Bermudez, *The Paradox of Self-Consciousness*, Cambridge (Mass.), The MIT Press, 1999.

C'est par cette version radicale de la thèse « matérialiste » que je vais commencer. Car, s'il devait apparaître que les rats ont une conscience de soi, nous serions clairement contraints de faire de la conscience de soi un mode de pensée à la fois naturel et anté-prédicatif dont il y aurait un sens à concevoir qu'il puisse servir d'assise aux formes plus élaborées de la conscience égologique de soi. Si les rats se pensent, on ne voit pas que nous ne puissions faire au moins aussi bien qu'eux. J'essayerai donc d'écarter cette version radicale de la thèse matérialiste qui constitue sans aucun doute le défi le plus radical que l'on puisse opposer aussi bien aux vues de Descartes que de Hume. Et je montrerai alors qu'en écartant cette conception radicale, on est également obligé de rejeter la thèse plus modérée qui voudrait que notre propre conscience égologique spatiale impliquât la perception d'un Soi matériel. Toutefois, l'argument que je vais avancer à l'encontre de cette seconde version de la thèse « matérialiste » est très différent de l'argument humien que j'ai invoqué jusqu'ici. Le problème en effet n'est pas que l'expérience qui fonde nos localisations égologiques ne nous contient pas. Il est bien plutôt qu'une localisation égologique n'est accessible qu'à un être qui maîtrise *déjà* la pensée égologique. C'est donc en un sens très spécial que nous pourrons dire que l'égologicité de nos localisations égologiques ne peut être dérivée des informations qui la nourrissent.

1. *Épistémologie immunitaire*

Avant d'examiner ces deux versions de la thèse « matérialiste », il me semble nécessaire de commencer par prendre la mesure de la différence qui semble séparer un jugement égologique introspectif du type « j'ai mal » et un jugement égologique du type « je me promène ». Nous avons vu que Descartes considérait qu'un jugement comme « je pense » était immunisé contre le risque d'hallucination et nous avons suggéré que cette particularité pouvait être étendue aux jugements égologiques nous attribuant des états sensoriels. Or, d'après Descartes, des jugements comme « je me promène » ne bénéficient pas de cette immunisation. Il peut fort bien se faire que je *croie* être en train de me promener alors que je rêve éveillé. Un lecteur moderne trouvera probablement ce doute bien artificiel, mais Descartes lui-même en aurait convenu. Ce doute, comme la plupart des doutes philosophiques, ne sert qu'à faire apparaître une différence épistémologique qui resterait sinon inaperçue. En l'occurrence, il s'agit de faire ressortir qu'il y a une différence entre la manière dont je connais que je pense et la manière dont je connais que je suis assis derrière toi. Dans le premier cas, il est impossible que je *croie* être en train de penser, alors que je ne serais pas en train de penser du tout. Dans le second cas, il est au contraire possible que je *croie* seulement être assis derrière toi.

Je vais donc, de manière préliminaire, essayer de montrer que cette distinction est parfaitement bien fondée et qu'une conception « matérialiste » du Moi ne peut s'autoriser d'une prétendue équivalence épistémologique entre « je pense » et « je me promène », mais seulement d'un rejet des doutes traditionnels concernant la connaissance perceptive. C'est seulement parce que notre connaissance perceptive est le plus souvent véridique, autrement dit parce que le risque d'hallucination est en général des plus faibles, que notre assurance d'être en train de nous promener est comparable, quoique non identique, à notre assurance d'être en train de souffrir.

Demandons-nous d'abord pourquoi « je me promène » semble exposé au risque d'hallucination, alors que « je pense » est immunisé contre ce risque. L'explication que propose Descartes dans le texte des réponses à Gassendi que nous avons cité [1] semble en gros la suivante : avoir la pensée que je me promène et me promener sont deux genres de choses distinctes. D'un côté, nous avons une pensée ou un événement psychologique, de l'autre nous avons un processus physique. En revanche, avoir la pensée que je pense et penser sont deux opérations de même genre. Ainsi, de ce que j'ai la pensée que je me promène, je ne puis conclure que je me promène (que je suis me promenant), tandis que, de ce que j'ai la pensée que je pense, je peux conclure que je suis pensant. Le privilège épistémologique du *cogito*, son immunisation à l'égard du risque d'hallucination, viendrait donc de que le prédicat que je m'attribue (penser) trouve une occurrence indéniable dans son attribution elle-même. Le schéma logique sous-jacent pourrait être : il y a nécessairement des P parce que « il y a des P » est un P. Autrement dit : il y a de la pensée puisque « il y a de la pensée » est de la pensée.

La difficulté est que, comme nous l'avons suggéré, outre que cet argument ne semble pas être celui que Descartes avait vraiment en tête, l'immunisation contre le risque d'hallucination vaut aussi pour les jugements égologiques nous attribuant des états sensoriels : il est en effet également impossible que je *croie* seulement avoir mal, avoir chaud, être fatigué, etc. Or, l'explication de cette immunisation ne peut être que le jugement « j'ai mal » est une occurrence de douleur. L'explication est plutôt, on l'a vu, que, d'une part, il n'y a pas de différence entre avoir mal et sentir qu'on a mal, ce qui fait qu'il suffit d'avoir telle sensation pour être dans l'état sensoriel correspondant, et, d'autre part, qu'il n'y a pas non plus de distance entre sentir qu'on a mal et juger, penser ou être conscient qu'on

1. AT VII, 352. Cf. *supra* chap. 2, p. 62.

a mal, puisque sentir qu'on a mal, c'est ressentir consciemment de la douleur et que notre jugement n'est que l'articulation de cette conscience douloureuse. Il est donc également impossible que je ne sois pas dans l'état sensoriel dans lequel je me sens être présentement.

Si l'on veut donc offrir une explication homogène de cette particularité de certains jugements égologiques qu'est l'immunisation contre le risque d'hallucination, il nous faut donc faire intervenir une propriété qui soit commune à des jugements comme « je pense » et à des jugements comme « j'ai mal ». Cette propriété est, me semble-t-il, que l'un et l'autre jugements portent sur des états ou des événements qui sont *essentiellement* conscients[1]. Si par le fait de penser, nous entendons la visée intentionnelle de quelque chose, nous devons alors reconnaître qu'une telle opération est essentiellement consciente. Une computation peut être non-consciente, mais une computation ne repose que sur les propriétés syntaxiques des symboles impliqués dans la computation, abstraction faire de leur valeur sémantique. Dès que celle-ci entre en ligne de compte, nous avons affaire à un processus essentiellement conscient[2]. De la même manière, souffrir est quelque chose qui est essentiellement conscient puisque si l'on pouvait souffrir sans sentir qu'on souffre, on ne souffrirait pas. Or, nous avons également vu qu'il n'y avait également aucun sens à parler d'une prise de conscience de notre conscience de quelque chose. Si la souffrance est un état conscient, on ne peut dire que nous *percevons* notre souffrance, car ce serait faire l'hypothèse que nous percevons notre sensation, c'est-à-dire que nous prenons conscience de notre souffrance consciente. La conséquence est que le jugement par lequel nous exprimons l'occurrence actuelle de l'un ou l'autre de ces états essentiellement conscients appartient lui-même à la conscience de ces états. Or, il est également impossible que la conscience n'appartienne pas à ces états. Par conséquent, il est impossible que la conscience que p n'implique pas que p, dès lors que p est un état essentiellement conscient. Tout état ou événement essentiellement conscient est tel que la conscience qu'on en prend suffit à attester de sa réalité puisque cette conscience appartient essentiellement à cet état.

1. Il me semble que c'est également l'argument que Descartes avait à l'esprit, même s'il ne le formule pas explicitement de cette manière, sinon peut-être dans le passage précité de la *Réponse aux Secondes Objections*.

2. On pourrait discuter ces affirmations, mais il suffit, pour ce que je veux montrer, qu'on admette au moins que la pensée à laquelle se réfère le jugement « je pense » est essentiellement consciente autrement dit que la pensée consciente a des propriétés qui la distingue d'éventuelles pensées inconscientes ou sub-conscientes.

Nous trouvons ainsi à expliquer pour quelle raison « je pense » aussi bien que « j'ai mal » sont immunisés contre le risque d'hallucination. Mais nous trouvons aussi à expliquer pourquoi un jugement comme « je me promène » n'est pas immunisé contre ce risque ou semble ne pas pouvoir l'être. C'est qu'il parait possible qu'on se promène sans être conscient qu'on se promène. C'est que se promener n'est pas un état ou un événement essentiellement conscient de telle sorte que la conscience de cet état suffirait à attester de sa réalité. Se promener et être conscient de se promener ne semblent pas la même chose, même si, dans la plupart des cas, nous nous promenons consciemment. Le somnambulisme interdit que « je me promène » soit immunisé contre le risque d'hallucination, même si ce risque n'est *jamais* réalisé [1].

Reste que l'on peut cependant essayer de réduire l'écart qui sépare ces diverses sortes de jugements. Pour ce faire, beaucoup d'auteurs contemporains, à la suite de Gareth Evans [2], font appel à une autre sorte d'immunisation, également caractéristique des jugements égologiques, l'immunisation contre l'erreur d'identification [3]. Une erreur d'identification consiste typiquement, nous l'avons dit, à percevoir que quelque chose est actuellement P, mais à se tromper sur l'identité de l'objet qui est actuellement P. Je vois quelqu'un marcher dans la rue, je crois que c'est Pierre qui marche dans la rue, mais c'est Paul. Or, comme Sydney Shoemaker l'a souligné [4] à la suite de Wittgenstein [5], la plupart de nos jugements égologiques semblent immunisés contre ce risque. La situation suivante semble impossible à envisager : quelqu'un est en train d'avoir mal, mais est-ce moi qui ai mal ? Ou bien : quelqu'un est en train d'imaginer une société parfaite, mais est-ce moi qui suis en train d'imaginer une société parfaite ? Or, d'après Evans, cette situation est également impossible à envisager s'agissant de nos comportements spatiaux et de nos états physiques. La situation suivante semble impossible à envisager : le vent souffle dans les cheveux de quelqu'un, mais est-ce dans mes cheveux que le

1. Aussi étrange que cela puisse paraître, c'est seulement parce que le somnambulisme est possible que nous pouvons former l'hypothèse que notre croyance que nous nous promenons pourrait être hallucinatoire. C'est parce que l'étendue pourrait exister sans l'esprit que l'esprit peut croire faussement qu'il y a de la matière. Si la matière impliquait essentiellement la conscience de la matière, l'existence de cette conscience attesterait celle de la matière.

2. *The Varieties of Reference*, chap. 7.2 et 7.3.

3. Nous reviendrons, dans le chapitre suivant, sur l'explication de cette immunisation.

4. S. Shoemaker, « Self-Reference and Self-Awareness » in *Journal of Philosophy*, vol. LXV, n°3, 1968, p. 555-567.

5. *Cahier bleu*, trad. G. Durand, Paris, Gallimard, 1965, p. 126-127.

vent souffle ? Ou bien : quelqu'un est en train de se promener, mais est-ce moi qui suis en train de me promener ? D'après Evans, cela veut dire que tous ces jugements doivent être placés sur le même plan cognitif. Si les situations précédentes sont en effet impossibles à envisager, c'est simplement parce que, dans tous ces cas, nous avons une certain façon d'acquérir l'information véhiculée par le prédicat qui exclut que le sujet de ce prédicat puisse être quelqu'un d'autre que nous mêmes. Il y a une différence cognitive entre la façon dont je sais que quelqu'un marche, tout en pouvant me tromper sur l'identité de celui qui marche, et la façon dont je sais que *je* marche.

Toutefois, si l'on y regarde bien, l'analyse d'Evans souffre d'un double défaut. Le premier est qu'elle ne permet nullement de répondre à l'analyse cartésienne de « je me promène ». En effet, ce qui est douteux dans ce jugement, aux yeux de Descartes, ce n'est pas que *je* me promène, mais c'est que je me *promène*. C'est nécessairement de moi, selon Descartes, dont il est question dans « je me promène », mais ce qui est douteux c'est que je sois effectivement en train de me promener. Or, et c'est le deuxième défaut de l'analyse, si la manière dont j'acquiers les informations dont il a été question a quelque chose de spécifique, c'est qu'il s'agit à chaque fois d'informations introspectives, d'informations acquises du dedans, notamment grâce à mes sensations kinesthésiques. L'argument cartésien serait plus aisément admissible si l'on distinguait ce qui nous fait connaître que nous nous promenons et le fait même que nous nous promenions. Ce qui nous fait connaître que nous nous promenons n'est pas que nous nous percevons en train de nous promener, comme si l'on regardait un film ou un miroir. Ce qui nous le fait connaître, c'est un ensemble d'informations dont certaines sont liées à l'action de nos muscles ou aux modifications de notre sens de l'équilibre, tandis que d'autres sont liées à la manière dont nos informations visuelles se présentent à nous. Mais le fait que j'exprime en jugeant que je me promène n'est pas que j'ai actuellement toutes ces sensations, mais c'est le fait physique, connaissable par un autre que moi, que je me promène, c'est-à-dire que je réalise une certaine propriété physique. Or s'attribuer une propriété physique n'est pas la même chose que s'attribuer l'état sensoriel qui nous fait connaître que nous possédons cette propriété physique. Si l'on admet qu'un certain état sensoriel est *essentiellement* lié à une certaine propriété physique, alors le jugement par lequel nous nous attribuons cette propriété physique bénéficiera du même genre d'immunisation contre le risque d'hallucination que le jugement par lequel nous nous attribuerions l'état sensoriel correspondant. Il sera alors vrai de dire qu'il n'y a pas de différence cognitive entre l'auto-attribution d'une propriété psychologique et l'auto-attribution d'une propriété physique.

Mais si l'on admet que, par exemple, on puisse sentir son bras bouger, lors même que nous n'avons pas de bras [1], il suit qu'on doit reconnaître qu'un fait physique est un fait transcendant la conscience que nous en prenons. Par conséquent, le seul point qui est pertinent dans la discussion de l'analyse cartésienne, c'est bien la question de savoir, non pas si une erreur d'identification est possible s'agissant de la personne qui se promène, mais si une hallucination est possible concernant le fait qu'elle croit *se promener*. Et, dans ce cas, ce qu'il s'agit de savoir, c'est si le fait de se promener est, comme le fait de souffrir ou de penser, un état qui est tel qu'il suffit d'en être conscient [2] pour que sa réalité soit indubitable. Or, il est au moins vrai que, de ce que je sens du dedans que ma jambe bouge, il ne suit pas que ma jambe bouge. Par conséquent le fait qu'une information soit acquise du dedans n'implique pas que l'état de chose *physique* auquel elle nous permet de penser existe effectivement. Et si notre sentiment que notre jambe bouge peut être erroné, si notre sentiment ne suffit pas à attester le fait cru, c'est que notre sentiment que notre jambe bouge n'est pas essentiellement lié au fait que notre jambe bouge. Sentir qu'on bouge sa jambe et bouger sa jambe sont deux événements, l'un psychologique, l'autre physique, liés de manière simplement contingente. C'est seulement si l'on pouvait prouver que le lien entre ces deux événements n'est pas contingent que l'on aurait efficacement neutralisé l'analyse cartésienne de « je me promène ».

Il semble donc qu'il y ait quelque chose de foncièrement juste dans l'analyse cartésienne, si l'on aborde celle-ci à partir de ce que nous avons appelé « l'immunisation d'une pensée contre tout risque d'hallucination ». Il y a clairement une différence à faire entre les états ou opérations dont la simple conscience prouve la réalité et ceux dont la conscience n'est pas un constituant interne ou essentiel. Toutefois, il est également vrai qu'il y au moins un point sur lequel l'analyse générale de Descartes peut et doit être refusée. Il est faux, nous l'avons vu, que le mince « je pense » possède seul une immunisation contre le risque d'hallucination. Tous nos états sensoriels possèdent également cette propriété, dès lors qu'on rejette le modèle du « sens interne ». Cela veut donc dire que, même s'il pouvait se faire que nous n'eussions pas de corps et que le monde physique n'existât pas, nous aurions cependant une *idée de nous-mêmes* qui nous prêterait toutes sortes de prédicats sinon physiques, du moins pathologiques. Le genre d'expérience que l'on fait quand on souffre ou qu'on lève le bras tranche qualitativement sur le genre d'état dans lequel on se trouve quand on

1. C'est l'exemple classique de l'illusion des amputés.

2. Normalement conscient. Il faut exclure les miroirs et autres magnétophones.

calcule. D'où suit que nous avons nécessairement l'idée que nous ne sommes pas seulement des êtres pensants [1].

Mais si l'on veut en outre, comme le font Gareth Evans et, à sa suite, les partisans du *bodily self* affirmer que nous avons également une idée de nous-mêmes comme de quelque chose qui est capable d'être assis, de se promener, etc, alors il faut cette fois avancer, non pas que nous connaissons que nous marchons comme nous connaissons que nous souffrons, mais que la manière dont nous connaissons que nous marchons exclut tout doute *raisonnable* sur sa véridicité. Lorsque nous sentons (du dedans) que notre jambe bouge et que, en outre, nous la *voyons* bouger, nous n'avons naturellement aucun doute sur le fait que nous bougeons la jambe. Il est vrai que nous avons la *place logique* pour formuler un doute de la forme : « de ce que je vois ma jambe bouger, il ne suit pas qu'elle bouge, car je pourrais rêver qu'elle bouge tout en la sentant bouger ». Un fait physique comme le mouvement d'une jambe fait partie de ces faits qui ne sont pas essentiellement conscients, de telle sorte que la conscience de ces faits ne suffit pas à attester de leur réalité. Mais si nous avons la place logique pour formuler de tels doutes à l'encontre de la véridicité de nos expériences perceptives, nous n'avons aucune espèce de raisons psychologiques de le faire. Il faut bien en effet reconnaître qu'on accorde une importance démesurée à des dysfonctionnements rares et facilement explicables lorsque, de l'illusion des amputés, on conclut que *toute* auto-attribution d'une propriété physique sur la base d'une information interne est susceptible d'être fausse. C'est l'effet pénible du principe général du cartésianisme : ce qui nous a trompé une fois peut nous tromper toujours. Mais il est également difficile de tenir ce principe pour faux, puisqu'il porte sur le possible et qu'il n'y a nulle contradiction logique à ce qu'une induction soit vraie. Toutefois, si l'on ajoute qu'il est *déraisonnable* de croire que ce qui nous a trompé une fois nous trompe toujours, on est bien conduit à dire que notre expérience perceptive nous incline à croire que nous sommes autant des porteurs de propriétés physiques que des porteurs de propriétés psychologiques. C'est donc seulement cette présomption générale en faveur de la véridicité de nos

1. Comme je l'ai indiqué dans le chapitre précédent, Descartes aurait admis que « je sens que j'ai mal » était immunisé contre le risque d'hallucination. Mais 1) comment faire du « je sens » une modalité du « je pense », lors même qu'il y a une différence qualitative évidente entre ressentir et, par exemple, calculer ? Comment faire du sentir un mode du penser ? 2) Comment distinguer « je sens que j'ai mal » et « j'ai mal » sinon en concevant la conscience de notre douleur comme une perception de cette douleur ? Ce que l'« âme » aperçoit en elle-même n'a pas l'homogénéité ou, plutôt, la *monotonie* qualitative qui serait requise pour justifier l'unicité du prédicat « chose pensante ».

expériences perceptives[1] qui peut pervertir profondément le raisonnement cartésien et servir d'assise à une idée « matérialiste » du Moi.

2. *Les bêtes ont-elles un proto-moi ?*

Décidons donc, avec les amis de la Matière, d'écarter tous ces doutes hyperboliques pour admettre que lorsque nous jugeons que nous sommes en train de nous promener, nous sommes effectivement en train de nous promener. Admettons, autrement dit, comme c'est d'ailleurs presque *toujours* le cas, que les informations perceptives dont nous disposons sont véridiques, au moins en ce sens qu'elles ne nous « désinforment » pas sur l'*existence* de ce qui est perçu, même si elles peuvent nous conduire à nous tromper sur sa *quiddité*. Si les informations dont nous disposons pour former la pensée que nous nous promenons sont fiables, suffisent-elles à expliquer le "je" de « je me promène » ?

Dans sa formulation la plus radicale, la thèse « matérialiste » consiste à dire, non seulement que la conscience que je me promène implique une véritable perception de moi-même en tant que corps mobile dans l'espace, mais que cette perception de soi comme un corps mobile dans l'espace est nécessaire au mouvement lui-même ou, plus exactement, à un certain type de mouvement : le mouvement qui procède d'une *orientation* consciente dans l'espace. C'est cette thèse qui implique directement que si un animal est capable de s'orienter dans l'espace, on doit alors lui prêter une forme de conscience de soi.

Il me parait d'abord très important de souligner que *tout* philosophe qui est d'avis que nos jugements égologiques trouvent leurs conditions de possibilité épistémiques dans diverses opérations aperceptives de la conscience, devrait admettre une telle conséquence et l'admettre d'une manière beaucoup large que les "matérialistes" dont nous parlons ne le font. Si tout état qualitatif conscient, du simple fait de son occurrence, devait rendre conscient de lui-même le suppôt de cet état, alors le fait que les animaux éprouvent de la souffrance ou du contentement devrait impliquer qu'ils sont conscients de soi. C'est seulement si l'on admet le caractère impersonnel de la conscience de ces états que l'on peut éviter cette

1. Si l'on entend par « véridicité » non pas la vérité quidditative ou prédicative, mais la vérité entitative ou le contraire de l'hallucination.

conséquence, à moins que comme Descartes ou Kant semblent l'avoir fait, on ne réserve la conscience de soi qu'aux pensées de second ordre [1].

On pourrait toutefois imaginer que le partisan de la conscience de soi puisse formuler une objection plus conciliante à l'encontre de cette conséquence qui voudrait que tout être sensible fut nécessairement conscient de soi. Tout en maintenant l'idée que la conscience de soi est impliquée par l'occurrence de certains états qualitatifs, il concèderait que cette conscience de soi ne peut se *manifester* que chez un être capable d'articuler égologiquement cette conscience antéprédicative de soi. Il en irait de la conscience de soi comme de la perception d'objets. De même que notre perception est *cognitive* c'est-à-dire qu'elle est une perception d'objets qu'on est capable d'identifier *conceptuellement*, la conscience de soi impliquerait l'usage du pronom de la première personne. Et de la même manière que la perception, quoique cognitive, ne crée pas ce qui tombe sous le concept, mais le délimite, la conscience égologique de soi délimiterait le donné aperceptif.

Cette manière de raisonner, héritée de Kant, et qui prête aux concepts un pouvoir objectivant, se heurte néanmoins au fait que nous pouvons concevoir des *contenus non conceptuels* de la perception. Introduisons d'abord cette notion de contenu non conceptuel [2]. C'est un contenu représentationnel que l'on peut attribuer à un être conscient même si celui-ci ne possède pas les concepts requis pour *décrire* ce contenu. Un être conscient aura nécessairement diverses impressions visuelles, auditives, etc. La gamme des événements auxquels il sera sensible dépendra en partie de la structure de ses organes, en partie de ses besoins. Dans un grand nombre de cas, on pourra décrire le comportement d'un être de ce genre comme un ensemble de réponses mécaniques à des *stimuli* sensoriels dits « proximaux ». Lorsqu'un chien salive en entendant tinter la cloche qu'on a régulièrement associée à la remise de nourriture, il ne possède aucune représentation ou conscience de l'événement « distal » qui est la source du son qui frappe son oreille. Il est dans ce que nous avons appelé « état

1. Mais cette position est intenable parce que la pensée « je souffre » n'est pas la pensée « je pense que je souffre ». Si le "je" n'avait d'occurrence légitime que préfixé à "pense", on ne devrait pas pouvoir former des pensées comme « je suis triste ».

2. Sur cette notion, cf. G. Evans, *Varieties of Reference*, p. 227 ; J. McDowell, *Mind and World*, chap. III ; Christopher Peacocke, *A Study of Concepts*, Cambridge (Mass.), The MIT Press, 1992 ; J.L. Bermudez, *The Paradoxe of Self-Consciousness*, chap. 4. On ne confondra pas cette notion avec ce que Husserl appelle « expérience antéprédicative » (cf. *Expérience et Jugement*, section 1, trad. D. Souche-Dagues, Paris, P.U.F., 2 e éd. 1991) parce qu'une représentation non-conceptuelle n'a rien d'une expérience *passive*.

sensoriel » et c'est à cet état sensoriel que se trouve associé, par dressage ou par nature, tel type de réponse musculaire.

Mais il y a des cas où l'on est contraint de prêter à tel être une véritable conscience distinctive ou identifiante du *stimulus* « distal »[1]. Nous ne pouvons certes être assurés de la présence d'une telle représentation, mais, par une inférence à la meilleure explication, nous devons l'attribuer à un être dont le comportement ne peut être expliqué mécaniquement. Le meilleur exemple peut être fourni par le comportement spatial. Dans certains cas, on peut expliquer qu'un animal prenne telle route, non parce qu'il se représente l'espace qui le sépare de son objectif, mais parce que tel mouvement musculaire est mécaniquement associé à tel *stimulus* proximal : c'est ainsi, par exemple, qu'on explique le trajet des fourmis. Mais, dans d'autres cas, une explication de ce genre n'est pas possible. Certaines expériences[2] montrent par exemple que des rats auxquels on fait subir une translation symétrique dans l'espace, iront chercher à droite une nourriture qu'ils allaient jusqu'ici chercher à gauche, ce qui implique que leur comportement n'est pas l'exécution d'un réflexe automatisé, mais bien le résultat d'une certaine représentation de l'espace ou, du moins, d'une représentation des « choses » comme étant situées les unes par rapport aux autres dans l'espace « objectif » et non pas seulement comme situées dans telle ou telle région du champ visuel et de l'espace moteur. Dans un cas de genre, nous devons prêter à l'animal une conscience de l'espace et, partant, des contenus représentationnels que nous ne pouvons décrire autrement qu'en usant de certains concepts spatiaux comme « à coté de ceci », « entre ceci et cela », etc. L'animal ne possède pas ces concepts. Néanmoins il doit se représenter de manière non conceptuelle ce que nous nous représentons, nous, de manière conceptuelle. Il peut en outre, dès lors qu'il se représente quelque chose *comme* quelque chose, se tromper et l'on peut donc lui prêter des croyances non conceptuelles, que l'on appelle parfois « proto-croyances ». Ainsi on pourra dire que le rat croit que sa nourriture est à gauche de lui, même s'il ne possède aucun des concepts impliqués dans la description de cette croyance.

1. Sur ces questions, outre le livre de J.L. Bermudez que nous allons examiner, cf. Joëlle Proust, *Comment l'esprit vient aux bêtes*, Paris, Gallimard, 1997, chap. VIII et IX.

2. Par exemple, E.C. Tolman, B.F. Ritchie, D. Kalish, « Studies in Spatial Learning. Place Learning vs Response Learning » in *Journal of Experimental Psychology*, n°36, 1946, p. 221-229, cité *in* Bermudez, *op. cit.*, p. 209-210.

Si l'on admet donc la possibilité de contenus non conceptuels de la perception [1] on peut donc également concevoir qu'un être privé de la faculté des concepts pourrait cependant posséder des contenus égologiques non conceptuels, c'est-à-dire des contenus que nous ne pourrions décrire qu'en usant du pronom de la première personne, quoiqu'il ne posséderait pas l'usage de ce pronom ou de tout autre expression verbale. C'est la thèse développée par J.L. Bermudez dans son livre *The Paradox of Self-Consciousness*. L'auteur y défend l'idée selon laquelle les formes linguistiques de la conscience de soi, celles qui s'expriment par l'usage du pronom de la première personne se développent, génétiquement, sur le sol de formes non-conceptuelles de conscience de soi. Un sujet aurait d'abord une forme non conceptuelle de conscience de soi, et c'est ce rapport primitif à soi qui lui permettrait ensuite d'accéder à la maîtrise du pronom de la première personne, puisqu'il saurait déjà *à qui* ce pronom réfère et comment accéder à ce à quoi ce pronom réfère. Ce qui conduit l'auteur à tourner son regard dans cette direction, c'est précisément ce qu'il appelle le paradoxe de la conscience de soi. Ce paradoxe naît lorsqu'on cherche à *expliquer* en quoi consiste cette faculté ou aptitude à la conscience de soi. On est alors conduit à des formulations circulaires, parce que la conscience de soi serait la faculté, non pas seulement de penser à soi, mais de penser à soi de manière égologique, c'est-à-dire à l'aide du "je". Or, d'une part, il est impossible de *définir* ce qu'est la maîtrise du pronom de la première personne autrement qu'en répétant ce pronom : « être capable de faire référence à soi » ne suffit pas en effet à définir cette aptitude, car il faut préciser qu'il s'agit d'une référence à soi en tant que locuteur de "je" [2]. Or, cela implique qu'il est également impossible, selon l'auteur, de comprendre comment un sujet peut acquérir la maîtrise du pronom de la première personne puisqu'il semble nécessaire qu'il le maîtrise déjà pour pouvoir l'acquérir !

Nous verrons bientôt ce qu'il faut penser de ce prétendu « paradoxe de la conscience de soi », un paradoxe qui est étroitement lié à la thèse, discutable et, comme nous espérons même le montrer, erronée, selon laquelle la maîtrise du pronom de la première personne consisterait dans la faculté de faire *référence* à soi. Il importe toutefois d'examiner ce que J. L. Bermudez considère comme des formes de conscience non conceptuelle de soi, formes qui constitueraient le socle de la conscience conceptuelle ou égologique de

1. Et ces contenus non conceptuels de la perception ne sont pas propres aux êtres dénués de la faculté des concepts. Nous-mêmes percevons plus que nous ne pouvons dire ou penser. Cf. G. Evans, *The Varieties of Reference*, p. 228-229.

2. Lorsque Oedipe recherche le meurtrier de Laïos, c'est à lui-même qu'il fait référence. Mais parce qu'il ne réfère pas *égologiquement* à lui-même, sa pensée, quoique portant sur lui-même, n'est pas une forme de conscience de soi.

soi. Car si de telles formes prélinguistiques de conscience de soi existent vraiment, il deviendra plus délicat de faire jouer à la maîtrise du pronom de la première personne un rôle constituant dans l'émergence de la subjectivité. On pourra sans doute soutenir qu'il possède un rôle élucidateur, que l'égologie donne une plus grande richesse à la conscience de soi, qu'elle est la condition de sa clarté et de sa distinction, mais on sera enclin à vouloir que cette forme lumineuse de la conscience égologique de soi soit comme précédée, au moins ontogénétiquement, par des formes plus frustes, mais réelles de protoconscience non verbale de soi.

Quelles sont donc ces formes de protoconscience de soi qui constitueraient les prémices naturelles de la subjectivité et que l'usage du pronom de la première personne ne ferait que prolonger ? Que serait la subjectivité muette des bébés et des chiens ?

Prêtons d'abord à un bébé[1] la simple faculté de voir. Les théories traditionnelles de la perception infantile ont en général défendu l'idée que le bébé était confronté à un monde homogène, tout entier "objectif", mais aussi chaotique et instantané, à l'intérieur duquel l'enfant était incapable d'isoler des objets persistants. Le bébé vivrait dans un monde d'événements, ondoyants et divers. Or, si l'on suit la théorie "écologique" de la perception[2], on est amené à remettre en question ces deux affirmations. On doit d'abord admettre que sa perception visuelle du monde extérieur doit lui livrer certaines informations sur lui-même. Plus exactement, l'enfant ou l'animal, du simple fait qu'ils perçoivent visuellement le monde, doivent se percevoir eux-mêmes. L'une des raisons fondamentales en est que le champ visuel est limité. Un œil fiché en haut d'un pieu ne pourrait certes pas s'en rendre compte : il serait alors vrai de dire, comme Wittgenstein, que « rien, dans notre champ visuel, ne montre qu'il est vu par un œil[3] ». Mais le mouvement du sujet fait se modifier les limites du visible : nous voyons des choses nouvelles ou d'autres disparaissent. Il est donc faux que rien, *dans* notre champ visuel, ne montre qu'il est vu par un œil puisque ce qu'il y a *dans* notre champ visuel, apparaît ou disparaît selon que, par exemple, nous tournons notre tête. « Demandez-vous ce qui vous dissimule l'espace environnant lorsque vous regardez le monde – sûrement pas

1. Nous employons le mot vague de bébé pour désigner l'enfant avant qu'il ne soit entré en possession, même élémentairement, du langage. L'auteur invoque des expériences qui concernent des enfants dont l'âge est compris entre quelques jours et dix-huit mois ou à peu près.

2. J.J. Gibson, *The Ecological Approach to Visual Perception*, Boston, Houghton Mifflin, 1979. Cf. le chapitre 5 du livre de Bermudez.

3. *Tractacus*, § 5. 633, trad. G.G. Granger, Paris, Gallimard, 1993, p. 94.

les ténèbres ou l'air ou quoi que ce soit, mais l'ego ![1] ». En outre, il faut admettre que le sujet est directement présent dans le champ visuel et fait l'objet d'une *kinesthésie* visuelle. Certaines parties de notre champ visuel présentent un angle constant ou faiblement variable avec le centre de la vision : c'est le cas du nez, des mains, etc. D'autre part, un enfant ou un animal peuvent distinguer, dans le flux des informations visuelles qu'ils reçoivent, celles qui sont à mettre au compte du mouvement propre des choses et celles qui sont à mettre au compte de leur propre mouvement. Lorsque nous marchons, *a fortiori* lorsque nous courons, le spectacle défile tout autour de nous, mais nous arrêtons la fuite des choses en stoppant nos pas. Ou encore, lorsque nous nous dirigeons vers un certain point, celui-ci occupe, dans notre champ visuel, une position fixe tandis que le monde environnant semble glisser de chaque côté de notre champ visuel. Il existe donc, à l'intérieur du champ visuel, un certain nombre d'*invariants* qui servent de repères pour discriminer le mouvement propre du sujet et celui des objets alentours. Ces invariants, présents dans le champ visuel, seraient le sujet même, présent *dans* le champ visuel.

Quant à l'idée que le monde visuel serait un chaos d'événements chromatiques et géométriques, elle doit être modifiée à la lumière de ce que Gibson appelle *affordances*, terme qu'on peut rendre par « opportunités » et qui désignent des saillances pragmatiques. C'est immédiatement que quelque chose est perçu comme pouvant supporter le poids du sujet, comme pouvant lui permettre d'avancer, comme bon à manger, comme dangereux, etc. Il ne serait pas nécessaire d'invoquer un complexe mécanisme d'apprentissage par essais et erreurs, mais le monde s'offrirait, à chaque espèce animale, comme structuré par un certain nombre d'opportunités pragmatiques sans lesquelles aucune action ne serait possible. Or, ces opportunités parlent au sujet de lui-même ! C'est comme si le monde lui adressait la parole : « viens par ici ! », « fuis-moi ! », « mange-moi ! », « pose ta patte sur moi », etc.

Ajoutons encore que si l'enfant et l'animal se voient, il faut dire aussi qu'ils se ressentent et se touchent. Un deuxième groupe de faits invoqués par Bermudez est en effet tiré des sensations proprioceptives et tactiles[2]. Non seulement mouvements musculaires, chatouillements, douleurs sont sensibles, mais le corps tout entier l'est, avec sa partie centrale fixe (le tronc) et, relié à lui par des sortes de charnières, des membres mobiles. Tout cela l'enfant et l'animal évolué le sentent et par conséquent il faut

1. J.J. Gibson, *op. cit.*, p. 112 (cité *in* Bermudez p. 106).
2. *Op. cit.*, chap. 6.

reconnaître qu'ils *se* sentent. Vision et proprioception livrent donc *nécessairement* à l'enfant ou à l'animal des informations sur eux-mêmes.

Jusqu'ici, notons-le, nous ne trouvons cependant rien que l'on doive nécessairement assimiler à une forme quelconque de conscience de soi. Comme nous l'avons vu, il ne suffit pas que des informations soient causées par nous-mêmes pour être représentatives de nous-mêmes. Le fait qu'un animal ou un bébé recueillent des informations visuelles ou kinesthésiques les concernant n'implique donc nullement qu'ils recueillent ces informations comme des informations *à propos* d'eux-mêmes. Toutefois, d'après J. L. Bermudez, toutes ces informations visuelles et proprioceptives sur soi[1] sont moins en elles-mêmes constitutives d'une conscience non conceptuelle de soi qu'elles ne sont la matière première dont cette conscience va se former. D'après J. L. Bermudez, ces informations sont en effet peu à peu intégrées à l'intérieur de ce qu'il appelle un « point de vue non conceptuel » sur le monde, point de vue qui va constituer la forme originelle et non conceptuelle de la conscience de soi et dont, si l'on en croit les exemples commentés par l'auteur, un rat ou un chien sont capables de faire montre.

En quoi consiste tout d'abord ce point de vue non conceptuel? Il comprend une double composante. La première est la faculté de distinguer sa propre expérience du monde et le monde qui est objet de l'expérience. Un animal, selon Bermudez, est capable de distinguer sa perception courante d'un objet et l'objet même qu'il perçoit, dès lors qu'il est en mesure de garder en mémoire des objets localisés et d'acquérir, par ce biais, la conscience de leur permanence, de leur « substantialité ». Un animal est capable du comportement qui consiste à reconnaître un certain objet (« Tiens ! ma niche. Pourquoi l'ont-ils mise là ? ») et il suffit de pouvoir reconnaître un tel objet numériquement identique pour se voir créditer de la croyance que cet objet subsiste quand on ne le perçoit pas et donc que cet objet est distinct de ma perception actuelle de cet objet[2]. L'autre composante du point de vue non conceptuel sur le monde est constituée par une aptitude à la navigation spatiale, qu'il s'agisse de réagir de manière appropriée aux changements des relations spatiales entre objets induits par le déplacement de l'animal ou de l'enfant dans l'espace ou qu'il s'agisse de modifier sa trajectoire pour atteindre un même point, en fonction des propres déplacements de l'animal ou de l'enfant. La maîtrise de l'espace impliquerait donc qu'un enfant ou un animal soient capables de se

1. *Self-specifying informations.*

2. On reconnaît ici une adaptation de l'argument « transcendantal » de Strawson, *Individuals*, p. 31 *sqq.*, trad. p. 33 *sqq.*

représenter eux-mêmes comme situés dans cet espace, comme se déplaçant dans cet espace et, partant, comme distincts des objets qu'il renferme.

Ces deux composantes, l'aptitude à la ré-identification et l'aptitude à la navigation spatiale, conduisent donc l'auteur à prêter aux bébés et à certains animaux une forme non conceptuelle de conscience de soi. Par ce terme, il faut entendre non pas une simple sensibilité à certaines informations, selon un mécanisme *stimulus*/réponse, mais une conscience représentative de soi, source de croyances ou protocroyances à propos de soi et qui est qualifiée de « non conceptuelle » parce que le sujet ne maîtrise aucun des concepts nécessaires pour *décrire* ce contenu. Donnons un exemple. Dans l'expérience de la chambre mobile[1], des enfants sont placés sur un sol fixe qu'ils ne voient pas, mais entre des parois qu'ils peuvent voir et qui se déplacent longitudinalement. L'expérience révèle que les enfants placés dans cette situation compensent ce qu'ils croient être leur déplacement et, pour cette raison, sont déséquilibrés et tombent effectivement. Nous ne pourrions, semble-t-il, mieux interpréter la réaction des enfants qu'en leur prêtant la croyance qu'ils tombent, c'est-à-dire la croyance : « je tombe ». Mais, bien sûr, ces enfants ne disposent pas des outils logico-linguistiques pour articuler une telle croyance. Il faut donc dire qu'il ont une représentation et une croyance égologiques non-conceptuelles. D'après l'auteur, l'intégration des informations visuelles et proprioceptives sur soi au comportement spatial oblige à prêter à des êtres dénués de la faculté des concepts une conscience non conceptuelle d'eux-mêmes, conscience qui, comme toute conscience représentative, peut être erronée, comme le montre l'expérience de la chambre mobile. Et c'est sur la base de cette conscience non conceptuelle de soi que pourra se développer, par un mécanisme que je laisserai ici de côté, les formes plus raffinées de la conscience égologique de soi.

Que penser d'une telle analyse ? On pourrait sans doute discuter les divers « faits » invoqués par l'auteur à l'appui de sa théorie de la conscience non conceptuelle de soi. On pourrait discuter qu'il s'agisse de faits. Par exemple, on pourrait souligner que la théorie écologique de la perception n'a pas le statut de “paradigme” dans ce domaine ou bien on pourrait avancer que de nombreux comportements, dont l'auteur affirme qu'ils ne peuvent s'expliquer qu'en prêtant aux bébés ou aux animaux des représentations intentionnelles non conceptuelles pourraient l'être en raffinant les explications mécanistes[2]. Mais on peut concéder à l'auteur beaucoup des

1. L'expérience, due à J.R. Lishman et D.N. Lee (« The Autonomy of Visual Kinaesthetics » in *Perception*, n° 2, 1973, p. 287-294), est décrite p. 111-112.

2. C'est notamment vrai de tous les comportements “mimétiques', dont je n'ai pas parlé, mais auxquels l'auteur fait jouer un rôle dans la genèse de ce qu'il décrit comme une forme

faits qu'il avance. Il est par exemple indéniable que le champ visuel présente des invariants et qu'un être sentant possède des informations proprioceptives. Il est d'autre part indéniable qu'on ne peut expliquer le comportement spatial, même d'animaux comme des rats, uniquement à partir d'un mécanisme *stimulus*/réponse. Les enfants comme les animaux doivent donc vraisemblablement disposer de certaines informations sur eux-mêmes, sur l'état de leur corps et même sur leur position *dans* l'environnement et ces informations prennent tout aussi vraisemblablement la forme de représentations, vraies ou fausses, et non simplement celle de *stimuli* commandant un comportement réflexe.

La difficulté véritable commence lorsqu'il s'agit de spécifier le contenu de ces représentations non conceptuelles. La position adoptée par l'auteur consiste à traiter ces contenus non conceptuels comme des *équivalents non conceptuels* de nos propres représentations conceptuelles. Or, on doit souligner d'abord qu'un contenu non conceptuel n'est pas nécessairement l'équivalent non conceptuel d'un contenu conceptuel. Par exemple, le contenu de notre perception des couleurs est plus riche que son strict contenu conceptuel et la partie non-conceptuelle du contenu de notre perception est donc, si on en admet l'existence, un simple excès de l'intuition sur nos concepts. Mais la position adoptée par l'auteur ne consiste pas à prêter à des créatures possédant des concepts des représentations intuitives excédant le pouvoir de leurs concepts. Elle consiste à prêter à des créatures sans concepts des pensées qui seraient l'équivalent non conceptuel de nos propres pensées conceptuelles. La théorie des contenus non conceptuels que l'auteur adopte vise à prêter à un être dénué de langage des représentations et des croyances que nous exprimerions, verbalement, d'une certaine manière. Nous aurions effectivement tendance, dans l'expérience précitée de la chambre mobile, à prêter à l'enfant la croyance : « je tombe ». Mais puisque c'est un fait que l'enfant, dans cette expérience, ne possède pas les concepts impliqués dans l'articulation de cette croyance et puisque par ailleurs on croit nécessaire de lui prêter une croyance, parce qu'on ne peut expliquer son comportement par un simple mécanisme *stimulus*/réponse, il faudrait donc lui prêter un équivalent non conceptuel de notre croyance conceptuelle « je tombe ». Or, on peut, je crois, avancer deux types d'arguments assez différents à l'encontre d'une telle approche.

On peut d'abord mettre l'accent sur le fait que si de telles croyances non conceptuelles existent, elles ne peuvent être de simples équivalents non

non-conceptuelle de conscience de soi psychologique (cf. chapitre 9). D'après l'auteur, un bébé croit (non conceptuellement) des choses comme : « elle veut que je regarde là » ou « elle veut que je lui sourie », où « elle » représente le plus souvent la mère de l'enfant.

conceptuels de nos croyances conceptuelles car, du fait d'être conceptuelles, nos croyances ont des propriétés que des croyances non conceptuelles ne pourraient avoir. Et, au premier chef, nos croyances, *parce qu'elles sont conceptuelles*, sont aussi rationnelles. Le fait d'avoir la croyance conceptuelle que *a est F* implique une relation de cette croyance avec des croyances alternatives du type *b est F* ou *a est G*[1], etc. Cela implique donc que si, dans une situation donnée, nous formons la croyance que *a est F,* cela est dû en partie à la situation elle-même et en partie à nos autres croyances. Or, si les croyances d'un être sont non-conceptuelles, elles ne peuvent être soumises à cette double contrainte. Les croyances d'un tel être seront seulement fonction de la situation et, éventuellement, d'autres croyances impliquées par la même situation. Qu'est-ce qui dès lors nous autorise à prêter à un être dénué de rationalité des croyances semblables aux croyances rationnelles que nous possédons, c'est-à-dire un équivalent non conceptuel de nos croyances rationnelles ? Prenons l'exemple de la fuite. Nous percevons une menace au point O et nous nous en éloignons. Mais qu'y a-t-il d'impossible dans la croyance suivante : lorsque nous bandons les muscles de nos jambes d'une certaine façon, la menace s'éloigne ? Certes ce n'est pas notre croyance, parce que nous avons, nous, des croyances d'un certain type, des croyances rationnelles, c'est-à-dire présentant, les unes avec les autres, une cohérence globale qui nous oblige à certaines *interprétations*. Nous croyons donc que ce n'est pas la menace qui s'éloigne, mais que c'est nous qui fuyons, parce que cette croyance s'ajuste avec d'autres croyances que nous avons par ailleurs. Mais, comme les partisans des contenus non conceptuels l'admettent, les protocroyances ne sont pas rationnelles, au sens où elles ne sont pas liées les unes aux autres par des liens inférentiels. Par conséquent, on peut contester, en principe, qu'il soit légitime de prêter à un être dénué de raison tel équivalent non conceptuel de telle de nos croyances rationnelles.

Mais la difficulté principale des arguments en faveur d'une conscience non conceptuelle de soi me paraît résider dans l'élévation des représentations conceptuelles que *nous* associons à certains comportements au statut de conditions de possibilité de ces comportements. Soulignons d'abord la difficulté très générale qu'il y a à introduire à ce niveau la notion d'objet. Si l'on admet qu'un objet est, au moins, une entité individualisable et, surtout, ré-identifiable, il semble difficile de prêter une conscience d'objet à une créature dénuée de concepts sortaux, c'est-à-dire de concepts ayant pour

1. C'est l'une des conséquences de ce qu'Evans appelle la « contrainte de généralité », *The Varieties of Reference*, § 4.3, p. 100-105.

propriété de diviser leur référence. Il paraît plus vraisemblable de supposer que si une créature dénuée de concepts est néanmoins capable de se représenter des entités, celles-ci seront plus vraisemblablement des traits que des objets[1]. Or, même si l'on admet, ce qui est loin d'aller de soi, qu'un trait puisse être ré-identifiable[2] autrement dit même si l'on admet que, quoiqu'un chien ne perçoive pas une niche, mais de la niche, il soit cependant capable de ré-identifier le même trait de niche qui constitue *sa* niche, on ne peut en conclure qu'il possède la croyance qui accompagne notre propre aptitude à la ré-identification : celle d'une subsistance des objets lorsqu'ils ne sont pas perçus. Cette croyance est en effet clairement la manière dont nous nous *expliquons* le fait que nous puissions retrouver en un lieu un objet précédemment rencontré en un autre. Or, rien ne nous oblige à prêter à toute créature capable d'opérer une ré-identification une propension à fournir une *explication* de ce qu'elle découvre dans le monde. Nous ne pouvons, sans absurdité, prêter au chien qui reconnaît son maître une « métaphysique descriptive » du type de celle que Strawson met à jour dans les *Individus* et dont on peut légitimement prêter la possession implicite à tout locuteur rationnel. Il est douteux que l'on doive créditer un chien ou un bébé d'une « conscience non solipsiste », parce qu'il est également douteux qu'un chien soit régulièrement hanté par des doutes solipsistes, même non conceptuels (« Est-ce un os que je vois là ou une idée d'os ? » ; « Où était ma niche pendant que je ne l'observais pas ? », etc.). L'aptitude à la ré-identification, si on l'admet, n'implique donc nullement l'aptitude à *se* penser comme un être qui perçoit des objets essentiellement distincts de la perception qu'il en a, sauf à prêter à un être capable de ré-identification une rationalité qui puisse le conduire à s'expliquer ce qu'il fait.

Quant à l'aptitude à la navigation spatiale il paraît également douteux qu'elle implique, par une « inférence à la meilleure explication », de prêter aux bébés ou aux animaux qui en sont capables une conscience non conceptuelle de soi. Il est vrai que nous sommes *enclins* à décrire la protocroyance du bébé dans la chambre mobile comme la protocroyance : « je tombe ». De même, nous serions enclins à décrire le comportement d'un animal qui adapte son chemin vers un but en fonction de ses déplacements passés comme correspondant à la croyance : « je me suis décalé à droite, il faut que j'oblique plus à gauche ». Il est vrai que c'est là la croyance que *nous*

1. Sur la distinction entre objets et traits, cf. Strawson, *Individuals*, p. 202-212, trad. p. 227-239.

2. Si J.L. Bermudez admet qu'il vaut mieux parler de traits que d'objets lorsqu'on décrit ce que se représente un animal, il affirme qu'on peut donner un sens à la ré-identification d'un trait (*op. cit.*, p. 174).

formerions, nous, dans ces situations. Mais notons d'abord qu'il est également clair que nous formerions ces croyances-là parce que les informations que nous recevons en provenance du monde sont séparées des réponses comportementales que nous leur apportons par un traitement symbolique, à la fois conceptuel et inférentiel, de ces informations. Nous reconnaissons que p, nous en inférons que q, puis nous faisons alors que q. Entre l'information perceptive et la réponse comportementale s'intercale, dans notre cas, ce traitement symbolique et inférentiel de l'information. Or, ce mode de traitement de l'information perceptive est-il requis pour expliquer les comportements de navigation spatiale des bébés ou des animaux ? Ont-ils besoin d'une telle médiation pour *agir* dans l'espace ? Ne peut-on supposer que ce qui est requis pour expliquer un comportement de navigation spatiale est beaucoup plus proche des informations spatiales qu'une croyance théorétique analogue à celle que nous développons ? Comme le souligne J. L. Bermudez lui-même, le bébé ou l'animal exercent leur conscience de l'espace et leurs croyances non conceptuelles sur le monde dans « l'action et le mouvement[1] ». Lorsqu'un chien ajuste sa trajectoire en fonction de son déplacement passé par rapport au chemin habituel, nous ne pouvons certes expliquer son comportement par un simple mécanisme *stimulus*/réponse. Mais de quoi doit-on exactement le créditer ? De la proto-pensée : « Je me suis décalé vers la droite » ? Est-ce vraiment cette croyance qui peut seule expliquer son action ? Est-ce qu'il faut qu'il se soit formé une telle croyance, qu'il ait, si l'on peut dire, pris le temps de la former, pour que son comportement ait trouvé sa cause prochaine ? Ce serait effectivement nécessaire ou, du moins, nous serions contraint de le croire, si nous ne pouvions supposer que le contenu même de sa perception lui fournit les représentations requises. Or, remarquons d'abord que ce qu'on a besoin d'expliquer est cette chose somme toute assez simple qu'est l'aptitude à *manœuvrer* et, le plus souvent, à manœuvrer *à vue* ou à partir d'un prolongement mémoriel immédiat de la vue. Il n'arrive jamais que l'on doive prêter à l'animal une *planification* de sa conduite spatiale, comme le vacancier qui prépare son itinéraire, ni non plus cette forme de transitivité du *raisonnement* spatial qui veut que, si nous nous savons être dans une chambre, alors nous nous savons être dans une maison, sur la Terre, etc. C'est dans une situation spatiale déterminée, concrète, vivante que l'animal ou le bébé font montre d'une aptitude à s'orienter dans cet espace et à y manœuvrer. Cela réduit donc, pourrait-on dire, le débordement théorétique de l'expérience perceptive que l'on doit

1. *Op. cit.*, p. 223.

prêter aux animaux ou aux bébés. Ils n'ont besoin de songer, si l'on veut qu'ils songent, qu'à l'espace dans lequel ils se trouvent et se déplacent, un espace à portée de perception ou de mémoire rétensive[1]. Or, pour manœuvrer autour d'obstacles ou bien en vue d'objectifs à atteindre, l'animal ou le bébé ont-ils besoin qu'on leur prête des proto-pensées comme « je suis ici » ou « je me suis décalé à gauche » ? En réalité, on peut se contenter de leur prêter des "pensées" comme « c'est par ici » ou « ce doit être par là ». Remarquons en effet que les animaux, comme les bébés, ne sont capables d'un comportement de navigation que dans la mesure où ils disposent de ce qu'on pourrait appeler un « maître-chemin » dans l'espace[2]. Si on lâche un bébé ou un animal dans un espace inconnu, leur comportement ne manifeste aucun sens de l'espace, mais seulement une conduite d'exploration de l'espace. Il semble alors que, plutôt que de prêter aux bébés ou aux animaux des croyances égologiques non conceptuelles, on peut se contenter de leur prêter une aptitude à recueillir des informations d'une manière que l'on pourrait qualifier d'*holistique*. Un mécanisme *stimulus*/réponse est typiquement un mécanisme de type atomistique. L'animal réagit à la présence d'un *stimulus* atomique, à la condition cependant qu'un autre *stimulus* ne vienne pas, simultanément, inhiber la réponse mécanique au premier. Or, une captation holistique des informations issues de l'environnement suffit à expliquer un comportement ajusté à l'espace si ces informations sont organisées autour du maître-chemin. Imaginons que nous parcourions toujours une vaste pièce selon sa diagonale AB. Nous percevons donc les différents objets qui sont dans la pièce par rapport à cette diagonale. Par exemple, à droite de la diagonale, nous percevons une enfilade d'objets EFG. Supposons qu'une nuit, on se réveille quelque part à droite de la diagonale, en G. Comme la pénombre règne, nous ne pouvons percevoir les murs et les angles de la pièce, car cette pièce est vraiment très vaste. Ne peut-on conjecturer que la vue de F et de E nous permettra de retrouver notre chère diagonale ? A-t-on besoin, pour cela, de former la pensée : « Je suis en G. Or, G est à la droite de AB et est précédé de F et de E. Donc je dois aller vers F puis E pour retourner sur AB ». Un tel syllogisme serait tout à fait d'un géomètre, soucieux de prouver le bien fondé de ses conduites

1. J'appelle ainsi cette forme particulière de mémorisation qui consiste à conserver la trace d'une chemin ou d'un objet en mouvement à mesure qu'il disparaît de notre perception courante.

2. Je vais adapter ici l'argument strawsonien du « maître-son », in *Individuals*, p. 76, trad. p. 84. Outre sa valeur économique, la description que je vais proposer me paraît en outre mieux adaptée au fait que l'animal a affaire à des traits plus qu'à des objets. Le maître-chemin dont je vais parler peut inclure des informations visuelles, mais aussi kinesthésiques.

spatiales. Mais si notre souci n'est que de retrouver notre lit, irait-on se fatiguer un peu plus en raisonnant ainsi ?

On peut, me semble-t-il, élargir cette idée en adaptant systématiquement à l'expérience infantile ou animale de l'espace ce que Strawson a imaginé pour un monde sonore. La suggestion peut paraître étrange puisque, selon Strawson, un monde sonore, un monde purement sonore, serait non spatial. Cependant, on sait aussi que Strawson a cherché à imaginer ce que pourrait être, dans un tel monde, un équivalent fonctionnel de notre expérience de l'espace. Ce que nous suggérons, c'est que l'expérience animale ou infantile de l'espace pourrait être plus proche de la structure de ce monde sonore que de *notre* expérience conceptualisée de l'espace. Rappelons que dans le monde non spatial qu'imagine Strawson, une créature seulement douée de perception auditive serait en mesure de ré-identifier certains sons comme étant numériquement les mêmes que des sons préalablement entendus si il existait, dans ce monde, un maître-son par rapport auquel tous les autres sons pourraient être ordonnés. Le maître-son ne serait donc pas, dans ce monde, un son parmi les autres. Ce serait au contraire par contraste avec lui qu'il pourrait y avoir *des* sons et que ces divers sons ou suites de sons pourraient être identifiés, mais aussi et surtout ré-identifiés. On peut dire que le maître-son ne serait pas perçu *comme* un son, mais qu'il serait la condition pour que des sons soient perçus comme tels. Or, comme Strawson le souligne également, une caractéristique remarquable de ce monde sonore, c'est qu'il est totalement impersonnel. Celui qui perçoit, et qu'on suppose être réduit à la seule faculté de percevoir des sons, ne se distingue pas lui-même des sons qu'il perçoit. Il ne fait pas usage du contraste entre un monde objectif et un monde subjectif, entre ce qu'il est ou fait, lui, et ce qui a lieu autour de lui [1]. Autrement dit, le pouvoir de ré-identifier des sons, de les reconnaître et d'y réagir ne requiert nullement la conscience de soi. Remplaçons dès lors le maître-son par ce que nous avons appelé un maître-chemin auquel on pourrait joindre une maîtresse-posture [2]. Toutes les informations visuelles et kinesthésiques peuvent s'ordonner holistiquement autour de ces deux axes du monde spatial. Pour qu'un animal puisse s'orienter dans un tel monde, il n'est alors nullement requis qu'il se pense et se situe sur une carte du monde. Il suffit qu'il enregistre la

1. Pourquoi ? Parce que ce serait « une suggestion tout à fait étrange de supposer qu'il [= celui qui perçoit] puisse se distinguer comme un élément parmi d'autres dans son monde auditif, c'est-à-dire comme un son ou une suite de sons », *Individuals*, p. 88, trad. p. 99.

2. L'éthologie animale aussi bien que l'observation des bébés montrent que les uns et les autres n'acquièrent une sûreté de comportement que lorsqu'ils vivent dans un espace familier.

disposition des divers traits qui forment son environnement par rapport au maître chemin. Tout se passe alors comme s'il ne perdait jamais ce maître chemin de vue puisque, où qu'il soit, il ne connaît que des « enfilades » qui y ramènent ou s'en éloignent. Le lion qui s'écarte du maître-chemin, l'enfant qui s'éloigne de la maîtresse-posture n'ont pas besoin de savoir où ils sont pour retrouver ce qu'ils cherchent. Car rien ne se manifeste à eux qu'en relation avec ces axes du monde [1].

Nous pourrions donc dire qu'il y a une manière très simple de faire l'économie de la conscience de soi pour expliquer les comportements spatiaux des bébés et de certains animaux : c'est de supposer un monde truffé de divers panneaux du type « par là », « pas par là ». Un panneau n'est pas un *stimulus*. C'est une représentation, puisqu'il peut nous tromper. C'est en outre une représentation qui est coordonnée avec d'autres pour former, par exemple, des itinéraires. Ces panneaux sont ce que John Campbell appelle des *causally indexical notions* [2], c'est-à-dire des notions dont le contenu dépend du contexte et qui sont directement vectrices d'actions. Si le monde d'un animal ou d'un bébé est tissé de tels panneaux, il n'est donc nullement nécessaire de leur prêter de quelconques formes de proto-conscience de soi pour expliquer leur aptitude à la navigation spatiale. Lorsqu'un panneau nous indique : « par ici », nous n'avons pas besoin de nous demander où nous sommes.

On dira que ces panneaux sont plus extravagants encore que la conscience de soi. Mais en réalité, ces panneaux ne sont rien d'autre, dans l'âme des bêtes, que la *manière* dont elles se représentent leur environnement en en reliant holistiquement les traits saillants à un maître-chemin. Supposons qu'on conduise un chien sur un axe à partir d'un point D, d'abord vers un point A puis, après être repassé par D, vers un point B situé une vingtaine de mètres à droite de A (ADB forment donc un triangle). Le chien obtient de la nourriture en A et en B. Si on livre le chien à lui-même, au bout d'un certain temps (le temps nécessaire à la constitution du maître-chemin), il ira en A obtenir une première ration de nourriture. Repassera-t-il ensuite par D pour se rendre en B ? Cette expérience a été réalisée [3] et, de fait, le chien emprunte une ligne qui le conduit directement de A en B, sans repasser par D. Faut-il dire alors que le chien n'a pu aller directement de A

1. « Une sensibilité perceptuelle à l'environnement n'a pas besoin d'être équivalente à une conscience du monde extérieur. » (John McDowell, *Mind and World*, p. 119). McDowell parle cependant de « protosubjectivité » animale.

2. John Campbell, *Past, Space and Self*, Cambridge (Mass.), The MIT Press, 1994, p. 41-46.

3. Cf. Bermudez, p. 216-217.

en B que parce qu'il *savait où il* était* quand il était en A ? Cela n'est pas nécessaire, si l'on fait l'hypothèse que le chien a organisé de manière holistique ses informations spatiales. Quand il est en A, il sait déjà où est B sans avoir besoin de se situer lui-même. Sa perception de A, sa position en A porte l'information relative à la direction de B. Comment ? Il nous faut ici, pour le comprendre, nous transporter dans la tête de ce chien et imaginer qu'on nous promène en laisse. En outre, nous devons nous refuser cette facilité dont nous, humains, usons sans cesse, de dresser un plan ou une carte mentale des lieux. On nous a donc promené en laisse de D en A puis de A en D et de D en B. A finit donc par porter l'information : point d'où l'on va à B. Admettons qu'en A, on ne soit à chaque fois qu'à moitié rassasié. Voilà un bon aiguillon pour penser à B quand on est en A et qu'on a fini de manger ! Un comportement mécanique nous porterait fatalement à revenir vers D. Notre comportement pourrait alors être décrit par une suite d'états mentaux du type : quand on est en D et qu'on est totalement affamé, obliquer à gauche vers A ; quand on est en A, revenir vers D ; quand on est en D à moitié rassasié, obliquer à droite vers B. Une machine de Türing trouverait ainsi facilement à se nourrir. Mais elle ne pourrait avoir l'idée d'aller directement de A en B car les états mentaux dans lesquelles peut-être la machine sont discrets et exclusifs les uns des autres. La machine ne peut être dans une superposition d'états mentaux. Si notre chien parvient à aller directement de A en B, c'est qu'il n'est pas une machine de Türing. Mais est-il pour cela une créature comme nous, capable de penser à soi, de se situer dans l'espace et, en fonction de sa position, d'adopter le comportement spatial requis ? Pas nécessairement. Car l'état mental qui est le sien pourrait bien avoir la forme complexe suivante : quand on est en D, affamé, aller à gauche vers A *puis* aller vers B qui est à droite de D. Est-il extravagant de penser que si nous étions, nous chiens, dans un état mental complexe comme celui-ci, nous ne parviendrions pas à aller de A vers B, sans repasser par D, mais en anticipant le double comportement que nous aurions adopté si nous étions passés par D ?

Mais, objectera-t-on, imaginez que vous êtes, non un chien, mais un rat. On vous a habitué à aller chercher votre nourriture à droite de la plate-forme où l'on vous plaçait, après avoir fait retentir une petite sonnerie. Un beau jour, tandis que la sonnerie avait déjà retenti deux fois et qu'à chaque fois vous aviez été chercher à droite un petit morceau de gruyère, on se saisit de votre plate-forme, vous dessus, et l'on vous fait subir une translation en miroir. La sonnerie retentit. Allez-vous vous précipiter à droite ? Si vous êtes malin, vous irez à gauche. Mais vous êtes un rat. Cependant, vous ferez peut-être partie de ces nombreux rats qui sont malins et prennent à gauche. Qu'a-t-il fallu que vous, rat malin, vous pensiez (non-conceptuellement !)

pour être capable d'une telle performance ? « J'ai subi une translation de 180° ; ce que j'allais chercher à ma droite est donc maintenant à ma gauche. Il faut donc que je prenne à gauche ». N'est-ce pas trop vous prêter ? Si tout s'était passé dans le noir, si tout ce que vous faites, vous le faisiez dans le noir complet, alors une telle pensée de l'espace devrait en effet vous servir de radar. Mais on ne vous a pas bandé les yeux. Les objets qui vous environnent, roues, fils électriques, grillages, petites lampes n'ont pas disparu. En outre, quand on vous a déplacé, vous avez peut-être senti que quelque chose se passait, votre équilibre a été affecté, mais vous n'avez pas eu le temps, tout rat malin que vous fussiez, de calculer exactement l'angle de la rotation. Il est donc douteux que *la conscience de votre rotation* soit pour quelque chose dans votre comportement intelligent. En revanche, supposez que, dans votre première position, vous aviez devant vous un objet A, à sa droite par rapport à vous un objet B et, après être allé de A en B, vous débouchiez sur l'intéressant C contenant votre gruyère (non-conceptuel). Maintenant, on vous a déplacé : que voyez-vous ? Toujours A et B, qu'on va supposer présenter la même apparence sur leurs deux faces. Seulement cette fois, quand vous approchez de A *l'œil sur* B, c'est vers votre gauche que B vous entraîne. Or, qu'est-ce que C, sinon ce à quoi on accède en continuant dans la même direction que celle qui permet d'aller de A à B. Qu'avez-vous donc à faire de ces notions de droite et de gauche ? Si vous étiez un rat idiot, la sonnerie déclencherait chez vous le comportement-réponse d'aller à droite. Mais vous n'êtes pas idiot. Vos trajectoires passées ont réuni les aspects saillants de votre environnement et vous avez enregistré les enfilades intéressantes autant que celles qui vous infligeaient une décharge de quinze volts. On a beau vous faire bouger, il suffit que vous perceviez plus d'un point pour savoir vous orienter. Et pour cela, nul besoin de penser à vous-même, nul besoin de savoir où vous êtes : votre manière de vous représenter l'espace alentour suffit à vous permettre d'ajuster votre chemin aux enfilades qui se présentent à vous.

Il est certes difficile d'atteindre, dans ces matières, à l'apodicticité. On ne peut que conjecturer ce que doivent être les états mentaux d'un bébé ou d'un animal en fonction du genre de performance cognitive qu'ils sont capables d'exécuter. Mais il est au moins certain qu'une inférence à la meilleure explication doit impliquer que l'explication proposée est, à un moment donné, la meilleure. Prêter aux bébés et aux bêtes une conscience non conceptuelle de soi serait donc inévitable si l'on ne pouvait envisager des explications différentes et moins exigeantes de leur comportement spatial. Or, on peut manifestement *imaginer* des explications alternatives, à la condition que l'on reconnaisse que *penser* à une position est souvent un luxe dans un comportement orienté vers un objectif pragmatique, parce qu'un *graphe* de l'espace peut être suffisant pour s'orienter dans l'espace dès lors que toute orientation s'y fait à vue ou, au moins, dans l'espace ouvert par quelques « maitres-chemins ». *Notre* rapport à l'espace contient une différence entre un espace egocentré et un espace allocentré ou absolu. L'espace égocentré est bâti autour de notre corps et de nos gestes, l'espace allocentré est bâti sur une métrique en même temps que sur la différence entre les choses et leur lieu. Mais il n'y a nulle raison d'affirmer que ce contraste épuise le possible et qu'on ne puisse imaginer une représentation plus primitive de l'espace qui soit à la fois allocentrique, en ce sens qu'elle serait bâtie autour des relations spatiales des choses et, néanmoins, pragmaticocentrée, en ce sens que les relations spatiales seraient constituées par des chemins ayant une signification pragmatique [1]. On ne doit pas perdre de vue que les animaux ou les bébés [2] sont des acteurs avant que d'être des penseurs et l'on ne doit rien introduire dans la représentation de l'espace qu'on leur prête qui ne soit strictement nécessaire pour expliquer leur *action* dans l'espace. En outre, parce que ces créatures sont ou peuvent être capables de mémorisation, leur perception courante peut porter la trace de leurs expériences passées sous la forme de relations pragmatiquement orientées entre les différents traits ou objets de leur environnement. Pour *agir* intelligemment dans l'espace, il n'est donc pas nécessaire de *penser* qu'on* y est, si la représentation de l'espace *familier* dans lequel on agit est structurée par le graphe de nos déplacements passés [3].

Par conséquent, si l'on admet que c'est seulement le comportement spatial de certaines créatures qui nous obligerait à leur prêter une forme non-conceptuelle de conscience de soi, force est de reconnaître que cette conclusion est facultative. Même si tout être dénué de langage ne peut être identifié à un simple complexe de réflexes conditionnés, les représentations

1. Un test de l'hypothèse que nous suggérons consisterait à réaliser l'expérience suivante : une fois que les rats ont constitué le graphe de l'espace dans lequel ils évoluent et qu'ils sont capables du genre de performances qu'on a décrites, on opère, à leur insu, un changement dans l'ordre topologique des traits saillants de leur environnement. On verrait alors si leur comportement spatial est sensible à de purs repères spatiaux du type droite / gauche ou nord/sud ou bien s'ils sont commandés par le graphe des traits ou objets présents dans l'espace.

2. Les performances cognitives d'un bébé sont évidemment rapidement supérieures à celles de n'importe quel animal.

3. Il est significatif que J.L. Bermudez ne confère aucune rôle au fait que les comportements d'orientation spatiale qu'il invoque ne se manifestent qu'à l'issue d'un apprentissage de l'espace dans lequel se déroulent les expérimentations. Pourquoi faut-il qu'on nous promène plusieurs fois en laisse pour que nous puissions prendre conscience de nous-mêmes ?

qu'on peut prêter à certains de ces êtres n'ont nullement besoin de renfermer des représentations de soi.

3. *Subjectivité et existence spatiale*

Si l'on écarte donc la suggestion qui voudrait que des formes de conscience non conceptuelle de soi soient présentes chez certains animaux et chez les bébés, en raison de leur comportement spatial, il me semble qu'on est également conduit à rejeter l'argument général qui voudrait que *nos* propres localisations égologiques aient à s'enraciner dans une perception de ce que certains auteurs appellent le « soi écologique » ou le « soi spatial ». Dans l'argumentation que nous venons de développer nous avons insisté sur le fait que la formation d'une pensée auto-localisante pouvait s'apparenter à un luxe si l'on considère l'existence essentiellement pragmatique des animaux ou des bébés. Une certaine représentation *de* l'espace peut suffire à l'action. Mais c'est un fait que nous formons, nous, des pensées sur notre position ou notre mouvement *dans* l'espace. Ce genre de pensées jouent en outre un rôle dans la manière dont nous évoluons dans l'espace. Elles nous permettent d'exploiter notre représentation allocentrique de l'espace, un peu comme lorsque, sur un plan de ville, nous lisons : « Vous êtes ici ». Si je sais que je suis à P et que P est à n kilomètres au nord de Q, je sais où je suis par rapport à Q. Si l'on devait admettre que ce genre de pensées avaient leur source dans une perception du « soi spatial », il faudrait donc admettre que la faculté de former ce genre de pensées serait due à notre possession d'une faculté plus grande d'aperception. Nous nous verrions, au lieu que les bêtes ne se verraient pas. Ce que je voudrais suggérer maintenant, c'est que l'explication doit être inversée : ce n'est pas parce que nous nous apercevons que nous pouvons procéder à des localisations égologiques, mais c'est à l'inverse parce que nous disposons de la faculté de penser égologiquement que nous pouvons procéder à des localisations égologiques et accéder à la conception de l'espace qui y est associée.

Revenons pour le voir à notre « je me promène ». Nous ne nous demandons plus s'il est nécessaire d'être conscient de soi pour pouvoir se promener, mais, simplement, s'il est nécessaire de *se* percevoir se promenant pour *penser :* « je me promène ». Concentrons-nous en outre sur la seule conscience de notre déplacement ou de notre position dans l'espace, puisque dans l'idée de promenade, il y a, en plus du simple déplacement, un ensemble de significations, de projets, d'intentions qu'il faut ici tenir à l'écart puisque ce qui nous intéresse c'est seulement le rôle de l'aperception dans la genèse des jugements égologiques. Comment en venons-nous à connaître que nous nous déplaçons dans l'espace ?

Nous devons d'abord reconnaître qu'une personne ne peut former la pensée qu'elle se promène ou qu'elle est assise au soleil qu'en vertu de certaines informations qu'elle recueille du fait de son mouvement ou de sa position dans le monde environnant. Nous avons écarté la théorie leibnizienne de l'automatisme spirituel et admettons que les pensées qui portent sur l'état courant du sujet ou du monde sont basées sur des informations que nous recueillons du fait de notre présence au monde. De quelle nature sont donc les informations qui nous conduisent à juger que nous nous promenons ou que nous sommes en tel lieu ? Nous devons bien sûr exclure que nous nous voyons nous promener, comme nous voyons que quelqu'un se promène. Nous ne regardons pas un film ou quelque miroir. Pourtant, à la différence des pensées que nous avons examinées dans les chapitres précédents, des informations *perceptives* sont manifestement impliquées dans la genèse de nos localisations égologiques.

Nous disposons d'abord d'informations d'ordre visuel sur nos propres mouvements. Nous avons vu en effet que, comme l'affirment à juste titre les partisans de la théorie "écologique" de la perception, il existe, dans le champ visuel, un certain nombre d'éléments qui nous informent de notre mouvement. Même si nous ne sentions pas nos muscles et n'avions nul « sens interne », ce que nous verrions nous dirait que nous nous mouvons. Il y a d'abord dans notre champ visuel certains invariants, comme la distance du bout de notre nez ou la position des Djambes [1]. Il y a ensuite un mouvement caractéristique des choses lorsque ce mouvement est dû à notre propre mouvement : le spectacle glisse de manière caractéristique de chaque côté de notre champ visuel. En outre, si nous fixons un point au loin, nous le verrons grossir continûment. Une personne privée d'informations kinesthésiques sur ses mouvements serait donc informée de son mouvement par le style propre du contenu de sa perception visuelle.

Le deuxième type d'informations perceptives que nous exploitons pour former nos localisations égologiques sont directement tirées du contenu de notre perception courante [2]. Si une voix au loin nous demande : « où es-tu ? » et que nous répondions : « je suis devant la maison », cette réponse est simplement basée sur le fait que nous percevons, à une certaine distance, la maison en question. *Ce que* nous voyons nous renseigne sur le lieu où nous sommes.

Il est manifeste que ces diverses informations perceptives sont nécessaires pour former une pensée sur notre mouvement et notre position

1. Sur cette expression, cf. *supra*, chapitre 1, p. 51

2. Cf. G. Evans, *The Varieties of Reference*, p. 222-223.

dans l'espace. Personne ne peut savoir où il est s'il ne voit ni n'entend rien ou ne touche rien, bref, s'il ne dispose d'aucune information externe. De même ne perçoit-on vraiment notre mouvement que si, aux informations qui concernent notre équilibre ou le travail de nos muscles, se joignent des informations visuelles, auditives ou tactiles qui nous permettent d'inscrire notre mouvement dans l'espace. Il est donc manifeste qu'il y a quelque chose de particulier dans la genèse de nos localisations égologiques puisque celles-ci exploitent des informations *externes*. La question est donc de savoir si la présence d'informations de ce type est de nature à introduire sur la scène informationnelle quelque chose comme un « *ecological self* » ou un « *bodily self* ».

Livrons-nous d'abord à deux expériences de pensée élémentaires. Privons-nous en premier lieu de *toute* information externe. Nos localisations égologiques exploitent en effet, outre des informations externes, des informations « internes », en particulier celles qui accompagnent les mouvements de notre corps. Considérons donc le rôle de ces seules informations « internes ». On doit admettre que, quoique nous nous mouvions, que nous soyons assis ou que nous croisions les jambes, les informations « internes » dont nous disposons ne portent pas *sur* notre corps, sa position propre et sa localisation dans l'espace. Pour qu'une information puisse être dite porter sur un objet (intentionnel), il faut qu'elle ait la forme d'une représentation. Mais nous avons vu que les informations « internes » qu'une créature peut posséder consistent en de certains états sensoriels dans lesquels elle se trouve. Certains auteurs considèrent néanmoins que ce genre d'informations s'apparentent à une perception interne de notre corps [1]. Mais il faut nous efforcer d'imaginer le genre de pensées que nous pourrions avoir si nous n'avions jamais disposé d'aucune information externe, si nous avions toujours été murés dans notre « sens interne ». Il est peu douteux que nous n'aurions nulle idée d'un quelconque objet, car la notion d'un ob-jet est étroitement liée à notre expérience perceptive externe. Une créature murée en elle-même pourrait certainement ré-identifier certaines de ses sensations, mais cela ne suffirait, ni à en faire des ob-jets, ni à en faire des perceptions d'objets, parce que, dans la genèse de la notion d'objet, l'expérience de l'espace est aussi essentielle que la pratique de la ré-identification. C'est donc seulement parce que nous avons *l'idée* que nous sommes un corps que nous pouvons *interpréter* nos sensations kinesthésiques comme des informations *sur* la position ou l'action de notre corps.

1. Pour des références et une mise au point sur cette question, cf. Quassim Cassam, « Introspection and Bodily Self-Ascription », *in* J.L. Bermudez, N. Eilan, A. Marcel, *The Body and the Self*, p. 311-336.

Si l'on procède à une *réduction* de notre expérience à son seul contenu informationnel interne, on ne saurait dire que celui-ci nous mette en présence de notre corps. Nous faisons des expériences qui sont causées par notre corps, mais ces expériences ne sont pas *à propos* de notre corps : elles sont des expériences « sensationnelles » qui impliqueraient, si nous étions depuis toujours murés en nous-mêmes, la mise en œuvre de pensées adaptées au mode de manifestation de ces expériences, c'est-à-dire des pensées qui ne mentionneraient ni bras, ni jambe, ni quoi que ce soit de ce genre, mais plutôt des pensées de la forme : « je suis déséquilibré », « je penche », « je suis tendu en bas, mobile à gauche », etc. Bref, des pensées exprimant des *états*, et non des pensées décrivant des *objets*.

Privons-nous maintenant de cet ensemble d'informations internes pour imaginer que nous n'ayons accès qu'aux informations *externes* sur lesquelles sont basées nos localisations égologiques. Sommes-nous cette fois en présence de nous-mêmes ? Le cas le plus simple est celui des informations sur lesquelles sont basés des jugements comme « je suis devant la maison ». Comme le remarque Evans, lorsque quelqu'un forme la pensée qu'il* est devant la maison,

> il est certain que ce qu'il perçoit ne contient aucun élément correspondant au "je" dans le jugement "je suis en face de la maison", il est simplement conscient de la maison [1].

Sans doute peut-on percevoir, outre la maison, les Djambes ou le Dnez dans le même espace où se trouve la maison. Mais la pensée que je suis en face de la maison est-elle la pensée que les Djambes sont proches de la maison ? Ne faut-il pas que je pense que ces Djambes, c'est moi, pour que la perception des Djambes me dise où je suis ? Et comment en venons-nous à connaître que les Djambes, c'est nous, si les Djambes sont simplement une région de ce que nous percevons ? Certes les Djambes, c'est nous. Mais est-ce écrit dessus ? En outre, si je ne voyais ni Djambes, ni Dnez, ne pourrais-je cependant juger que je suis en face de la maison ? Si j'étais un œil au corps invisible, serais-je nulle part ? Les fantômes ne savent-ils pas où ils sont ? La coperception du Dcorps et du lieu où l'on est n'est manifestement pas nécessaire pour savoir où l'on est. Il est seulement nécessaire de percevoir quelque chose.

Il est cependant douteux qu'un œil, fiché au sommet d'un pieu sans épaisseur, puisse former la pensée qu'il est devant ce qu'il perçoit. Rien en effet, dans son champ visuel, ne montrerait qu'il est vu par un œil. Celui qui ne se serait jamais déplacé n'aurait nulle idée d'espace, parce qu'il est

1. G. Evans, *The Varieties of Reference*, p. 232.

difficile de penser qu'on est quelque part sans que cela n'exclue que l'on soit autre part. Et n'ayant nulle idée d'espace, il n'aurait pas non plus la possibilité d'expliquer le contenu de sa perception courante par sa propre présence au sein de ce qu'il perçoit. Il ne pourrait penser qu'il voit une maison parce qu'il y a une maison devant lui et qu'il est lui-même devant cette maison. Il ne pourrait inférer de ce qu'il voit à sa propre localisation dans l'espace. L'expérience du mouvement dans l'espace est donc essentielle, au moins génétiquement, à l'acquisition d'une aptitude aux localisations égologiques. Peut-on dire alors que, dans ce genre d'expériences, nous nous percevons? Suffit-il de ne pas être un œil fiché au sommet d'un pieu, mais un corps mobile dans l'espace, pour *se* percevoir, pour être en présence d'un *perceived self ?* C'est la thèse centrale de James Gibson et des partisans de la théorie écologique de la perception[1]. Quand nous nous mouvons, nous nous apercevons nous mouvoir. Et, en effet, levons-nous, faisons quelque pas : est-ce qu'on ne *voit* pas qu'on marche? Un philosophe devrait pourtant être plus circonspect. On peut également dire, si l'on nous présente une émeraude verte, que nous *voyons* une émeraude verte. Mais nous aurions pu tout aussi bien *voir* une émeraude vleue[2]. Ne confondons pas ce qui apparaît et ce que nous voyons, le contenu informationnel de notre perception et son contenu conceptuel. N'introduisons pas dans les informations qui nourrissent nos pensées perceptives les concepts qui nous servent à articuler ces informations.

Essayons d'abord de caractériser au plus près le contenu informationnel de la perception de notre mouvement. Pour cela, il suffit de remarquer que nous pouvons apercevoir notre propre mouvement sans apercevoir ce mouvement comme *notre* mouvement. Nous pouvons être sensibles à notre mouvement sans avoir à y reconnaître *notre* mouvement. Au premier abord, l'idée paraîtra étrange et même contradictoire : si j'aperçois mon mouvement sans l'apercevoir comme *mon* mouvement, cela ne signifie-t-il pas que j'ignore de qui ou de quoi ce mouvement est le mouvement? Or comment saisir que quelque chose se meut sinon par contraste avec quelque chose qui ne se meut point? Et comment ce contraste peut-il ne pas impliquer que je me distingue, en tant que mobile, de ce qui n'est pas moi, et qui est en repos? Le principe de relativité du mouvement n'implique-t-il

1. Cf. Ulric Neisser, « Five Kinds of Self-Knowledge », *Philosophical Psychology*, vol. 1, n° 1, p. 35-59 qui distingue le soi écologique, le soi interpersonnel, le soi (temporellement) étendu, le soi privé et le soi conceptuel. Le soi écologique est « directement perçu » et constitue le socle le plus fruste et le plus archaïque de la subjectivité.

2. Cf. Nelson Goodman, *Faits, fictions et prédictions*, trad. fr. Martin Abran, Paris, Minuit, 1984, p. 87.

pas que je ne puisse appréhender le mouvement que comme le mouvement d'un mobile, par opposition au repos des autres corps ? Et par conséquent comment apercevoir mon mouvement sans apercevoir qu'il est *mon* mouvement ? Mais là est précisément l'hypothèse contestable. Il y a en effet une différence que l'on peut dire qualitative entre l'aperception qu'on se meut et la reconnaissance du fait que c'est nous qui nous mouvons. Songeons à l'exemple canonique d'une personne qui est dans un train quittant le quai d'une gare et qui voit un autre train sur le quai d'à côté. Dans les premiers instants, ne sentant aucune vibration du train, il y a une claire équivalence perceptive entre, d'un côté, le mouvement de son train et le repos de l'autre et, d'un autre côté, le mouvement de l'autre train et le repos du sien. C'est le strict principe de relativité du mouvement et cette relativité ne peut être tranchée qu'en *identifiant* le mobile : c'est moi qui me meus, c'est l'autre qui reste à quai. Dans ce cas, on peut dire que la conscience que je me meus implique la conscience que *je* me meus. Mais, dans un grand nombre de cas, nous ne sommes pas placés devant une telle indécision perceptive. Outre des informations kinesthésiques, nous disposons de ces informations visuelles sur lesquelles insiste la théorie écologique de la perception. Une personne qui serait privée de toutes ces informations serait manifestement dans la situation de ne pouvoir penser à son mouvement qu'en apercevant que ce mouvement est son mouvement. Elle devrait avoir quelque moyen de s'identifier comme étant le mobile [1]. Mais celui qui dispose de ces informations n'a pas besoin de s'identifier *comme* étant le mobile. De même que pour savoir qu'on* souffre, il n'est pas nécessaire de réaliser que c'est nous qui souffrons, pour savoir que l'on se meut ou que l'on est au repos, il n'est pas nécessaire de réaliser que c'est nous qui nous mouvons.

On pourrait donc être tenté de conclure à ce point, d'une manière quelque peu wittgensteinienne, que la conscience que l'on se meut ne contient pas l'espace logique nécessaire à une reconnaissance du fait que c'est nous qui nous mouvons. Pourtant, le problème posé par nos localisations égologiques n'est pas la simple réplique de celui qui est soulevé par les pensées exprimant des états sensoriels impersonnels. Une chose en effet est de détecter notre mouvement ou d'y être sensible [2], une autre est de le *penser* ou d'en avoir un *concept*. Or, le concept de notre

1. En réalité, elle n'en aurait aucun. Il faut donc plutôt distinguer les cas où le mouvement est d'abord insensible et ceux où il se manifeste sans qu'on soit passé par une phase de désinformation.

2. Et c'est, notons-le bien, la seule chose qu'implique la théorie écologique de la perception : une détection, par le sujet, de ses mouvements, y compris ses mouvements oculaires.

mouvement déborde *nécessairement* le contenu informationnel qui nous permet de le détecter.

Qu'est-ce, en effet, que *penser* qu'on se meut? C'est nécessairement, c'est-à-dire analytiquement, penser que nous allons d'un lieu à un autre, que nous nous éloignons de ceci pour nous rapprocher de cela. Penser ou concevoir qu'on* se meut, c'est donc également appréhender ce que nous percevons autour de nous comme autant d'*ob-jets*, distincts de la perception que nous en prenons et se traiter soi-même comme quelque chose (ne disons pas nécessairement "un corps") qui est *dans* l'espace des objets que l'on perçoit. La pensée que je me déplace ne se borne pas à être sensible à l'information que je suis en mouvement. Elle articule cette information au moyen de concepts qui impliquent que celui qui les possède est, selon l'expression de Strawson, une « conscience non solipsiste[1] ». Une conscience non solipsiste est une conscience pour laquelle il y a un monde objectif, c'est-à-dire une conscience qui est capable de distinguer son expérience des objets et les objets mêmes dont elle fait l'expérience[2]. Seule une telle conscience est manifestement en mesure de penser à l'espace comme à ce en quoi sont à la fois les choses qu'elle perçoit et elle-même qui les perçoit. Comme le remarque Evans, les idées d'objectivité et d'extériorité sont étroitement liées l'une à l'autre au point que beaucoup d'auteurs emploient spontanément le mot « extérieur » pour signifier « objectif »[3]. Et il est vrai que la notion d'objectivité implique celle d'espace et, avec la notion d'espace, celle de la conscience elle-même comme située dans cet espace et le parcourant. Concevoir que les objets sont distincts de l'expérience qu'on en prend, c'est concevoir que ces objets ne doivent pas leur être à notre perception et qu'en conséquence, ils continuent de subsister même lorsque nous ne les percevons pas. C'est donc les concevoir comme existant quelque part, lorsqu'on ne les perçoit pas, c'est concevoir qu'on puisse s'en éloigner et les retrouver. Mais c'est aussi concevoir que nous sommes nous-mêmes dans l'espace et que c'est notre mouvement dans l'espace qui *explique* la succession de nos expériences perceptives. L'idée d'objectivité est donc clairement impliquée par la possibilité, non de s'orienter dans l'espace, mais de *se* situer dans l'espace, de procéder à une localisation égologique, de penser à soi comme à quelque chose qui est

1. *Individuals*, p. 69, trad. p. 76.

2. « Par conscience non solipsiste, j'entendrai la conscience d'un être capable d'utiliser la distinction entre, d'un côté lui-même et ses états, et de l'autre quelque chose dont il aurait l'expérience, mais qui ne serait ni lui-même, ni un de ses propres états. », *ibid.*

3. « Things without the Mind » in *Collected Papers*, Oxford, Clarendon Press, 1985, p. 250.

dans l'espace[1]. Comme le dit Evans, « l'idée qu'il y a un monde objectif et l'idée que le sujet est quelque part ne peuvent être séparées.[2] ». Pour se situer dans l'espace des choses que l'on perçoit, il faut donc nécessairement que les choses qu'on perçoit soient distinguées de notre perception de ces choses et il faut par conséquent que nous-mêmes nous nous situions au milieu de ces choses perçues.

Si l'on admet donc cette connexion entre l'idée d'objectivité et la pratique des localisations égologiques, il s'ensuit qu'une pensée du type « je me promène » ne peut être intégralement expliquée par le contenu des informations qui en motivent l'occurrence. Une créature ne peut penser à sa position dans l'espace à partir du seul contenu informationnel de sa perception courante, car ce contenu se borne à lui permettre de détecter son mouvement et d'en tirer des conséquences pragmatiques (maintenir son équilibre par exemple). Une créature ne peut penser à sa position dans l'espace que si elle est en mesure d'appréhender le contenu de sa perception courante *comme* autant d'objets dont elle est plus ou moins proche. Et elle ne peut le faire sans disposer de l'aptitude générale à concevoir un monde et un espace objectifs. Or, cette aptitude parait à son tour requérir que cette créature soit en mesure de penser à elle-même.

Supposons en effet une personne qui serait dénuée de la faculté de penser égologiquement à soi. Cette personne serait seulement capable de penser à ce qu'elle perçoit ou aperçoit. Supposons que cette personne se promène dans sa chambre. Cette personne ferait manifestement une expérience différente de celle qui la conduirait à penser que quelqu'un se promène dans sa chambre. Son expérience comporterait en particulier les éléments caractéristiques qui accompagnent notre propre mouvement. Verrait-elle toutefois quelque chose qu'elle ne pourrait nommer ? Serait-elle dans la situation qu'on appelle d'agnosie verbale où une personne perçoit quelque chose qu'elle ne sait plus nommer ? La réponse, me semble-t-il, est, d'un côté, qu'il n'y aurait *rien*, dans ce qu'elle perçoit, qui serait innommable, puisqu'elle percevrait ce qui est autour d'elle, ainsi, éventuellement, que des morceaux de Dcorps. Mais, d'un autre côté, il y aurait une *modalité* caractéristique de son expérience qui ne trouverait pas à s'exprimer. Elle n'aurait pas la même expérience *perceptive* quand elle

1. En revanche, on peut douter que la notion d'espace implique nécessairement celle d'objectivité. Nous avons vu qu'on pouvait prêter à quelques animaux une certaine *représentation* de l'espace dans lequel ils évoluent. Il faut donc bien distinguer la capacité pratique à s'orienter à vue dans l'espace et la capacité à se situer dans l'espace, à se percevoir *comme* un objet spatial. La première ne requiert pas la seconde qui, elle, suppose l'idée d'objectivité.

2. G. Evans, *The Varieties of Reference*, p. 222.

marche et quand elle s'arrête. Quand elle marche, le mur du fond grandit peu à peu et occupe de plus en plus de place dans son champ visuel. Il y aurait donc bien, dans son expérience, quelque chose qui ne pourrait être correctement appréhendé qu'en formant une pensée égologique localisante. Mais on ne saurait évidemment affirmer que le contenu de son expérience la mettrait en présence d'elle-même. Elle la mettrait en présence de données que l'on pourrait dire elliptiques, des données marquant en creux sa propre place. Mais faute de pouvoir *se mettre* à cette place, elle ne pourrait se percevoir comme évoluant au milieu des choses qu'elle perçoit.

Ceci suggère donc que seule l'aptitude à penser égologiquement rend accessible la pensée de l'espace comme un milieu dans lequel on* se trouve. Faute de cette aptitude, les informations dont on dispose nous permettent seulement de détecter notre mouvement et d'y réagir. Si on ne peut nier que des informations « écologiques » soient à la base de notre « je me promène », ce jugement suppose un certain mode d'articulation de ces informations qui ne saurait être dérivé de ces informations elles-mêmes, puisque celles-ci n'imposent pas à celui qui les accueille l'idée d'objectivité qui est pourtant nécessaire pour que leur contenu donne naissance à une localisation égologique. Il ne suffit pas d'être dans un état informationnel « écologique » pour penser à *son* mouvement. Il faut *pouvoir* y penser et, pour cela, il faut pouvoir penser à soi. Les informations dont une créature dispose quand elle se meut sont *nécessaires* à la formation d'une localisation égologique, mais elles ne sont pas suffisantes, parce qu'une localisation égologique implique une certaine organisation de ces « données », au moyen des notions d'objectivité et d'espace. Or, cette organisation des données n'est elle-même accessible qu'à une créature qui dispose de la faculté de penser à soi, puisque la simple idée d'objectivité implique la faculté de distinguer l'objet lui-même et notre expérience de cet objet. S'il n'est pas nécessaire d'être conscient de soi pour pouvoir s'orienter dans l'espace et réagir de manière appropriée à son propre mouvement dans l'espace, il est en revanche nécessaire d'être capable de la conscience de soi pour pouvoir *penser* à sa position dans l'espace sur la simple base du contenu courant de notre perception externe. Comme nous le verrons à nouveau au chapitre cinq, une conscience impersonnelle pourrait agir et vivre dans l'espace, mais elle ne pourrait pas penser à son action et à sa position dans l'espace. Ce qui implique que l'ensemble des actions qui sont rendues possibles par notre aptitude à nous situer dans l'espace et à penser à notre insertion dans l'espace, lui seraient inaccessibles.

*

On voit donc que le problème posé par nos localisations égologiques est d'une autre nature que celui qui est soulevé par nos pensées égologiques introspectives et cela explique sans doute que certains philosophes aient cru discerner, dans ce genre de pensées, des conditions propres à limiter la validité de la thèse humienne. À la différence des pensées basées sur des états sensoriels, ces pensées prennent en effet appui sur des *perceptions*. Or, nous pouvons réellement dire que nous percevons notre mouvement ou notre position dans l'espace. Nous voyons où nous sommes, nous voyons que nous changeons de lieu, nous voyons quelle posture a notre corps, si nous sommes couchés ou assis, etc. En outre, si on ne fait intervenir nulle hyperbole sceptique, la manière dont nous acquérons ce genre d'informations présente la même immédiateté que celle qui caractérise l'acquisition d'informations internes, ne serait-ce que parce que des informations internes sont toujours mêlées à nos perceptions externes. A strictement parler, on ne peut donc, dans ce cas, parler d'*elusiveness of the self*, pour la raison que le caractère *perceptuel* de l'expérience qui fonde nos localisations égologiques nous met en présence d'un objet = nous-mêmes. Si dans le cas d'une expérience sensorielle « interne », on peut parler *d'elusiveness of the self*, c'est notamment *parce qu'*une telle expérience n'est pas perceptuelle. En revanche, toute expérience perceptuelle est objectuelle. On ne se borne pas à sentir « du dedans » que l'on* se meut ou que l'on* est debout devant une maison. On peut dire qu'on le perçoit et que donc on *se* perçoit, même si la manière nous nous percevons ne nous présente pas à nous-mêmes comme nous serions présentés si nous nous regardions dans une glace.

Néanmoins, si nous voyons que nous* marchons, une créature qui ne pourrait former une pensée égologique ne « verrait » rien de tel. Elle serait sensible à son mouvement, elle ajusterait son comportement à ce qu'elle détecte, mais elle ne verrait pas qu'elle est au milieu des choses qu'elle perçoit. Pour voir qu'on est au milieu des choses, il faut voir des choses et pour voir des choses, il faut distinguer notre expérience de ce dont nous faisons l'expérience. Or, il est manifeste que cette distinction ne peut elle-même être « dérivée » de l'expérience, car la différence entre une conscience solipsiste et une conscience non solipsiste n'est pas une différence qualitative, une différence dans le contenu informationnel et sensationnel des expériences, mais une différence dans la manière d'appréhender le contenu de l'expérience

D'où suit que si l'on admet l'argument général de Strawson selon lequel la pensée que je suis au milieu des choses que je perçois présuppose que je puisse distinguer mon expérience de ce dont je fais l'expérience, il faut dire que les informations qui nourrissent nos localisations égologiques ne nous mettent pas en présence de nous-mêmes, mais qu'elles nous fournissent l'occasion de *nous situer* dans le monde. Et se situer dans le monde, ce n'est pas découvrir ou voir qu'on y est : c'est *s'y mettre*. Celui qui ne peut se mettre dans le monde n'y est pas, quelques informations « écologiques » dont il puisse disposer. Ou, plus exactement, il y est en soi ou pour nous, mais il n'y est pas pour lui-même. Pour me *savoir* dans l'espace, je dois moins m'y voir que m'y mettre. Une localisation égologique relève donc, en partie, du modèle du *making up of the mind* puisqu'en formant la pensée que je me promène, je ne me borne pas à *décrire* ce que je perçois, mais je m'inscris moi-même dans l'espace et me comporte conformément à cette idée. En *pensant* que je me promène, je *deviens* pour moi-même une chose mobile dans l'espace. Il n'y a donc de *perceived self* que pour une créature qui possède déjà un *self*. Le *perceived self* n'est donc pas dérivé de l'expérience, même si l'expérience lui offre l'occasion de s'apparaître à lui-même.

CHAPITRE IV

PENSÉE ÉGOLOGIQUE ET PENSÉE INDEXICALE

Des analyses qui précèdent, il ressort que, comme l'avait suggéré Hume, il y a manifestement *plus* dans un jugement egologique que dans les divers contenus aperceptifs qui peuvent lui servir d'assise informationnelle. Pour pouvoir penser que ce coq a une belle crête, nous devons être perceptuellement connectés à une configuration sensible présentant une différenciation interne répondant à celle du sujet et du prédicat. Mais pour pouvoir parler de nous-mêmes, il n'est jamais besoin que nous soyons comme en face de nous-mêmes, ni même que nous soyons toujours comme en présence de nos états courants. Nous pourrions donc résumer ces analyses en disant que rien, dans notre expérience, ne justifie le recours au *je*. Si nous employons ce mot, ce n'est pas pour représenter un constituant distinct de notre expérience et le jugement « je suis P » n'exprime pas un fait empirique articulé que nous pourrions découvrir par aperception, car il y a, dans ce jugement, quelque chose qui ne vient pas de l'expérience.

Faut-il en conclure que le *je* est superflu ? C'est la position que semblent avoir adoptée la plupart des philosophes qui ont trouvé quelque vraisemblance à la thèse humienne de *l'elusiveness of the self*. D'après Wittgenstein [1], il en irait de notre langage égologique comme d'un langage dont les locuteurs auraient pour habitude linguistique d'employer l'expression "Monsieur Personne", là où nous employons l'expression "personne". Nous pouvons conjecturer que ces gens, ou, parmi eux, les philosophes, seraient enclins à développer une théorie du néant passablement curieuse. Peut-être même finiraient-ils par tutoyer le néant ! Mais pour celui qui

1. *Cahier bleu*, trad., p. 129.

aurait l'expérience d'un autre système de coordonnées linguistiques, il serait manifeste que leur coutume linguistique serait seule responsable de l'illusion ontologique dont ils seraient victimes, de telle sorte qu'il leur suffirait de réformer leur manière de parler pour simplifier leur ontologie.

Si on laisse pour l'instant de côté l'allusion à une alternative à notre langage égologique, on peut au moins se demander si rien, dans le langage tel que nous l'utilisons, ne peut « justifier » le "je". Supposons que quelqu'un nous demande pourquoi nous utilisons le mot "coq". La meilleure réponse à lui apporter sera certainement que nous utilisons ce mot parce qu'*il y a* des coqs ou, du moins, parce qu'il y a des aspects de notre expérience qui appellent [1] une certaine discrimination conceptuelle, celle précisément qui correspond à notre usage de "coq". Sans doute, n'importe quelle autre sonorité aurait pu faire l'affaire, mais il fallait qu'on ne lassât pas impensé cet aspect saillant de notre expérience que constitue l'existence de cette variété de volatiles. En revanche, supposons que quelqu'un demande pourquoi nous utilisons le mot "ici". Nous ne pourrons cette fois lui répondre qu'il y a quelque chose qui appelle une telle discrimination, autrement dit qu'il y a des "ici" comme il y a des coqs. Si nous regardons tout autour de nous, nous percevons des formes, des paysages, des couleurs, des objets plus ou moins proches de nous, mais nous ne percevons pas des ici et des là-bas. Car le lieu que nous discriminons au moyen de "ici", par exemple lorsque nous formons la pensée : « ici, c'est mieux que là-bas », ne tombe sous ce terme que parce que nous le discriminons ainsi et pendant le temps où nous le discriminons ainsi. Une chose ne cesse pas d'être un coq lorsqu'on a cessé d'y penser comme à un coq et elle n'est pas un coq parce que nous y pensons comme à un coq. En revanche, un lieu n'est ici que pendant le temps où nous le déterminons ainsi et il n'est un ici que dans la mesure où nous y pensons *comme* à ici. C'est la raison pour laquelle, dans l'espace objectif qu'étudient la géométrie ou la physique, il n'y a pas de "ici" [2]. La détermination d'un lieu comme étant ici dépend de l'emploi du mot "ici" et la justification de notre recours à un tel terme devrait donc cette fois invoquer non pas le contenu de notre expérience du monde, mais notre action et notre comportement dans ce monde, le genre d'informations que nous communiquons ou que nous exploitons nous-mêmes en recourant à un tel terme.

Or, comme on va le voir dans ce chapitre, "je" présente un certain nombre de traits communs avec des mots comme "ici" ou "ceci", qu'on

1. Éventuellement pour des motifs pragmatiques.
2. Cf. Wittgenstein, *Inv. ph.*, § 410, trad. p. 251.

appelle des indexicaux [1] et des démonstratifs. Beaucoup d'auteurs récents [2] ont donc perçu le profit qu'on pouvait tirer de cette parenté de "je" avec des indexicaux comme "ici" ou "maintenant" pour tenter de caractériser le rôle particulier que le "je" jouait dans notre pensée. Les auteurs qui concluent de l'*elusiveness of the self* à l'inutilité du "je" semblent en effet raisonner comme si tous les termes catégorématiques étaient du même genre que le mot "coq", autrement dit comme si ces termes devaient servir à isoler et classifier certains constituants du monde. Mais la prise en compte de la sémantique très particulière des indexicaux pourrait bloquer l'inférence et ouvrir une piste pour tenter de découvrir le rôle exact que le "je" joue dans notre pensée.

Toutefois, comme je vais essayer de le montrer dans ce chapitre, ce rapprochement entre "je" et les autres indexicaux, quoique très éclairant, ne permet pas de rendre pleinement compte de la spécificité de l'emploi du pronom de la première personne. Il est vrai que ce qui justifie le "je" c'est moins *ce que* ce terme représente que *la manière dont il nous fait penser.* Mais la forme de pensée qui s'attache à l'emploi de "je" ne peut être complètement assimilée à la pensée indexicale, parce que celle-ci reste une pensée objectuelle ou ce que j'appellerai une pensée intentionnellement référentielle. Or, et c'est l'idée principale que je vais tenter d'exposer, une pensée égologique n'est pas une pensée intentionnellement référentielle et, notamment, aussi paradoxale que cela puisse paraître, elle n'est pas, à strictement parler, une certaine façon de penser *à nous-mêmes.* Le "je" est bien plutôt ce qui permet à son utilisateur d'*exister* d'une certaine manière.

1. *"Je" est irremplaçable*

Distinguons d'abord, pour faciliter les analyses qui vont suivre, ce que, dans la littérature post-frégéenne, on appelle la valeur sémantique et la valeur cognitive d'une expression. Lorsque nous formons la pensée que l'auteur de *la Métaphysique* était un philosophe, notre pensée est rendue vraie par le fait que l'unique objet qui satisfait la description « être l'auteur de *la Métaphysique* » possède aussi la propriété représentée par le prédicat. Mais quelqu'un pourrait parfaitement croire que l'auteur de *la Métaphysique* était un philosophe et ne pas croire, au vu de l'Histoire, que le

1. Sur cette expression, cf. David Kaplan, « Demonstratives » *in* J. Almog, J. Perry, H. Wettstein (eds.), *Themes from Kaplan*, Oxford, Oxford University Press, 1989, p. 490 qui renvoie, sans citer de textes, à Peirce.

2. Cf. principalement, outre l'étude précitée de D. Kaplan, G. Evans, *The Varieties of Reference,* chap. 6 et 7 et J. Perry, *Problèmes d'indexicalité, passim.*

précepteur d'Alexandre était un philosophe. Ces deux descriptions « être l'auteur de la Métaphysique » et « être le précepteur d'Alexandre » s'appliquent pourtant au même objet : nous dirons qu'elles ont même valeur sémantique, c'est-à-dire qu'elles dénotent le même objet. Mais ce n'est manifestement pas la même croyance que nous avons lorsque nous formons une pensée au moyen de l'une ou de l'autre, puisque nous pouvons, sans irrationalité, croire que l'auteur de *la Métaphysique* était un philosophe et ne pas croire que le précepteur d'Alexandre était un philosophe. Cela signifie donc que le contenu ou la valeur *cognitive* de ces expressions, c'est-à-dire la *manière* dont elles nous font connaître leur objet, n'est pas identique à leur contenu ou leur valeur sémantique. Le contenu sémantique d'une pensée est un objet, tandis que son contenu cognitif est un mode de présentation de cet objet. De là vient que deux pensées dont le contenu cognitif est distinct peuvent cependant exprimer le même fait ou être à propos du même objet.

Or, une première caractéristique remarquable des pensées égologiques est qu'elles possèdent la même valeur sémantique que des pensées totalement altérologiques. Si je prononce (ou pense en mon for intérieur) : « Je mets mes bottes », alors :

1) « SC met ses bottes »

2) « La personne qui a écrit *Du droit d'être étranger* met ses bottes »

3) « Celui qui parle en ce moment [dit au moment opportun] met ses bottes »

sont également vrais. Les conditions de vérité de ces quatre énoncés sont les mêmes et puisque ce qui rend vrai un énoncé, c'est sa valeur sémantique, alors ces énoncés ont même valeur sémantique.

Une conséquence immédiate de ces équivalences sémantiques, c'est que "je" possède une valeur sémantique et que sa valeur sémantique est la même que celle d'expressions conceptuelles altérologiques, puisque "je" peut être remplacé *salva veritate* par diverses expressions qui sont sans conteste référentielles [1]. Les analyses des chapitres précédents pourraient sans doute donner le sentiment que "je" est dénué de toute valeur sémantique ou de référence dès lors qu'on ne peut isoler un composant aperceptible qu'on pourrait lui associer. Mais il ne faut pas confondre le fait, pour une expression, de posséder une valeur sémantique et le fait que nous

1. Elizabeth Anscombe ["The First Person" *in* S. Guttenplan (ed.), *Mind and Language*, Oxford, Oxford University Press, 1975] a soutenu que "je" n'était pas un terme référentiel. Ce que nous allons dire prouve que cette thèse est littéralement fausse, mais nous verrons vers la fin de ce chapitre ce qu'il y a toutefois de juste dans les vues paradoxales d'E. Anscombe.

disposions d'un accès perceptif à ce référent. L'expression "le nombre qui est écrit dans mon dos" peut posséder une valeur sémantique même si je ne dispose d'aucune voie d'accès intuitif à ce nombre. "Je" peut donc posséder un référent, même si je n'ai aucune représentation de ce référent [1].

Une autre conséquence de ces équivalences sémantiques, c'est qu'il n'y a aucune raison particulière de supposer que "je" puisse faire référence à quelque mystérieuse entité qui serait distincte, réellement distincte, de la personne dénotée par "SC" ou "le P" [2]. La spécificité de "je" ne vient pas de ce qu'il dénoterait une entité spéciale, mystérieuse, secrète. Supposons en effet qu'à chaque locuteur, la nature ait associé un dispositif neurologique et physiologique qui reproduise de manière altérologique chacune de ses pensées et qui, en outre, les rendent publiquement audibles au moyen d'un haut-parleur naturel situé sur le sommet du crâne. Quand, dans mon for intérieur, je pense « Je mangerais bien un bœuf ce matin », la voix prononce : « SC mangerait bien un bœuf ce matin ». De même, lorsque je me dis : « Bon, maintenant, j'y vais ! », la voix dirait : « Bon, maintenant, SC y va ! ». Il est clair que cette voix ne pourrait jamais rester muette. Lorsque Descartes, en son for intérieur, penserait : « Je pense, je suis », la voix sortant du sommet de son crâne dirait « Descartes pense, Descartes existe » et il serait manifestement impossible que si la première proposition est vraie, la seconde ne le soit pas aussi. Peut-être serait-on tenté d'objecter que la voix devrait plutôt dire « Descartes pense qu'il pense », mais ce serait se méprendre sur le rôle de cette voix. Car elle n'aurait pas pour tache de *décrire* ce que fait le locuteur, ce qu'il pense, etc., mais elle aurait seulement pour tache de *traduire* de manière altérologique les pensées égologiques que le locuteur formerait en son for intérieur. Cette voix serait comme une sorte de pensée du dehors, qui doublerait chacune de nos pensées "du dedans" et non pas une pensée qui porterait *sur* nos pensées du dedans. Par conséquent, chaque fois que Descartes formerait, en son for intérieur, la pensée « Je pense, j'existe », alors, du fait que cette pensée

1. On trouve une illustration de cette idée que le référent de "je" transcende notre expérience dans la première des *Recherches logiques* de Frege, « La Pensée », in *Écrits logiques et philosophiques*, trad. C. Imbert, Paris, Le Seuil, 1971. Comme nous l'avons montré ailleurs (« Frege et le cogito » in *Dialogue,* t. XXXVIII, n°2, 1999, p. 347-368), la position de Frege est que "je" possède un *denotatum* qui transcende le cercle de mes représentations. Le référent de "je" n'est pas le contenu d'une de mes représentations et à ce titre, je n'ai nulle représentation de moi-même lorsque j'emploie ce terme.

2. Nous emploierons cette expression "le P" pour représenter n'importe quelle description définie d'un objet. Toute objet possède au moins une description définie possible de lui-même, que nous la connaissions ou non : c'est la version sémantique du principe métaphysique d'individuation.

serait vraie, la pensée du dehors « Descartes pense, Descartes existe » serait également vraie.

Ceci suggère que la dénotation de "je" est à chaque fois la même que la dénotation de n'importe quelle description définie ou de n'importe quel nom propre du locuteur. Sans doute, cela ne permet pas de savoir quel genre d'entité est dénotée par ces termes, si c'est un esprit, un corps ou un composé des deux. Mais cela implique au moins que cette entité, quelle qu'elle soit, est nécessairement unique. "Je", dans « je mets mes bottes » dénote *nécessairement* la même entité que "SC" dans « SC met ses bottes », quelle que soit cette entité [1].

En revanche, si l'on considère maintenant la valeur cognitive de ces expressions, il n'est plus possible de considérer que "je" peut être remplacé par "SC" ou une quelconque description définie de moi-même. Du moins, s'il peut être remplacé *salva veritate* par chacune d'entre elles, il ne peut l'être *salva cognitione*. Si « Je mets mes bottes » et « SC met ses bottes » ont nécessairement les mêmes conditions de vérité, il peut fort bien se faire que je croie la première de ces propositions sans nécessairement croire la seconde. Je pourrais, par exemple, avoir oublié que je suis SC ou que je suis le P et, dans ce cas, je continuerais de penser « je mets mes bottes », mais n'aurais nulle disposition à asserter ou à donner mon assentiment à « SC met ses bottes » ou à « le P met ses bottes ». On pourrait même imaginer une situation dans laquelle je tiendrais la première proposition pour vraie et les deux autres pour fausses, si je pensais, par exemple, que "SC" ou "le P" dénotent cette personne là-bas qui marche pieds nus. Or, cette différence d'attitude à l'égard de ces propositions est, selon Frege, le signe qu'il y a une différence de *sens* entre les expressions "SC" ou "le P" et "je" [2]. Si quelqu'un peut croire que la maître de Platon a été condamné à mort en 399 av. J.C., mais ne pas croire que le mari de Xanthippe a été condamné à mort en 399, c'est qu'en dépit de leur identité de dénotation, les expressions : « le maître de Platon » et « le mari de Xanthippe » présentent une différence de sens, qu'elles sont deux manières distinctes d'accéder à un

1. On notera que cette propriété sémantique de "je" justifie l'entreprise cartésienne : s'il est possible d'apprendre quelque chose sur le référent de "je" à partir des caractéristiques épistémologiques d'une pensée egologique, alors cela est également vrai de Descartes. Si "je" ne peut dénoter qu'un esprit, alors Descartes est un esprit. Mais notons que cela peut, à l'inverse, justifier une entreprise comme celle de Strawson dans *les Individus :* si le référent de "Descartes" ne peut être qu'un corps ou, du moins, un esprit incarné, alors le référent de "je" est aussi un esprit incarné. Notons en outre qu'on ne peut dire que "je" doit avoir *nécessairement* même référence que SC que dans la mesure où "SC" est un désignateur rigide.

2. Cf. « Sens et dénotation » in *Écrits logiques et philosophiques*, trad. C. Imbert, Paris, Le Seuil, 1971, p. 102-126.

même référent, qu'elles expriment deux concepts distincts du même individu. Il doit donc en aller de même pour "je" et "SC" ou "le P".

Toutefois, dire qu'il y a une différence de sens entre "je" et des expressions comme "SC" ou "le P" ne rend pas vraiment compte de la nature de cette différence. Car la différence est bien plus profonde que celle qui sépare « l'étoile du matin » et « l'étoile du soir », pour reprendre l'exemple célèbre de Frege. Si, dans ce dernier cas, la différence est entre deux sens de même type, dans le premier cas, elle est une différence entre deux types de sens. On peut percevoir cette seconde différence si l'on remarque que quelqu'un peut se tromper en employant un nom propre ou une description définie et commettre une erreur d'identification : il peut appliquer ce terme à un objet inapproprié. Un concept général, comme le concept de chardonneret, une description définie comme "le P", un nom propre comme "SC" ont pour particularité commune et assez banale qu'on peut en faire un usage erroné, qu'on peut les appliquer au mauvais objet. Or, l'usage de "je" n'est pas sujet à ce type d'erreur. Il ne semble pas possible que, lorsque je pense que je suis P, il puisse s'avérer que ce ne soit pas à moi que ce terme réfère. Lorsque je pense que le chardonneret qui est posé sur mon balcon a l'air triste, il se peut que je me trompe, non pas en pensant qu'il y a sur mon balcon un oiseau à l'air triste, mais en pensant que cet oiseau est un chardonneret, en identifiant cet oiseau comme un chardonneret. En revanche, lorsque je pense que je suis P, il ne semble pas possible que quelqu'un soit vraiment P, mais que ce ne soit pas moi de telle sorte qu'en *lui* appliquant le "je", je commette une erreur d'identification.

Or, l'explication la plus simple de cette particularité est que "je" fait partie de ces termes qui ne s'appliquent pas à leur référent moyennant une identification de cet objet. D'où vient en effet que l'on puisse commettre des erreurs d'identification ? Nous voyons un oiseau posé sur notre balcon et pensons qu'un chardonneret s'est posé sur notre balcon. Mais, en réalité, c'est une mésange. Nous voyons une personne traverser la rue et pensons que Pierre est sorti de chez lui, mais, en réalité, c'est Paul qui traversait la rue. Si nous pouvons commettre ce genre d'erreur, c'est que nous ne pouvons appliquer à un objet le concept de chardonneret ou le nom propre "Pierre" que moyennant une identification de cet objet. Ces termes ne s'appliquent à un objet que dans la mesure où cet objet présente certains traits qui font partie des conditions nécessaires ou suffisantes pour que quelque chose soit désigné par ces mots. C'est l'essence même d'un concept que d'être ce qui s'applique à de certains objets en raison de ce qu'ils sont ou paraissent être et cela vaut aussi bien de ces concepts singuliers que sont les descriptions définies que des noms propres, dès lors que ceux-ci ne sont appliqués par nous à des objets qu'en association avec certaines descriptions de leur objet [1]. Pour penser que quelque chose est un P ou est le P, il faut que nous identifions l'objet comme étant un P ou le P et, pour cela, il faut que l'objet se présente à nous avec certains caractères. Il suffit dès lors que l'objet ne possède pas réellement ces caractères ou bien qu'il possède seulement certains de ces caractères pour que nous l'identifions à tort comme étant un P ou le P.

Or, il est manifeste que "je" n'est jamais utilisé par nous en vertu d'un mécanisme cognitif semblable et une pensée égologique du type « je suis P » n'a jamais la forme : « quelque chose est P et ce quelque chose = moi ». "Je" ne s'applique pas à l'objet auquel il réfère parce que cet objet présenterait tel aspect qui formerait l'un au moins des caractères de la "je-ité". "Je" réfère *automatiquement* ou *directement* à celui qui dit "je".

Dans un passage célèbre du *Cahier bleu*, Wittgenstein a toutefois proposé de distinguer deux usages de "je" :

> On peut distinguer deux modes d'usage du mot "je" (ou *moi*) que je nommerai "l'usage objectif" et "l'usage subjectif". Voici quelques exemples du premier : "j'ai le bras cassé", "j'ai grandi de douze centimètres", "Le vent ébouriffe mes cheveux"; ainsi que du second : "Je vois un tel", "J'entends un tel", "j'essaie de lever le bras", "je crois qu'il va pleuvoir", "J'ai mal aux dents" [2].

La différence serait qu'en disant : « J'ai une bosse sur le front », je jugerais que ce front et cette bosse sont miens, je les identifierais comme miens et, pour cette raison, je pourrais donc commettre une erreur d'identification. En revanche, dans « je vois un tel », je ne procéderais à aucune identification et, pour cette raison, il n'y aurait pas de possibilité d'erreur d'identification.

Cette distinction est cependant peu satisfaisante. L'idée qu'il puisse y avoir deux "je", un "je" basé sur une identification et un "je" indépendant de toute identification est assez curieuse. En réalité, on peut soutenir que dans un jugement comme « j'ai une bosse sur le front », "je" continue de faire

1. Même si ces descriptions ne servent qu'à fixer la référence des noms, sans constituer leur sens, comme l'a soutenu Kripke in *Naming and Necessity*, Cambridge (Mass.), Harvard University Press, 1980, trad. fr. *La logique des noms propres*, Paris, Minuit, 1982, conférence 1, cela ne change rien au fait que nous ne pouvons expliquer qu'un nom propre soit appliqué au mauvais objet qu'en invoquant une erreur d'identification en rapport avec une certaine description associée (à tort) à l'objet. Autrement dit, même si un nom propre réfère directement à l'objet qu'il représente, sa valeur cognitive est fonction du faisceau de descriptions que le locuteur a associé à ce nom. On ne peut savoir qui est Socrate sans disposer d'au moins une description identifiante de Socrate.

2. *Cahier bleu*, trad. cit., p. 126-127.

directement référence à moi-même et non à la personne qui a une bosse sur le front et on doit dès lors expliquer autrement la distinction que propose Wittgenstein. On peut en effet interpréter de deux manières différentes un jugement comme « j'ai une bosse sur le front ». D'après Wittgenstein, ce jugement est de la forme : « Quelqu'un a une bosse au front et ce quelqu'un = moi ». Nous serions donc bien ici dans la situation d'une erreur d'identification du type : « Un oiseau s'est posé sur ma fenêtre et cet oiseau = un chardonneret ». Nous considérons un certain objet et, sur la base de cette considération, nous l'identifions comme P et c'est à ce point que se situerait la possibilité de l'erreur. Mais un jugement comme « j'ai une bosse sur le front » a-t-il nécessairement cette forme? Supposons que quelqu'un dise : « Maintenant, c'est l'heure d'y aller ! », et que ce ne soit pas l'heure d'y aller. Ce jugement est-il de la forme : « Il y a un moment où c'est l'heure d'y aller et ce moment = maintenant » ? Si c'était le cas, on devrait dire que le locuteur applique "maintenant" à tout à l'heure. On devrait dire qu'il identifie tout à l'heure comme étant maintenant et se comporte en conséquence. Mais ce n'est pas ce qu'il fait. En employant "maintenant", c'est au moment présent qu'il pense et fait référence et c'est de ce moment présent, de cet instant qu'il fixe au moyen de "maintenant", dont il pense qu'il est P, et en cela il se trompe. Son erreur n'est donc pas une erreur d'identification, consistant à identifier à tort un certain moment comme étant maintenant, alors que ce moment = tout à l'heure. Mais son erreur est une erreur de l'espèce ordinaire, une erreur que nous avons appelée prédicative, parce qu'elle consiste à appliquer à un objet bien identifié une propriété qu'il n'a pas. En l'occurrence, la personne applique à maintenant, c'est-à-dire au moment présent, la propriété : "être le moment d'y aller", ce qui n'est évidemment pas la même chose que de prendre le moment d'y aller, c'est-à-dire tout à l'heure, pour maintenant.

Or, s'il n'y pas d'hésitation dans l'interprétation d'une erreur impliquant "maintenant", c'est parce que "maintenant" ne dénote pas le moment présent parce que celui-ci satisferait une description du type : « le moment x tel que P ». "Maintenant" dénote automatiquement le moment de sa profération[1]. Or, il en va manifestement de "je" comme de "maintenant. "Je" fait lui aussi *automatiquement* référence au locuteur de "je" et il est évidemment impossible que l'actuel locuteur de "je" ne soit pas l'actuel locuteur de "je". Par conséquent, quand je dis : « J'ai une bosse sur le front », "je" ne peut faire référence à la personne, différente de moi, qui a vraiment une

1. Nous modérerons légèrement cette affirmation un peu plus loin, mais pour ce qui est du contexte que nous considérons présentement, la référence de « maintenant » est bien automatique.

bosse sur le front, comme lorsque je dis : « Ce chardonneret a l'air triste », alors qu'il s'agit d'une mésange. Dans « j'ai une bosse sur le front », l'interprétation ne peut pas être : « Quelqu'un a une bosse sur le front et ce quelqu'un = moi », mais elle est bien plutôt : « De moi, je pense que j'ai une bosse sur le front ». En pensant : « J'ai une bosse sur le front », mon erreur ne consiste pas à prendre pour moi quelqu'un d'autre (erreur d'identification), mais elle consiste à m'attribuer, à moi le locuteur, une propriété que je n'ai pas, en l'occurrence, à m'attribuer ce front que je vois dans la glace. Ce qui peut, dans cet exemple, faire croire à une erreur d'identification, c'est que cette propriété que je n'ai pas, c'est *quelqu'un d'autre qui l'a :* il y a donc confusion des propriétaires. Mais il n'y a pas, cognitivement, de différence entre ce genre d'erreur et celle qui, par exemple, consisterait à ce que je m'attribue faussement une croyance dont, si je ne suis pas le propriétaire, personne d'autre ne serait le propriétaire. Je pourrais par exemple penser que je crois en Dieu et, en réalité, à bien regarder ce que je crois, on s'apercevrait que je ne crois pas vraiment en Dieu. Nul ne songerait à parler dans ce cas d'erreur d'identification. Je ne me serais pas pris pour la personne qui croit en Dieu, car, dans notre exemple, il n'y en aurait pas. L'erreur serait simplement prédicative. Or, c'est une erreur du même type qui est à l'œuvre dans la croyance que j'ai une bosse sur le front. En disant “je”, je ne fais pas référence au propriétaire réel de la bosse, qui n'est pas moi, mais je fais référence à moi-même et m'attribue ce que je n'ai pas. Je ne me prends pas pour le propriétaire de cette bosse, appelons-le “le Bossu”, mais je crois être moi-même le propriétaire de cette bosse. Je ne crois pas être le Bossu, mais je crois être bossu.

Si l'on admet cette analyse, il s'ensuit qu'il n'y a aucune nécessité à accepter la distinction que propose Wittgenstein. Du moins, la distinction ne passe pas nécessairement là où Wittgenstein la fait passer. Comme nous le verrons un peu plus loin, il y a une distinction à faire entre les usages « subjectifs » du “je” et des usages que nous appellerons « emphatiques » dans lesquels le locuteur insiste sur le fait que c'est lui, plutôt que quelqu'un d'autre, qui accomplit l'action qu'il s'attribue. Dans ce dernier cas, “je” sert à identifier une personne déterminée, mais il ne repose pas pour autant sur une identification. D'autre part, il y a également une distinction importante à faire[1] entre des jugements égologiques qui ne peuvent être contredits et d'autres qui souffrent l'objection ou la contestation. Mais il n'y a pas de différence corrélative concernant la sémantique de “je”. “Je” réfère toujours à celui qui dit “je” et cela, du simple fait qu'il

1. Sur laquelle nous insisterons au chapitre six.

dit “je”. Je peux m’attribuer des propriétés, notamment corporelles, que je n’ai pas, mais, ce faisant, je ne me prends pas pour un autre : je commets seulement une erreur sur moi-même, sur ce que je suis, une erreur prédicative par conséquent, et non point une erreur d’identification. Autrement dit, c’est dans tous ses emplois que “je” est immunisé contre les erreurs d’identification. Parce que “je” ne s’applique pas à son référent moyennant une identification, il est clairement impossible qu’on puisse commettre une erreur d’identification en l’employant [1]. Il n’est pas possible de prendre pour “je” ce qui n’est pas moi tout simplement parce que “je” me dénote nécessairement moi-même, en tant que locuteur de “je”.

La conséquence de ceci, pour revenir à notre point de départ, est qu’on ne peut assimiler la différence qui sépare “je” et “SC” ou “le P” à celle qui sépare “l’étoile du matin” et “l’étoile du soir”. La différence n’est pas entre deux concepts co-extensionnels ou deux descriptions d’une même entité, mais entre un accès conceptuel ou identifiant à un objet et une référence automatique ou directe à cet objet, une référence qui n’est pas médiatisée par une identification, parce qu’elle n’exige aucun accès à cet objet. Pour me désigner sous tel ou tel concept ou sous telle ou telle description, il faut que je *sache* certaines choses de moi-même. L’usage de ces expressions suppose ce savoir et l’exprime. En revanche, pour dire “je”, je n’ai pas besoin de savoir quoi que ce soit sur moi-même. Un complet amnésique serait encore capable d’égologie, lors même qu’il ne *saurait* plus, conceptuellement, de qui il parle en disant “je” [2]. Il parlerait nécessairement de lui-même, il ferait nécessairement référence à lui-même, quoiqu’il ne se connaisse pas. Par conséquent, si “je” ne peut être cognitivement remplacé par des expressions descriptives ou des noms propres, ce n’est pas parce qu’il décrit autrement son référent, mais c’est parce qu’il s’applique à son référent autrement que ne le ferait n’importe quel concept ou nom de ce référent. Si « je pense » et « Descartes pense » sont bien deux propositions sémantiquement équivalentes, chacune semble procéder d’une méthode différente pour accéder à leur référent commun. On est donc amené à conclure que c’est ce mode non conceptuel d’accès au référent de “je” qui

1. On voit d’ailleurs que parler d’immunisation contre les erreurs d’identification n’est pas une expression très heureuse car quelqu’un est immunisé contre un virus, par exemple, s’il est (métaphysiquement) possible qu’il l’attrape. Cela n’aurait guère de sens de dire que les rochers sont immunisés contre la grippe. Or un terme qui ne s’applique pas à son référent moyennant une identification ne peut pas, par définition, être impliqué dans une erreur d’identification.

2. C’est le cas de Rip Van Winkel, introduit par D. Kaplan, *op. cit.* p. 538.

pourrait constituer l'essence du "je" et que c'est sur lui que devrait pouvoir reposer une éventuelle justification de l'usage du "je".

2. *Le sens des indexicaux*

Or, c'est à ce point que l'on peut être tenté de rapprocher le sort de "je" de celui d'expressions comme "ici", "maintenant", voire "ceci". Si le rapprochement s'impose, c'est parce que cette propriété qu'est l'immunisation contre les erreurs d'identification n'est pas propre aux usages de "je". Elle caractérise aussi l'usage de termes comme "ici" ou "ceci". Il est en effet difficile d'imaginer des situations dans lesquelles, disant "ceci" ou "ici", on puisse nous objecter quelque chose comme : « Non, ce n'est pas un ceci » ou « Ce n'est pas un ici ». Quoi que ce soit que nous désignions au moyen de "ceci" ou de "ici", nous ne pouvons jamais commettre d'erreur d'identification à son propos. Or, l'explication de l'immunisation de ces termes contre les erreurs d'identification est de même nature que celle que nous avons avancée dans le cas de "je" : ces termes ont aussi pour caractéristique de se rapporter de manière non conceptuelle ou non descriptive à leur référent. Prenons l'exemple du mot "tu". D'un côté, il est indéniable que "tu" possède un référent ou est une expression référentielle : dans toute proposition vraie du type « tu es P », "tu" peut toujours être remplacé par une description définie de l'objet dénoté par "tu". S'il est vrai que tu es grand alors il est vrai que le P est grand. Mais, d'un autre côté, "tu" s'applique à son objet indépendamment de toute description de son objet. "Tu" ne dénote pas un objet parce qu'il serait identifié comme possédant les caractères de la "tuité". N'importe quoi peut en effet être tutoyé, une casserole, une idée, un livre, une personne. Le fait que quelque chose soit dénoté par "tu" ne dépend aucunement de ce que cet objet est ou paraît être, mais uniquement du fait que nous l'avons tutoyé, c'est-à-dire que nous avons comme lancé le *token* "tu" dans sa direction. En revanche, il ne suffit pas de lancer le mot "chien" vers une casserole pour qu'elle aboie. Cela veut dire que l'expression "tu" ne se rapporte pas à son référent par la médiation d'une identification conceptuelle, mais qu'elle s'y rapporte directement, du simple fait que sa profération est orientée vers lui. Il n'y a donc pas de place pour une erreur d'identification car, quoi que ce soit que je tutoie est un tu. Pour qu'il y ait possibilité d'une erreur d'identification, il faudrait que "tu" renfermât une variable : appliquer un concept, c'est en effet donner une valeur à la variable qu'il renferme et c'est dans cette opération que gît la possibilité de l'erreur d'identification. Mais "tu" n'a pas la forme : "Tu (x)". De la même manière, "je" n'a pas la forme "Je (x)".

Il y a donc bien une parenté entre “je” et les expressions démonstratives et indexicales et cette parenté suggère que si la raison d’être du “je” devait résider dans ce que nous avons appelé un mode non conceptuel d’accès au référent de “je”, nous pourrions obtenir quelques lumières sur la nature et la fonction de ce mode d’accès en étudiant la nature et la fonction des expressions démonstratives comme “ceci” ou indexicales comme “ici” ou “maintenant”. Or, comme nous allons le voir, c’est moins les ressemblances que les différences qui sont, en la matière, les plus instructives.

Oublions en effet un instant le “je” pour considérer la manière dont “ceci” ou “ici” font référence à quelque chose. Il n’y a, on peut le conjecturer, nulle magie dans cette opération qui consiste, pour un terme, à référer à un objet sans la médiation d’une identification conceptuelle. Il n’existe pas de son qui aurait la propriété naturelle de conduire l’esprit vers la considération de certains objets. “Tu” n’a le pouvoir référentiel qui est le sien que parce qu’il se trouve associé à une manière déterminée de penser qui opère cette sorte de lancé mental en direction de son référent. Appelons « pensée démonstrative » ou « pensée indexicale » des pensées de ce type, des pensées qui se portent vers un référent non parce qu’il satisfait une certaine description (pensée descriptive), mais parce qu’il est comme montré du doigt par le *token* qui la supporte. Comment décrire sans métaphore une pensée de ce genre ? Comment faisons-nous pour penser à des lieux ou des instants au moyen d’expressions comme “ici” ou “maintenant” ou à des objets au moyen d’expressions comme “ceci” ?

Certains auteurs, parmi les plus influents qui aient écrits sur ces questions [1], soutiennent que des mots comme “ici” ou “maintenant” ont le pouvoir référentiel qui est le leur en vertu de la seule règle linguistique qui leur est associée, une règle qui détermine le « caractère » (Kaplan) ou le « rôle » (Perry) de l’expression. Cette règle associe un objet déterminé, d’une part à la profération (éventuellement intérieure) de l’un de ces termes et, d’autre part, au contexte de cette profération. Par exemple, pour “ici”, cette règle a la forme : « “Ici” réfère au lieu dans lequel “ici” est prononcé » ; ou, pour “maintenant” : « “Maintenant” réfère au moment contemporain de la profération de “maintenant” ». Lorsque nous utilisons ce genre de termes, nous nous bornerions donc à « suivre » cette règle dans un certain contexte et une pensée indexicale se caractériserait simplement par le fait qu’elle consisterait à suivre une règle de ce genre, une règle qualifiée de

1. Outre le texte précité de D. Kaplan et le recueil d’articles de J. Perry, *Problèmes d’indexicalité*, cf. François Récanati, *Direct Reference. From Language to Thought*, Oxford, Basil Blackwell, 1993 et Eros Corazza, *Référence, contexte et attitudes*, Paris-Montréal, Vrin-Bellarmin, 1995 (en particulier les chap. 2 et 3).

« *token*-reflexive[1] », parce qu'elle détermine la référence d'un terme en mentionnant l'occurrence ou le *token* du terme. Tandis qu'un objet tombe sous la description « le plus grand gaillard de l'assistance » s'il présente les caractéristiques requises, un lieu serait désigné par "ici" parce qu'il constituerait le contexte dans lequel "ici" serait prononcé. Une description se rapporterait à un objet par le truchement d'un mode de présentation, tandis qu'un indexical se rapporterait à un objet parce que cet objet serait dans une relation conventionnellement déterminée avec l'occurrence de l'indexical.

Cette analyse, que nous n'avons pas l'intention de discuter ici en détail, pose cependant de prime abord plusieurs problèmes qui obligent, nous semble-t-il, sinon à la rejeter, du moins à la compléter. Le premier problème est que dans un grand nombre de cas, la profération d'un indexical dans un certain contexte ne suffit pas à déterminer la référence de ce terme. Une certaine intention dans l'esprit du locuteur doit en outre accompagner la profération du terme. C'est le cas au premier chef pour des termes comme "ceci", appelés pour cette raison « démonstratifs », puisqu'un acte d'attention et un geste d'ostension *doivent* être joint à la profération du terme pour qu'un référent soit fixé, aussi bien pour le locuteur que pour l'auditeur. Mais c'est aussi le cas pour "ici" lorsque ce terme réfère à une portion seulement de l'espace environnant, par exemple si l'on nous dit : « Mets-le ici »[2]. En outre, même un mot comme "maintenant" doit parfois être associé à une intention, propre à délimiter la plage temporelle formant sa référence : si quelqu'un nous dit : « C'est maintenant qu'il faut le faire », en pensant à la semaine en cours, en laissant la référence de "maintenant" courir jusqu'à la fin de la semaine, on n'est pas obligé de se lever de suite. Seul "je", si l'on y réfléchit bien, peut être considéré comme un indexical automatique délivrant *directement* sa référence, puisque même un complet amnésique, qui serait en outre privé de toute sensation interne aussi bien que de perceptions externes, ferait encore référence à lui-même s'il prononçait quelque « je m'ennuie »[3].

Mais le problème le plus important est que le "rôle" linguistique des indexicaux semble surtout pertinent pour expliquer *l'interprétation* ou la *compréhension* d'une assertion indexicale par un auditeur, plutôt que pour

1. Cette expression est due à Hans Reichenbach, *Elements of Symbolic Logic*, New York, Macmillan, 1947, p. 284.

2. Dans ce cas, "ici" fonctionne donc comme un démonstratif.

3. Sur la distinction entre démonstratifs, indexicaux automatiques et indexicaux intentionnels, cf. John Perry, « Indexicals and Demonstratifs » *in* B. Hale, C. Wright (eds.), *A Companion to the Philosophy of Language*, Malden (Mass.), Blackwell, 1997, trad. fr. R. Vallée in *Problèmes d'indexicalité*, p. 249-296.

expliquer sa production ou sa formation par le locuteur. Le “rôle” linguistique d’un indexical est exprimé, nous l’avons dit, par une règle *token*-reflexive. Par exemple si l’on veut exprimer ce à quoi “ici” réfère, on ne peut le faire autrement qu’en disant que “ici” réfère au lieu dans lequel “ici” est prononcé. Mais s’il est vrai qu’une assertion contenant une expression indexicale ne peut être *comprise* que si l’occurrence même de l’expression indexicale est utilisée pour déterminer sa référence, il est manifestement faux que cette *token*-reflexivité soit caractéristique de la *formation* d’une pensée indexicale. S’il est vrai que “maintenant” réfère à l’instant de l’assertion de “maintenant” et qu’il faut donc que l’*auditeur* prête attention à l’occurrence même de “maintenant” pour en saisir la référence, il est faux qu’en pensant quelque chose comme : « Il faut y aller maintenant », nous pensions à l’instant présent *comme* à l’instant contemporain de l’assertion de “maintenant”. Nous faisons référence à l’instant contemporain de notre assertion, mais nous n’y pensons pas comme à l’instant contemporain de notre assertion. Nous y pensons comme au moment présent. De même, pour former la pensée que « *ici*, il fait bon », il n’est nullement requis de prêter attention au lieu dans lequel “ici” est prononcé. Il est seulement requis de penser à ce lieu *en prononçant* “ici”. Il semble donc y avoir une façon indexicale de penser à quelque chose qui ne peut être caractérisée par la *token*-réflexivité qui gouverne la *compréhension* des assertions renfermant des indexicaux [1].

Les partisans de la théorie de la référence directe des indexicaux répondent à cette objection en avançant qu’elle repose sur une pétition de principe [2] : cette objection voudrait en effet que le “rôle” de l’indexical ait la fonction d’un mode de présentation de telle sorte que le locuteur ferait référence à un objet par le truchement de ce rôle, c’est-à-dire en pensant à l’objet *comme* à ce qui entretient une relation donnée avec l’occurrence de l’indexical. Mais, précisément, ce qu’il y aurait de spécifique dans la pensée indexicale, c’est que celle-ci porterait *directement* sur un objet [3]

1. Cette critique est mentionnée par Eros Corazza : « Il y a une autre critique fort importante contre la thèse d’après laquelle la signification linguistique détermine la valeur cognitive. Nous pouvons la formuler ainsi : contrairement à la signification linguistique, la valeur cognitive que j’associe à mon usage de, par exemple, “je” n’est pas *token*-reflexive. Lorsque je pense en employant “je”, “ici” ou “maintenant”, je ne pense pas de façon *token*-reflexive puisque, si c’était le cas, je penserais à moi-même de façon indirecte. Mais je ne pense pas à moi-même *qua* le locuteur de ce *token*. », *Référence, contexte et attitudes*, p. 97.

2. Cf. par exemple Eros Corraza, *op. cit.*, p. 98

3. Ce qu’on exprime en disant que la proposition exprimée par un énoncé comportant un indexical ne contient pas un mode de présentation, en regard de l’expression indexicale, mais l’objet lui-même.

parce que cet objet serait dans une relation donnée avec l'occurrence de l'indexical et non pas *en tant que nous le pensons comme* étant dans cette relation avec l'occurrence de l'indexical.

Imaginons cependant qu'au sortir d'une longue hibernation, nous revenions parmi les hommes. De nouveaux mots auraient fait leur apparition. Parmi ceux-ci, le mot "bloum". Nous interrogeons donc un locuteur averti qui nous indique que "bloum" désigne tout shroum qui ploume quand on dit "boum" et il ajoute qu'il y a nécessairement des shroums qui ploument quand on dit "boum". Pour ne pas paraître trop vieux jeu, on s'en retourne l'air content. Un jour, comme nous nous promenons avec une personne dont nous venons de faire la connaissance, nous nous exclamons, pour voir : « C'est beau bloum ! ». « Ah, tu trouves ? » nous répond l'autre.

Lorsque nous entendons un énoncé indexical prononcé dans un certain contexte, nous comprenons nécessairement cet énoncé. La simple connaissance de l'énoncé et de son contexte suffit à nous le faire comprendre. On peut prendre une phrase, par exemple « il faut chaud ici » et la promener de contextes en contextes. Cette phrase nous dit à chaque fois des choses différentes et en même temps elle nous dit toujours quelque chose. De même, en disant : « Il fait beau bloum », on dit nécessairement quelque chose parce que "bloum" désigne tout shroum qui ploume quand on dit "bloum" et *qu'il y a toujours des shroums qui ploument quand on dit "bloum"*. Mais qui irait créditer le locuteur précédent de « il fait beau bloum » d'une authentique *pensée ?* Ne voit-on pas que pour le créditer d'une authentique pensée il faudrait que nous le créditions d'une connaissance des shroums qui ploument et non pas seulement que nous le supposions situé pas trop loin de shloums en train de ploumer ?

Autrement dit, si la théorie de la référence directe ou automatique était vraie, il suffirait qu'une monade prononce, dans un contexte qu'elle ignorerait, des mots comme "ici" ou "maintenant" pour qu'elle soit créditée d'une effective référence à un lieu ou à un moment[1]. Or cette conséquence, quoique tirée d'une hypothèse imaginaire, fait apparaître ce qui manque à cette théorie pour rendre pleinement compte de la formation des pensées

1. Cette conséquence a été perçue par Eros Corazza qui écrit : « La conception que je défends [= une conception proche de celle de Perry (SC)] a la fâcheuse conséquence d'admettre qu'un automate (un ordinateur par exemple) peut se référer à quelque chose en utilisant un indexical. » (*op. cit.*, p. 85). D'après Corazza, il suffit, pour échapper à cette conséquence effectivement fâcheuse, de dire que « pour que cet automate puisse effectuer un acte de référence, il faudrait qu'il soit engagé dans notre forme de vie, qu'il suive nos règles linguistiques » (*ibid.*). Mais quelle différence y-a-t-il entre la manière dont l'automate suit la règle et la manière dont nous la suivons ? Qu'y-a-t-il sous le mot "vie" ?

indexicales : ce qui lui manque, c'est tout simplement la prise en compte du rôle fondamental que joue, dans la formation d'une telle pensée, non pas seulement le contexte dans lequel elle est formée, mais la *conscience* de ce contexte par celui qui la forme. Il parait en effet essentiel, pour expliquer une pensée comme « ici, il faut chaud » de souligner, non seulement que cette pensée ne peut avoir une référence que dans un certain contexte, mais, en outre, que le sujet qui forme cette pensée doit *se savoir* faire partie de ce contexte. On peut dire que c'est cette conscience du contexte qui tient lieu des descriptions utilisées par la pensée conceptuelle.

Essayons, sans nous engager trop avant dans ces questions, de développer un peu plus cette idée. Nous avons vu qu'une description définie comme « l'auteur de *la Métaphysique* » possédait à la fois une référence et un sens, qu'on peut caractériser comme un mode de présentation du référent. Affirmer qu'une expression indexicale fait *directement* référence, c'est donc nier que, dans ce cas, la référence soit médiatisée par un mode de présentation. En particulier, comme nous venons de le voir, le "rôle" de l'indexical ne peut tenir lieu de sens puisqu'en employant "ici" nous ne pensons pas au lieu où nous nous trouvons *comme* au lieu dans lequel "ici" est prononcé. Pour faire référence à un lieu au moyen de "ici", il ne serait donc pas nécessaire de penser à ce lieu d'une certaine manière, il suffirait d'*y être*. Or, ce que nous suggérons, c'est qu'il ne suffit pas d'être en un lieu ou d'occuper un moment du temps pour que, par le truchement de l'énonciation de "ici" ou de "maintenant", nous fassions référence à ce lieu ou à cet instant. *Pour autrui*, cette référence a bien lieu. Mais pour que nous soyons nous-mêmes crédités d'une *pensée* indexicale, il ne suffit pas que nous soyons *dans* le contexte qui contient la référence de l'indexical. Nous devons *être conscients que* nous y sommes. Nous devons être consciemment ancrés au contexte.

Tous les auteurs s'accordent au moins à reconnaître que la sensibilité au contexte est ce qui caractérise le plus nettement les pensées indexicales. N'importe quelle description conceptuelle, dès lors qu'elle est bien définie, possède une référence fixe et stable, si du moins elle possède une référence : la dénotation de l'expression « le maître d'Alexandre » est fixée une fois pour toutes et reste la même, quelque bouche qui profère cette expression, à quelque moment et en quelque lieu qu'elle la profère. En revanche, les expressions indexicales ne possèdent pas un tel référent fixe et stable. La phrase « Le maître d'Alexandre est venu ici » pourra exprimer des faits très différents selon le lieu où cette phrase est prononcée, tandis qu'en elle-même et à elle seule, elle n'exprime aucun fait et ne possède donc pas un sens complet. C'est ce qu'avait noté Frege dans un passage très abondamment commenté de sa première *Recherche logique*[1]. Frege remarquait qu'« il arrive que le simple énoncé verbal, ce que fixent l'écriture et le phonographe, ne suffise pas à l'expression de la pensée[2] ». La pensée exprimée par des propositions contenant des mots comme "aujourd'hui", "hier", "ici", "je" ne peut être saisie que si, outre les signes eux-mêmes, on connaît

> les circonstances précises qui accompagnent les paroles et qui servent à l'expression de la pensée. [...] Un même énoncé où figure le mot "je" exprime des pensées différentes dans la bouche de personnes différentes et il peut se faire que de ses pensées, les unes soient vraies et les autres fausses[3].

Or, comme le suggérait Frege dans ce passage, le contexte est plus qu'un simple accompagnement extérieur du « texte » : c'est un constituant du sens des expressions indexicales ou, au moins, une condition nécessaire à l'articulation du sens de ces expressions. C'est qu'il y a deux manières pour le contexte d'une énonciation de jouer un rôle sémantique. Si quelqu'un dit : « Le chien brille beaucoup ce soir », seul le contexte de son énonciation nous permettra de comprendre, non qu'il possède un animal extraordinaire, mais qu'il est en train de parler d'une constellation. Ici, le contexte sert à lever une équivoque créée par une homonymie. Il joue donc un rôle pour *l'interprétation* de l'énoncé. Mais, pour celui qui prononce : « Le chien brille beaucoup ce soir », le contexte ne joue aucun rôle pour la fixation de la référence de "chien" : ce qu'il a présent à l'esprit, c'est le concept d'une certaine constellation. En revanche, dans le cas d'un indexical comme "ici", le contexte d'énonciation ne sert pas à dissiper une équivoque et à trancher entre des sens possibles. Le simple énoncé renfermant un indexical, pris à part de son effective énonciation, n'exprime en effet aucun sens distinct et *a fortiori* il n'exprime pas une gamme de sens possibles. Une expression contenant "ici", considérée à part de son énonciation effective et en contexte, n'est pas ambiguë, mais tout simplement incomplète, si on ne lui ajoute pas un repérage contextuel. Ce « repérage contextuel » n'est donc pas seulement indispensable pour celui qui entend l'énonciation d'une phrase indexicale. Il est aussi indispensable pour *celui qui prononce cette phrase*. Or, il est en même temps évident que le rapport

1. « La pensée » in *Écrits logiques et philosophiques*, trad. C. Imbert, Paris, Le Seuil, 1971, p. 170-195.
2. *Ibid.* p. 178.
3. *Ibid.* p. 178.

au contexte ne peut pas être le même pour l'auditeur et pour le locuteur : l'auditeur doit saisir simultanément l'occurrence de l'énoncé et son contexte et c'est cette mise en rapport qui lui fait connaître quelle proposition est exprimée par l'énoncé. Mais le locuteur, lui, n'a pas à saisir, fût-ce réflexivement, son énoncé pour faire référence au lieu où il se trouve[1]. Celui qui énonce : « Ici, il pleut » n'a pas besoin de prêter réflexivement attention à l'occurrence de son énoncé pour penser au lieu où il se trouve. Il faut plutôt dire qu'il pense d'une certaine façon à ce lieu lorsqu'il y pense comme à "ici", plutôt que comme à "Paris". C'est seulement parce qu'il pense d'une certaine manière au contexte dans lequel il prononce "ici" ou "maintenant" que c'est à ce lieu ou ce moment qu'il pense. En disant "bloum", il ne peut référer aux shloums qui ploument que parce que son attention est dirigée vers les shloums qui ploument et non pas *parce qu'il y a* des schloums qui ploument dans le voisinage de son "bloum"[2].

On peut donc, je crois, défendre l'idée que, pour des expressions comme "ceci" ou "ici", il y a, si l'on se place du point de vue du locuteur, un mode de présentation démonstratif ou indexical qui est ce en vertu de quoi la pensée du locuteur est dirigée vers un objet ou un lieu. Si quelqu'un nous explique qu'un corbeau est un gros oiseau noir au bec effilé, nous le comprendrons dès lors que nous serons capable de repérer, dans notre environnement, un gros oiseau noir de ce genre. Si quelqu'un nous dit que ici est le lieu où "ici" est proféré, nous chercherons tout autour de nous s'il y a des lieux où l'on entend le son "ici", certainement en vain. S'il nous dresse à dire "ici", en tout lieu, nous finirons peut-être par prononcer correctement le mot. En revanche, s'il nous apprend à être attentif au lieu dans lequel nous nous trouvons, si nous remarquons que, quoique nous changions de lieux, il y a toujours quelque chose qui nous entoure, nous serons mieux préparés à faire usage de "ici". De même que pour apprendre l'usage du mot "corbeau", nous devons apprendre à discriminer certains aspects du monde, pour apprendre l'usage d'un indexical ou d'un démonstratif, nous devons apprendre à nous rendre attentifs à certains aspects très généraux de notre expérience. Apprendre à prononcer le mot dans un certain

1. D'après Perry, « l'indexicalité [...] est simplement la forme la plus haute de la réflexivité, la réflexivité exploitée par la signification », *Problèmes d'indexicalité*, trad. cit., p. 292.

2. Il ne sert à rien d'objecter qu'une personne, enveloppée dans une toile à matelas au fond d'un coffre de voiture, et ignorant où elle se trouve, peut néanmoins penser des choses comme « il fait chaud ici ». Car elle se sait nécessairement être quelque part et pour dire "ici" il n'est nullement requis de savoir *conceptuellement* où on l'est. Mais il faut avoir conscience d'être quelque part et cela, on le sait nécessairement, parce que nous ne pouvons même pas imaginer ce que cela pourrait être que de ne pas être quelque part.

contexte ne nous donnera une effective aptitude à en faire usage que si nous savons à quoi ce mot réfère dans le contexte, si nous savons ce que c'est, pour un schloum, que de ploumer, pour l'espace que de nous contenir ou pour le temps de passer [1].

Peut-on dès lors essayer de dire quelque chose d'un peu plus précis sur cette notion d'un mode de présentation indexical ? Pour cela, demandons-nous quelle différence il y a entre penser à un lieu comme à tel ou tel endroit (« le jardin du Bien et du Mal », par exemple) et y penser comme à "ici". On aurait envie de dire qu'il suffit, dans le second cas, de se rendre perceptivement attentif à ce lieu. De même, on aurait envie de dire que pour penser à "ceci", il suffit de braquer son attention sur tel aspect saillant de notre expérience. Mais il y a manifestement une différence à faire entre, par exemple, le fait de suivre du regard quelque chose qui se déplace dans notre environnement et le fait d'y penser. Et la différence est que le fait d'y penser nous met en mesure d'*en* penser quelque chose, c'est-à-dire d'en prédiquer diverses propriétés. Nous proposons donc de définir une pensée indexicale comme un contenu attentionnel soumis à ce qu'Evans appelle une « contrainte de généralité » :

> Il me semble, écrit Evans, qu'il doit y avoir un sens à dire que les pensées sont structurées. La pensée que Jean est heureux a quelque chose en commun avec la pensée que Harry est heureux et la pensée que Jean est heureux a quelque chose en commun avec la pensée que Jean est triste [2].

Un être ne pense que s'il dispose de capacités conceptuelles. Or un être ne dispose d'authentiques capacités conceptuelles que si celles-ci sont exercées *sous la contrainte* de pouvoir entrer dans des combinaisons du type *a est F* ou *b est G.* Et cela implique que si un sujet sait ou pense que *a est F* il doit être également capable de penser que *b est F* et que *a est*

1. Cet ancrage cognitif au contexte des pensées indexicales explique par ailleurs pour quelle raison ces pensées ne peuvent jamais être vides ou manquer de référent. Pourquoi, si la référence d'un indexical était "automatique", ne pourrait-il se faire que l'occurrence d'un indexical fût vide ? Le partisan de la théorie de la référence directe est obligé d'avancer une réponse métaphysique, à savoir qu'il est impossible qu'on ne soit pas quelque part et dans quelque moment du temps. C'est cette *circonstance* métaphysique, à savoir qu'il n'y pas de "trous" dans l'espace et dans le temps, qui explique que chaque fois que quelqu'un dit 'ici" ou "maintenant", il y a un lieu ou un moment qu'il désigne. Mais si l'on admet que l'usage d'un indexical trouve sa condition dans la conscience de l'espace ou du temps, c'est alors simplement le statut épistémologique de cette conscience qui explique qu'un indexical ait une référence garantie. Ce n'est pas une heureuse circonstance métaphysique, mais une caractéristique des modes de présentation indexicaux qui explique cette garantie.

2. *The Varieties of Reference*, p. 100.

G. Cela implique que les capacités conceptuelles des hommes, ou d'êtres qui sont capables de pensées, sont en un sens reliées les unes aux autres, qu'elles ne possèdent pas l'isolement qui serait le leur si, par exemple, elles n'étaient que le produit de l'action atomique des choses elles-mêmes sur notre esprit. Nos concepts forment entre eux des classes de substitution, ce que le linguiste Jakobson appelait paradigme [1]. Nos concepts ont donc en ce sens un caractère holistique c'est-à-dire qu'on ne maîtrise le concept de chat que si l'on maîtrise celui, par exemple, de chien, de lion, d'animal, etc., mais aussi, par exemple, ceux de miaulement et d'aboiement, de carnivore, d'herbivore, etc. Sans cette maîtrise conjointe de notions formant un paradigme, nous serions incapables de faire servir nos concepts à la formation de pensées qui soient vraies ou fausses.

Or, ce qui vaut pour les concepts vaut aussi pour les indexicaux. Ceux-ci forment entre eux certains paradigmes ou classes de substitution : "ici" par exemple est lié à "là-bas", "maintenant" à "hier", "demain" ou "tout à l'heure", "ceci" à "cela", etc. Ce qui signifie qu'il ne suffit pas d'être attentif à quelque aspect saillant de notre expérience pour former une pensée indexicale à son propos. Il faut encore, par cette pensée, *identifier* cet aspect conformément aux oppositions qui sont impliquées par le paradigme. On ne peut penser que quelque chose est *ici* sans pouvoir penser que ce quelque chose n'est pas *là-bas*. On ne peut penser que quelque chose a lieu *maintenant*, sans penser qu'il n'a pas lieu *tout à l'heure*, etc. Une pensée indexicale ne peut donc être le simple reflet ou effet d'une situation perceptive dans laquelle le sujet se trouverait placé, ni même de la simple attention portée à tel aspect saillant de son expérience. Elle requiert que cette situation ait été articulée ou organisée conformément à cette structure paradigmatique. Imaginons qu'à la place de notre unique "ici", nous ayons deux indexicaux, "icig" et "icid", le premier voulant dire : "ici à ma gauche" et, le second, "ici à ma droite". Notre pensée de l'espace serait fatalement différente de celle que nous exerçons actuellement, puisque la structure du paradigme indexical serait différente. Elle ne contiendrait pas les mêmes classes de substitution et notre appréhension de l'espace serait donc elle-même différente puisque nous ne serions plus en mesure de différencier la proximité, par opposition à l'éloignement, et la latéralité. Il y aurait en réalité une double proximité, la proximité gauche et la proximité droite et non point la proximité d'une part, la gauche et la droite d'autre part. Ceci suggère donc qu'une pensée indexicale est bien déjà un commencement de

1. Cf. *Essais de linguistique générale*, trad. Nicolas Ruwet, Paris, Minuit, 1963, t. I, chap. 2, p. 43-67.

pensée et non point encore un simple exercice animal de l'attention, mais ceci suggère aussi qu'une pensée indexicale est une façon de penser à un objet (ici à l'espace), un mode de la conscience des objets et non simplement l'exercice d'un jeu de langage en contexte.

Quelle différence peut-on dès lors faire entre une pensée descriptive et une pensée démonstrative ou indexicale ? On peut dire que la différence est analogue à celle qui sépare la sélection d'une figure parmi plusieurs et le tracé d'une figure sur une feuille vierge. Appliquer ou maîtriser un concept empirique, c'est être sensible à certaines différences et à certaines ressemblances phénoménales. L'expérience nous offre un vaste réseau de différences et de ressemblances potentielles, un réseau beaucoup plus large que celui que nous exploitons au sein de notre réseau de concepts actuels. C'est même là ce qui explique que l'on puisse imaginer des réseaux de concepts alternatifs à ceux que nous possédons ou que l'on puisse accroître ou affiner notre panoplie de concepts actuels. Si nous pouvons imaginer les concepts de vleu et de blert[1], c'est que le réseau de nos concepts actuels exploitent certains parcours de ressemblances et de différences parmi un grand nombre de parcours potentiels[2]. Or, la maîtrise d'une expression démonstrative comme "ceci" ou d'un indexical comme "ici" ne requiert pas que l'on sélectionne parmi des groupements phénoménaux potentiels. Nous avons vu qu'un démonstratif comme un indexical ne s'applique pas à un objet *moyennant* une identification de cet objet[3]. Il n'y a donc rien que cet objet doive paraître ou être pour tomber sous tel démonstratif ou indexical. N'importe quoi peut-être "ceci", n'importe quel lieu peut être "ici", n'importe quel instant peut être "maintenant". Néanmoins, il y a au moins une condition très générale qui est requise : c'est que le référent d'une pensée de ce type fasse partie du contenu courant de notre expérience. Nous pouvons détacher n'importe quel concept du contenu actuel de notre expérience, mais nous ne pouvons faire usage de "ceci" ou "ici" que dans le contexte de notre expérience courante. D'où l'hypothèse à laquelle on est conduit : un mode de présentation indexical ou démonstratif n'est rien d'autre que la façon qu'a quelque chose de nous apparaître du fait et en tant

1. Cf. Nelson Goodman, *op. cit.*, p. 87-93.

2. Pour un développement de cette idée, cf. notre étude « La valse des étiquettes et la chose en soi », *in* « Philosophie analytique »*Cahiers de philosophie de l'Université de Caen*, n°31-32, 1997-1998, p. 217-234.

3. Il faut évidemment, comme le fait Evans, distinguer entre l'application d'un concept moyennant une identification et l'application « identifiante » d'un démonstratif. J'identifie démonstrativement un objet en le visant au moyen de « ceci », mais je ne lui applique pas « ceci » moyennant une identification.

qu'il se trouve dans le présent vivant de notre expérience. Quelque chose peut nous apparaître comme étant tel ou tel, un P ou un Q et nous pouvons y penser comme étant tel ou tel, un P ou un Q. Nous pourrions parler d'un mode d'apparition quidditatif comme étant le corrélat d'un mode de présentation conceptuel ou descriptif. Mais quelque chose peut aussi nous apparaître comme étant simplement là, comme étant simplement présent. Nous pourrions dire que ce mode d'apparition entitatif est le corrélat, moins d'un mode de présentation démonstratif ou indexical, que d'un mode de *sélection* démonstratif ou indexical. Ce qu'il y aurait de "spécial" dans le fait de penser à un lieu comme à "ici" plutôt que comme à "Paris", c'est d'un côté qu'un indexical retiendrait la simple présence de ce lieu, sans égard à sa "quiddité" et c'est d'autre part, et corrélativement, qu'il nous y ferait penser en activant le simple corrélat de la présence qu'est l'attention. Quelque chose ne manifeste sa présence que si nous nous y rendons attentif. Les démonstratifs et les indexicaux serait donc une structuration logique de l'attention, une capacité que tout être conscient peut mettre en œuvre, mais qui, en prenant la forme d'une pensée démonstrative ou indexicale, permet d'introduire le contenu de notre expérience dans la sphère des concepts et de la pensée conceptuelle [1].

Ces considérations nous éloignent de notre propos et c'est pourquoi nous ne les poursuivrons pas. Mais nous devons retenir que les termes comme "ceci" ou "ici", qui partagent avec "je" cette propriété qu'est l'immunisation contre les erreurs d'interprétation, nous servent à penser à différents aspects de notre expérience vivante. Ils relèvent donc clairement d'une pensée que l'on peut dire *intentionnellement* référentielle. Ils ne font pas référence à l'insu du locuteur, comme le suggère les théories de la référence directe, mais bien parce que l'attention du locuteur est orientée vers tel ou tel aspect de son expérience courante. Ce qui les caractérise, c'est qu'ils ne se rapportent pas à leur référent par le truchement d'un mode de présentation « objectif », ce que nous avons appelé un mode d'apparition quidditatif, mais ils se rapportent à leur référent par le truchement d'un mode de *sélection* « subjectif » qui constitue une structuration logique de l'attention. En ce sens, si une pensée descriptive a pour condition cognitive une identification de son objet en fonction de son mode d'apparition quidditatif, une pensée démonstrative ou indexicale a pour condition cognitive une sélection de l'« objet » par un acte structuré de l'attention. Dans un cas, l'identification est une condition de la pensée au lieu que,

1. Les pensées démonstratives et indexicales jouent donc, au fond, le rôle que Kant assignait au schématisme : elles mettent en rapport les existences et les essences, les intuitions et les concepts, et font de tel bloc de présence le sujet onto-logique d'un jugement.

dans le second cas, c'est la pensée démonstrative ou indexicale elle-même qui est identifiante. Une identification démonstrative ou indexicale se distingue donc d'une identification conceptuelle en ce que la première sélectionne momentanément quelque aspect de notre expérience, tandis qu'une identification conceptuelle réagit à la présence, dans notre expérience, d'un certain patron phénoménal, propre à fonder une classification. En nous inspirant sur ce point de John Perry, nous pourrions caractériser une pensée indexicale comme un *concept transitoire* ou comme l'aptitude à former des concepts transitoires [1]. A la différence d'un concept descriptif ordinaire, un tel concept serait, selon l'expression d'Evans, *identification-free*. Pour dire « maintenant » il n'est pas nécessaire de savoir l'heure ou le jour qu'il est; pour penser à « ici », il n'est pas nécessaire de savoir où l'on est; pour parler de « ceci » il n'est pas nécessaire de savoir ce que c'est. Mais il faut néanmoins et respectivement être capable de penser à un lieu, à un instant, à un objet ou trait du monde, un lieu, un instant, un objet ou un trait qu'individue leur présence vivante dans le champ attentionnel du sujet. Un tel concept transitoire ne peut être formé que dans une situation perceptive et en raison de la relation vivante que nous entretenons avec ce qui tombe sous ce concept. Comme le dit Evans,

> il y a des pensées qu'on ne peut former que parce que l'on occupe une position particulière dans l'espace ou dans le temps ou parce que l'on est en train de percevoir un objet [2].

Rendre compte de la manière dont un démonstratif ou un indexical atteint son référent en n'invoquant que le seul "rôle" linguistique de cette expression, c'est donc tenir cette relation vivante et consciente du locuteur à son contexte pour un accompagnement accidentel d'une pensée démonstrative ou indexicale. Mais comment pourrions-nous comprendre une machine qui nous dirait : « C'est joli ici », sinon en lui prêtant une attention où lieu où elle se trouve ? Même si nous supposions qu'elle connaît la règle linguistique d'usage de "ici", nous ne pourrions comprendre qu'elle puisse *appliquer* cette règle sans supposer, associée à cette règle, une capacité d'attention au lieu où elle se trouve. "Ici" désigne certes le lieu dans lequel "ici" est prononcé, mais c'est parce que celui qui le prononce est attentif, non pas au lieu dans lequel il prononce "ici", mais au lieu lui-même.

1. Nous adaptons le concept de *buffer* utilisé par Perry pour décrire la manière dont sont stockées les informations indexicales. Cf. « Notions de soi » in *Problèmes d'indexicalité*, p. 142.

2. « Comprendre les démonstratifs », trad. fr. E. Corazza, J. Dokic, *op. cit.*, p. 127.

Dans le cas de termes comme “ceci”, “ici” ou “maintenant”, c’est donc moins la référence que le sens qui est direct. Nous savons utiliser l’expression « arbre sans feuilles » si nous savons repérer, dans notre champ perceptif, un arbre sans feuilles. De même, nous savons utiliser “ici” si nous sommes en mesure d’être attentifs au lieu où nous nous trouvons ou à tel lieu proche de celui où nous nous trouvons. Mais tandis qu’un sens descriptif consiste dans un aspect du monde ou des objets qu’il s’agit de savoir discriminer, un sens démonstratif ou indexical consiste plutôt dans un *savoir-faire* ou, devrait-on dire, dans un *savoir-regarder*. Ce qui “justifie” les indexicaux, c’est donc bien ce que nous pouvons *faire* grâce à eux et non point ce que nous découvrons dans le monde et qu’ils représenteraient. Et ce que nous pouvons faire grâce à eux, c’est soumettre le contenu vivant de notre expérience à des concepts. Sans des termes comme “ici”, “maintenant” et “ceci” et ceux qui leur sont paradigmatiquement liés, nous ne pourrions soumettre le contenu de notre expérience à des concepts [1].

3. *« Iks ai mal »*

Cette « justification » de mots comme “ici” ou “ceci” peut-elle maintenant être étendue au “je” ? Puisque “je” ne s’applique pas non plus de manière descriptive à son référent, puisque sa référence est également sensible au contexte de son énonciation, n’est-ce pas ce que nous *faisons* avec le “je” plutôt que ce que nous découvrons grâce à lui qui peut justifier son usage ? La réponse est affirmative en ce sens que c’est bien ce que nous *faisons* avec le “je” qui justifie son usage. Mais ce que nous faisons avec le “je” est bien différent de ce que nous pouvons faire avec “ceci” ou “ici”, car il y a une différence essentielle entre le “je” et des mots comme “ici” ou “ceci” et cette différence est également ce qui distingue le “je” de toutes les expressions référentielles descriptives. Il y a en effet quelque chose de commun à l’usage d’une expression comme « l’homme le plus grand de la salle » et d’une expression comme « celui-ci ». C’est que dans les deux cas, la pensée mise en œuvre par le locuteur est une pensée *intentionnellement* référentielle. Nous faisons référence à quelque chose que nous visons, soit au travers d’un mode de présentation, soit au travers d’un mode de sélection. Nous pensons *à* cet objet et avons l’intention d’attirer l’attention de l’auditeur sur cet objet. Or, une caractéristique notable de “je” est qu’il

1. « “Je” ne dénote pas une personne, “ici” aucun lieu, “ceci” n’est pas un nom. Mais ces mots se trouvent en connexion avec des noms. Les noms sont expliqués par ces mots. Il est vrai aussi que la physique se caractérise par le fait qu’elle n’utilise pas ces mots. », Wittgenstein, *Inv. Ph.*, § 410, trad. p. 251.

est une expression à laquelle s'applique sans contestation la théorie de la référence directe. Quoi que ce soit qui dit “je” fait référence à soi. On peut imaginer d'ôter à une personne toutes ses facultés cognitives pour ne plus lui laisser que la faculté de dire « je suis vide » : en disant cela, elle fera référence à elle-même. Néanmoins, s'il est incontestable que “je” fait référence et directement référence au locuteur, faut-il dire que le locuteur fait intentionnellement référence à lui-même en disant “je”? Si la référence de “je” est directe, n'est-ce pas précisément *parce que* cette référence se fait comme à l'insu du locuteur et parce que ce qui anime la pensée de l'égologue est autre chose que la référence ?

Il faut en effet rapprocher cette automaticité de la référence de “je” de ce qui est sans doute l'une de ses particularités les plus frappantes, par contraste du moins avec les autres indexicaux. “Je” se distingue en effet de tous les autres indexicaux par le fait qu'il ne possède que très rarement une fonction identificatoire. Nous avons dit que pour employer un démonstratif ou un indexical, il n'était pas besoin d'identifier conceptuellement l'objet comme une instance de telle ou telle propriété. Néanmoins, chaque référence démonstrative ou indexicale possède elle-même un rôle ou une fonction identificatoire. J'identifie un certain objet en le désignant comme “ceci”, j'identifie un certain lieu comme étant ici, un certain moment du temps comme étant maintenant. A chaque fois, la référence indexicale constitue elle-même un mode d'identification d'un objet et on peut même dire que c'est la fonction principale des pensées indexicales que d'être de certaines façons de faire référence à des objets déterminés. Mais, comme Wittgenstein l'a à de nombreuses reprises souligné, “je” ne joue que très rarement un tel rôle identificatoire. C'est le cas seulement, non pas dans les usages que Wittgenstein a appelé « objectifs », mais lorsque, dans certains contextes, nous appuyons de manière emphatique sur “je”. Par exemple, lorsque des personnes se sont reprochées de ne pas accomplir certaines corvées domestiques, l'une pourra dire, emphatiquement : « Tu vois, *je* descends la poubelle », appuyant sur “je” pour signifier : « c'est moi et pas toi qui y va ». Or, dans ce type d'occurrences, “je” n'est manifestement pas un constituant *essentiel* des pensées que nous formons. Dans l'exemple précédent, l'effet recherché pourrait être également atteint par un « c'est encore SC qui descend la poubelle ! »[1]. Mais dans la plupart des cas, un

1. Comme nous le montrerons dans le prochain chapitre, ces usages « emphatiques » du “je” présupposent néanmoins la maîtrise des usages « subjectifs » du “je”. La pensée « c'est encore SC qui descend la poubelle » suppose la pensée que « je suis SC ». Mais, dans cette dernière pensée, l'usage de “je” n'est pas emphatique. Les usages emphatiques du “je” sont

énoncé comme « je suis P », « je fais P », « je crois que P » ne signifie jamais « c'est moi et pas toi ou tel autre qui suis, fait ou croit que P ». L'accent n'est jamais mis sur le sujet, mais sur le prédicat. Cela veut donc dire que "je" ne fonctionne que rarement à l'intérieur d'un paradigme, de telle sorte qu'il ne prenne son sens que par contraste avec les désignations alternatives relevant du même paradigme. Il est vrai que "je" appartient à un groupe d'indexicaux parmi lesquels figurent "tu" ou "il". Mais il est faux que chaque occurrence de "je" ne prenne son sens que du fait d'exclure l'une ou l'autre de ces désignations indexicales alternatives. Imaginons qu'un cataclysme ait décimé tous les hommes sauf un. Ce nouveau Robinson formera vraisemblablement des pensées égologiques. Il se dira des choses comme : « Bon ! Qu'est-ce que je fais maintenant ? ». Mais, manifestement, ce qu'il pensera dans ce cas ne sera pas quelque chose comme « Bon ! Qu'est-ce que *moi*, je fais maintenant ». Il se demandera tout simplement quoi faire. Quand quelqu'un dit "ceci", il attire notre attention sur un certain objet ; quand il nous dit "ici", il attire notre attention sur un certain lieu. Mais quand quelqu'un dit "je", il n'attire pas particulièrement notre attention sur une personne déterminée. Il est vrai que quand nous savons qui a prononcé « je mets mes bottes », nous savons quelle personne met ses bottes. Mais celui qui dit « je mets mes bottes » ne pense pas à lui-même comme à une personne déterminée, à l'intérieur d'un espace logique qui en contient plusieurs autres. Il ne pense pas qu'il est la personne qui met ses bottes, mais il pense seulement qu'il met ses bottes [1].

Cette particularité d'un grand nombre d'usages du "je", par rapport aux autres indexicaux, peut certainement être mise en rapport avec le fait sur lequel nous avons mis l'accent dans le premier chapitre : il n'y a rien, *dans* notre expérience, qui puisse justifier le "je", par conséquent rien non plus qu'on pourrait capturer indexicalement, comme on le fait d'un lieu, d'un instant, ou de quelque aspect saillant de notre expérience. Que l'on pense conceptuellement à un lieu ou qu'on y pense indexicalement, c'est toujours à quelque aspect saillant de notre expérience que nous pensons. Or, il n'y a pas, dans notre expérience, d'aspect saillant de ce genre que l'on pourrait

donc dérivés de ces usages subjectifs et l'interprétation que nous allons proposer s'applique à ces usages primitifs du ""je".

1. On peut encore percevoir cette différence si l'on remarque qu'il y a deux manières d'attribuer une pensée égologique à quelqu'un au style indirect. Si Jean dit : « Je mets mes bottes », on peut rendre de deux façons sa pensée : (1) Jean pense qu'il* met ses bottes ou (2) Jean pense que c'est lui qui met ses bottes. Si l'on veut rendre l'usage identificatoire de "je", l'emphase avec laquelle il est employé, on est donc obligé de remplacer le quasi-indexical "il" par une expression réfléchie comme en (2). Or, dans la plupart des cas, une description adéquate des pensées egologiques de quelqu'un se fera selon le type (1).

associer au "je". Le pronom de la première personne semble jouer un autre rôle que celui que joue la plupart des indexicaux, lesquels servent à identifier différents aspects de l'environnement courant du sujet et à les introduire, sans concept, dans l'espace logique de ses pensées.

Quel est ce rôle ? Un obstacle bien connu à l'analyse objective de nous-mêmes est la familiarité que nous avons avec nous-mêmes. Que ne sommes-nous, pour nous-mêmes, une sorte de protozoaire que nous pourrions observer depuis Sirius ! Nous pouvons toutefois nous efforcer à une sorte de dépaysement en considérant le problème sous un angle un peu exotique : supposons qu'un matin nous nous réveillions et nous apercevions qu'un changement important a affecté notre langue pendant notre sommeil. "Je" aurait disparu et aurait été remplacé par un signifiant inconnu, disons "iks". Nous pourrions imaginer, par exemple, que nous vivons dans une sorte de cité des Magnètes[1] et que le Maître du langage, en son Conseil Nocturne, aurait décidé pendant notre sommeil qu'il nous serait désormais interdit de dire ou de simplement penser "je", un décret nous faisant obligation de lui substituer "iks". A quelles conditions pourrions-nous désormais dire et penser ce que nous disions et pensions en prononçant des choses comme « je mets mes bottes », en énonçant maintenant « iks mets ses bottes » ? Comment "iks" pourrait-il graduellement en venir à remplacer "je" ? Comment pourrions-nous nous y prendre pour "égologiser" cet "iks" ?

Chacun aura certainement d'abord un fort sentiment d'étrangeté à l'égard de cet "iks". Parce que nous n'avons jusqu'ici parlé de nous-mêmes qu'au moyen de "je", parce que l'usage de ce mot est étroitement inséré en nous-mêmes et dans notre rapport à nous-mêmes, une phrase comme « iks mets ses bottes », quoique nous soyons en train de mettre nos bottes, ressemblera à une phrase dont le sujet serait le nom propre d'une personne inconnue. Pourrions-nous dès lors nous familiariser avec cet "iks" en le considérant comme notre nouveau nom ? Et pourrait-on graduellement, après nous être familiarisés avec ce nouveau nom, finir par en faire, de manière plus intime, notre "je" ? La réponse est clairement négative. Je peux sans doute en venir à me convaincre que je ne m'appelle pas SC, mais Iks. Je peux même *décider* que c'est comme cela, et comme cela seulement, que je m'appellerai et qu'on devra désormais m'appeler. Il me faudra certes m'habituer, apprendre à détruire d'anciens réflexes linguistiques, mais on ne perçoit aucune difficulté particulière dans le fait de s'attribuer graduellement un autre nom propre. La situation n'a même rien d'irréaliste :

1. Platon, *Lois*, IX, 860 e 6, éd. et trad. A. Diès, Paris, Les Belles Lettres, 1956, p. 109.

quelqu'un, élevé dans une famille sous un certain nom, peut, un jour, découvrir qu'il est issu d'une autre famille et porte pour cette raison un autre nom. On ne voit pas qu'il ne puisse s'habituer à ce nouveau nom [1]. Reste que cette procédure serait une impasse. Ce n'est pas en apprenant à substituer "iks" à "SC" que je parviendrai à penser spontanément « iks arrive » lorsque je pensais auparavant « j'arrive ». Le nom que nous portons appartient à une autre sphère cognitive que celle à laquelle appartient le "je".

Essayons donc de considérer cet "iks" autrement. Essayons de ne pas le percevoir comme le nom de quelqu'un, quelqu'un dont nous aurions ensuite à réaliser qu'il est nous-mêmes. Que le lecteur fasse en lui-même l'expérience. Qu'il essaye de traquer ses "je" et de leur substituer des "iks". Qu'il se force à prononcer plusieurs phrases de ce genre, sans changer le reste de la langue et de sa grammaire : « Iks ai soif » ; « Iks suis fatigué ce matin » ; « Iks ai bien envie d'aller voir ce film » ; « Iks t'aime et toi ? ». Est-ce qu'à la longue "iks" pourrait réussir à jouer, dans notre propre esprit, le rôle que "je" jouait jusque là ?

Ce ne serait le cas que s'il ne s'agissait que d'échanger une *étiquette linguistique* contre une autre. Imaginons par exemple que nous ayons à appeler "pschats" ce que nous appelions jusqu'ici "chats". Le remplacement serait aisé. Nous pouvons en effet rendre un *concept* indépendant de l'étiquette linguistique qu'on a coutume de lui associer. Pour appeler "pschats" ce que nous appelions jusqu'ici des chats, nous devrions, pourrait-on dire, séparer le concept de l'étiquette qui lui est associée et, tout en gardant le concept sous les yeux, modifier l'étiquette correspondante. En l'occurrence, nous devrions formuler, à notre intention, une instruction de la forme : « Tout x qui miaule ne sera plus appelé "chat", mais "pschat" ». Il ne resterait plus alors qu'à nous *dresser* à ce nouveau réflexe linguistique.

Mais pourrait-on formuler une instruction de ce genre dans le cas de "iks" et de "je" ? "Je" n'étant pas une étiquette attachée à un concept, nous ne pourrions recourir au même procédé que dans le cas précédent. Nous n'employons pas "je" parce que nous tombons sous le concept de "jeité" et il n'existe donc pas de description du sens de "je" de la forme « tout x qui est P ». Nous ne pourrions donc échanger "je" contre "iks" selon le même procédé qui nous permettrait d'échanger "chat" contre "pschat". Toutefois, la difficulté ne vient pas seulement de ce que "je" n'est pas une étiquette attachée à un concept. Imaginons, pour mieux apprécier ce point, que nous ayons à remplacer tous nos autres indexicaux. Le Maître du langage, en son

1. Sans doute cela ne sera pas sans effets. Nous examinerons ces questions au chapitre six, consacré à la nature du moi.

Conseil Nocturne, aurait perçu le grand danger que tous les indexicaux présents faisaient courir à la Cité et il aurait décidé de tous les changer. Le remplacement de “ici” par “ouxou” serait-il, cognitivement, aussi délicat que celui de “je” par “iks”? Manifestement, non. On pourrait très bien en venir à dire ce que nous disons avec “ici” en employant désormais “ouxou”, par exemple : « Mets-le ouxou ! » ou bien : « Il fait plus beau ouxou que là-bou ». Il ne s’agirait encore que de changer des étiquettes et par conséquent de réformer des habitudes linguistiques. Certes, dans ce cas, l’étiquette n’est pas attachée à un certain concept. On ne peut donc, comme avec le changement de nom des chats, distinguer les x qui miaulent et l’étiquette qu’on leur associe et affirmer, des premiers, qu’ils tomberont désormais sous telle nouvelle étiquette. Mais, dans le cas des indexicaux autres que “je”, on peut toutefois distinguer, non pas un concept et une étiquette, mais un mode de présentation indexical ou démonstratif et l’étiquette qui lui est associé. Notre habitude linguistique n’est certes pas l’habitude d’appeler “ici” les x qui sont P, mais elle est cependant l’habitude d’employer “ici” *pour* désigner le lieu où l’on se sait être ou tel lieu proche de nous que l’on montre du doigt. Par conséquent, il y a bien, dans ce cas également, une distinction possible entre un contenu de pensée et l’étiquette linguistique qui s’y attache, de telle sorte que nous avons la possibilité de considérer l’étiquette *comme* une étiquette linguistique attachée à un acte de pensée et de considérer simultanément cet acte de pensée et cette étiquette pour modifier la seconde tout en continuant de mettre en œuvre le premier. Or, c’est également cette possibilité qui nous est fermée dans le cas de “je”, comme si “je” ne pouvait pas être considéré par nous *comme* une simple étiquette linguistique dissociable de l’acte de penser auquel elle est conventionnellement associée. On peut certes dire qu’en soi, “je” n’est qu’une étiquette linguistique : “je” aurait pu être “iks” et, de fait, dans d’autres langues, ce sont d’autres sons qui servent aux gens à se désigner eux-mêmes. Mais, ce qui semble impossible, c’est qu’une fois engagé dans une vie dont “je” est le centre, nous puissions distinguer entre “je”, comme étiquette et le concept ou le mode de présentation qui lui serait associé.

Essayons en effet de procéder avec “je” comme nous procéderions avec “ici” ou “ceci”. Dans ce dernier cas, nous pouvons formuler une description méta-linguisitique des conditions d’emplois de ces étiquettes, sous la forme : « “Ici” désigne le lieu dans lequel se sait être celui qui dit “ici” » ; « “Ceci” désigne tout objet perçu sur lequel on fixe son attention en prononçant “ceci” ». Dans chacun de ces cas, on peut distinguer l’étiquette et le mode de penser référentiel qui lui est associé. On peut donc les dissocier l’un de l’autre et changer l’un sans changer l’autre. On peut par exemple *articuler* l’instruction méta-linguistique suivante : « Pour désigner le lieu dans lequel on se sait être, on ne dira plus “ici”, mais “ouxou” ». Mais pourrait-on recourir à un procédé semblable dans le cas de “je”? La seule solution serait, semble-t-il, de faire appel à la caractérisation méta-linguistique suivante : « “Je” désigne celui qui prononce “je” ». C’est là en effet la seule description que l’on puisse utiliser pour expliciter ce que “je” signifie, autrement dit, pour expliciter comment il se rapporte à son référent. “Je” se rapporte à son référent du fait que ce référent est le locuteur de “je”. Il n’est en particulier nullement nécessaire, et il serait même illégitime, de faire apparaître un lien *cognitif* entre le locuteur de “je” et son référent, parce que “je” fait *directement* référence à son locuteur. Si l’on proposait quelque chose comme « “je” fait référence à celui dont celui qui prononce “je” sait qu’il prononce “je” », nous n’aurions nullement fait apparaître un trait nécessaire de la signification de “je” puisqu’un dormeur qui, dans son rêve, prononce « j’ai mal » fait référence à lui-même, quoiqu’il dorme à poings fermés. Pourrait-on dès lors s’aider de « “je” désigne celui qui dit “je” » pour substituer “iks” à “je” ?

Comparons d’abord : « “Ici” désigne le lieu dans lequel celui qui dit “ici” se sait être » et « “Je” désigne celui qui dit “je” ». Dans le premier cas, on dispose de la place logique pour articuler l’instruction suivante : « Pour désigner le lieu dans lequel on se sait être, on ne dira plus “ici”, mais “ouxou” ». Autrement dit, nous pouvons décrire ce à quoi “ici” réfère sans faire usage de “ici”, mais en mentionnant le *mode de présentation* qui lui est associé. Or c’est là manifestement une possibilité qui nous est fermée dans le cas de “je”, précisément parce qu’il n’y a, dans ce cas, rien de tel qu’un mode de présentation. Le référent de “je”, c’est celui qui dit “je”. La signification de “je” est donc donnée par son pur rôle linguistique, sans qu’on ne puisse associer à ce rôle un mode de pensée ou un mode d’accès au référent. On ne peut donc décrire le référent de “je” autrement que comme le locuteur de “je”. Dès lors, si l’on propose quelque chose comme « “iks” désigne le locuteur de “je” », on n’obtient évidemment pas l’effet recherché. Et si l’on propose « “iks” désigne le locuteur de “iks” », on ne fait pas apparaître quel lien cet “iks” entretient avec “je”. Le caractère à la fois direct et *token*-réflexif de la référence de “je” interdit donc d’isoler le mode de penser référentiel auquel l’étiquette “je” serait conventionnellement associée.

Mais il y a une raison plus profonde pour laquelle la règle « “je” désigne celui qui dit “je” » ne peut nullement permettre le remplacement de “je” par “iks”. C’est que cette règle ne joue strictement aucun rôle dans l’usage du mot “je”. Elle ne constitue en aucune façon la valeur cognitive de ce terme. « Etre le lieu dans lequel on se sait être » exprime correctement la valeur cognitive de “ici”. La valeur cognitive de “ici” ou son *sens* (frégéen) coïncide donc avec la manière dont “ici” se rapporte à son référent. Mais il est manifeste que la règle « "je" désigne le locuteur de "je" » n'exprime nullement la valeur cognitive de ce terme. Cette règle ne correspond pas à ce qu'est notre pensée, lorsque nous employons "je". Il est vrai que "je" réfère directement à son locuteur. Mais il est faux que nous employons le mot "je" *pour* faire référence au locuteur ou *en pensant* au locuteur de "je". Supposons qu'une sorte d'extra-terrestre, ne pratiquant lui-même qu'un langage purement altérologique, demande ce que signifie le mot "je" lorsque les gens emploient ce mot. On lui répondra sans doute que ce mot désigne celui qui le prononce. La description « "je" désigne celui qui prononce "je" » pourra donc permettre à notre extraterrestre de *fixer la référence* de "je" lorsque quelqu'un dira "je". Mais cette description lui permettra-t-elle de faire lui-même usage du mot "je" ? Ce ne serait le cas que si, pour faire usage du mot "je", il fallait avoir l'intention de faire référence à celui qui dit "je". Mais lorsque nous disons « j'ai mal », notre pensée est-elle : « Le locuteur de ce *token* de "je" a mal » ? Pensons-nous à nous-mêmes *comme* à celui qui prononce "je" ? La description : « "Ici" désigne le lieu dans lequel je me sais être » nous donne accès au *mode de présentation* du référent de "ici" pour son locuteur. Nous employons "ici" pour désigner un certain lieu, non en y pensant sous telle ou telle description, mais en tant que nous savons nous y trouver. La description précédente nous fait donc bien connaître comment nous accédons à un lieu déterminé en le pensant comme "ici", elle nous fait connaître comment ce lieu nous est donné lorsque nous le pensons comme "ici". En nous indiquant comment "ici" se rapporte à son référent, cette description nous exprime aussi la valeur cognitive de ce terme parce que ce terme est employé par nous *pour* faire référence, parce que nous en faisons un usage intentionnellement référentiel. Mais il est manifestement faux que, lorsque nous employons le mot "je", nous pensions à nous-mêmes *comme* à celui qui prononce (ou pense) "je". Il est vrai que c'est là, le plus souvent, ce que ce mot dénote. Mais il est faux que je pense à moi-même comme au locuteur de "je" chaque fois que j'emploie "je".

Le sentiment d'étrangeté que nous éprouvons en face de "iks", notre impuissance à imaginer comment il faudrait nous y prendre pour mettre cet "iks" à la place de nos "je" s'explique donc par le fait que le remplacement d'une étiquette linguistique par une autre suppose que l'on puisse séparer l'étiquette du mode de présentation ou *sens* auquel elle est associée. Pour remplacer "je" par "iks", il faudrait donc que le sens de "je" se glisse sous "iks". Mais on ne peut opérer un tel glissement, nonobstant les habitudes qu'il faudrait prendre, qu'en réussissant à séparer le sens et son étiquette au moyen d'une *description du sens*. Or, c'est cette description du sens de "je" qui est inaccessible. Si l'on invoque le rôle linguistique de ce terme, nous ne nous trouvons nullement en présence de la valeur cognitive de ce terme. Si l'on dit : « "Iks" désignera désormais le locuteur et non plus "je" », cela ne nous aidera en rien à nous passer de "je". Cela peut aider l'auditeur ou l'interprète qui, entendant quelqu'un dire « iks ai mal », comprendra ce qu'il comprenait auparavant en entendant « j'ai mal ». Mais lorsque j'emploie moi-même le mot "je", je ne pense pas au locuteur ou à moi-même comme étant le locuteur. Par conséquent "iks" ne peut nous apparaître que comme un autre sens et non comme une autre étiquette. « Iks ai mal » nous semble fatalement vouloir dire autre chose que « j'ai mal ». Une fois que "je" a été introduit dans notre pensée, avec le sens qui est le sien, il devient impossible de le remplacer par une autre étiquette, parce qu'il devient impossible de séparer "je" de son sens.

4. *Comment "je" me donne à moi-même*

La conséquence que l'on peut tirer de ces considérations iksologiques, c'est que "je" est essentiel au sens de "je". C'est là, il faut l'admettre, une affirmation étrange, car elle revient à dire que le signe lui-même, dans sa matérialité signifiante, est essentiel au sens qu'il véhicule. C'est comme si l'on disait que "chat" est essentiel au sens que ce mot véhicule, par exemple des x qui miaulent. Mais il est évident que je peux penser à des x qui miaulent sans leur associer le signifiant "chat". De même il serait absurde d'affirmer que "ici" est essentiel au sens que ce terme véhicule, c'est-à-dire à la faculté de former un concept transitoire du lieu où l'on se trouve. Il semble que l'on puisse penser à un tel lieu en lui associant n'importe quel autre signifiant[1]. Mais, dans le cas de "je", tout se passe comme si le retrait de l'étiquette était aussi bien le retrait du sens qu'elle véhicule : le signifiant serait essentiel au signifié. Il me semble que l'on peut expliquer cette étrangeté si l'on veut bien admettre que "je" n'est pas seulement un signe, mais aussi un fragment de notre être et qu'en le supprimant, c'est à cette part de nous-mêmes qu'il faudrait renoncer. Cette formulation est, je l'admets, assez obscure, mais je vais essayer de lui ôter un peu de son mysticisme.

Comparons à nouveau nos pensées égologiques à nos pensées indexicales altérologiques. Penser indexicalement à un objet, à un lieu, à un moment suppose, nous l'avons dit, que notre pensée prenne son départ

1. Mais il ne semble pas possible de pouvoir penser à un lieu ou à quoi que ce soit d'autre sans que cette pensée ne soit délimitée par un signifiant. Le flux de conscience est continu et pour que notre conscience soit conscience d'objets, il faut qu'elle soit "digitalisée" par des signes discrets.

dans une relation vivante avec cet objet, ce lieu, ce moment. Comme le dit Evans, une pensée indexicale dépend existentiellement de la présence réelle et consciente de son objet. Une pensée égologique est aussi une pensée qu'on ne peut penser qu'en vertu d'un certain enracinement contextuel. Nul autre que moi ne peut penser « je mets mes bottes » lorsque c'est le cas que je mets mes bottes. Néanmoins, on perçoit d'emblée une différence entre l'enracinement ontologique d'une pensée comme « ici, il fait beau » et l'enracinement d'une pensée comme « je mets mes bottes ». Dans le premier cas, il faut être en un certain lieu pour penser « ici, il fait beau ». Mais n'importe qui, en ce lieu, pourrait penser cette pensée. En revanche, dans le cas d'une pensée égologique, la contrainte d'enracinement est plus stricte, parce qu'elle porte simultanément sur l'objet et sur le sujet d'une telle pensée : il ne faut pas être cognitivement connecté à un certain objet, mais il faut *être* un certain objet pour former une telle pensée. Il y a donc une différence indéniable entre ces deux sortes de pensées, parce qu'il y a une différence entre le fait d'être en présence de l'objet de la pensée et le fait d'être l'objet de la pensée. Cette différence est certainement ontologique, car ce sont deux phénomènes distincts que celui d'être conscient de quelque chose et celui d'être quelque chose. Mais cette différence ontologique n'est pas ici pertinente. Ce qui est pertinent, c'est la différence cognitive qui lui est liée, c'est la différence entre le fait de penser indexicalement à un objet, un lieu, un moment et le fait de penser à ce que nous sommes ou faisons.

On pourrait exprimer cette différence de la manière suivante : la pensée qu'il fait beau ici attribue au lieu auquel je suis attentif une certaine propriété. La pensée que je mets mes bottes, en revanche, n'attribue pas une certaine action à un certain objet. Elle est simplement la pensée de cette action : "mettre ses bottes" *par* celui qui l'accomplit. Supposons qu'un arbre soit en train de perdre ses feuilles. L'observateur de la scène pensera que cet arbre perd ses feuilles. Mais que penserait l'arbre lui-même ? Il penserait certainement : « Je perds mes feuilles ». Lorsqu'un événement, une action, un état sont pensés par celui qui en est le siège, ils ne sont pas attribués à celui qui en est le siège, mais celui qui en est le siège se les attribue. La pensée que *a est P* est la pensée conjointe de a et de P, de a comme P, mais la pensée de P *par* a ne porte pas sur a.

Essayons de développer quelque peu cette idée qui, ainsi formulée, peut paraître, soit triviale, soit obscure. Nous avons plusieurs fois souligné que, lorsque nous formons une pensée égologique, nous n'affirmons pas quelque chose de SC ou du locuteur, *a fortiori* de ego. Nous ne parlons pas d'une certaine personne ou d'une certaine entité. Cela peut paraître curieux à dire parce que celui qui dit "je" parle bien de lui-même. Mais que veut dire « parler de lui-même », « parler de soi » ? Nous sommes trompés ici par le fait que la *compréhension* d'une pensée égologique par une tierce personne implique que l'auditeur comprend que la personne qui dit « je suis P » est P. Celui qui entend « je suis P » comprend nécessairement « il est P ». *Pour autrui*, un énoncé égologique est donc toujours à propos d'une certaine personne parce qu'il ne peut le comprendre qu'ainsi. D'autre part, il est vrai que, sémantiquement, « je suis P » est équivalent à « SC est P ». Mais, et là est je crois le nœud du problème, le sens de "je" ne consiste pas dans une certaine façon de penser au référent de "je". Le sens de "je" consiste plutôt dans une certaine façon, pour le référent de "je", de penser à certains événements, à certaines propriétés, à certaines actions.

On dira que parler ainsi revient à aligner paradoxes sur paradoxes, mais c'est à mon sens la seule façon plausible de se sortir des embarras qui regardent "je". Résumons d'abord ces embarras :

1) Comme nous l'avons à plusieurs reprises souligné, celui qui pense « je suis P » peut être totalement ignorant, non seulement de l'individu qu'il est, mais aussi bien de la sorte d'entité qu'il est. Il peut certes, dans un second temps, comme le fait Descartes dans ses *Méditations*, prétendre inférer sa nature ou essence à partir des propriétés épistémologiques de certaines de ses pensées égologiques. Mais la faculté d'entretenir une pensée de ce genre est compatible avec un doute hyperbolique relatif à ce que nous sommes. En conséquence, en pensant « je suis P », je ne pense pas à telle entité particulière, par exemple SC ou le P, ou à une entité d'une certaine sorte, par exemple une personne, un esprit, un corps, etc. En particulier « je suis P » n'est pas cognitivement équivalent à « cette personne (cet esprit, ce corps ou même cet étant) est P ». Une pensée égologique n'est pas une pensée démonstrative sortalisée (ce P).

2) D'autre part, comme nous l'avons montré dans les chapitres précédents, la faculté de former une pensée égologique ne présuppose rien d'autre, pour celui qui la forme, que la conscience de ce qui joue le rôle des prédicats de ses jugements égologiques, par exemple une sensation douloureuse ou une perception. Pour penser « j'ai mal », la seule chose qui soit nécessaire, c'est que j'éprouve une sensation douloureuse, mais il n'est nullement requis que je perçoive en outre celui qui éprouve cette sensation. Lorsque nous formons la pensée « j'ai mal » ou « je crois qu'il pleuvra », nous ne pensons donc pas, en employant "je", à quelque chose avec quoi nous aurions une forme d'*acquaintance* immédiate et qui serait une instance de diverses propriétés, comme lorsque nous pensons « ici, il fait beau » ou « ceci est bleu ».

3) Enfin celui qui forme la pensée « j'ai mal » ne pense pas non plus que le locuteur de cette pensée a mal. Si "je" dénote bien toujours ou presque toujours le locuteur de "je", celui qui pense "je" ne pense pas au locuteur de

cette pensée, car le fait qu'il soit en train de former cette pensée n'est pas quelque chose à quoi il pense. La pensée que j'ai mal n'est pas la pensée que cette pensée est actuellement prononcée. Elle est la prononciation de cette pensée.

Il faut donc dire, pour rester sur notre exemple, que le locuteur de « j'ai mal » pense en réalité à sa douleur. Un observateur extérieur dira peut-être qu'il pense à lui-même parce qu'en effet il n'est pas en train de penser à autre chose ou à quelqu'un d'autre. Mais il est faux que celui qui, pour un observateur extérieur, pense à lui-même, soit en train de penser à lui-même, autrement dit à cette personne plutôt qu'à une autre ou à autre chose. Il pense en réalité à sa douleur (ou à quoi que ce soit d'autre : son désir, son action, ses qualités, etc.). Mais il y pense d'une certaine façon. Il y pense comme à *sa* douleur.

Or, qu'est-ce que cette façon de penser à une douleur comme à *sa* douleur ? Il ressort des analyses que nous avons conduites au premier chapitre que ce n'est pas découvrir une propriété de cette douleur : nous avons montré que la "mienneté" de quelque chose ne se caractérise par aucun caractère phénoménal supplémentaire. La seule chose que l'on puisse dire, c'est que nous considérons comme nôtre des contenus ayant une certaine signature phénoménale générale, dès lors qu'il y a une différence qualitative générale entre une expérience "sensationnelle" et une expérience perceptuelle. Mais il n'y a aucune connexion interne entre cette signature phénoménale et l'égoïté de ces contenus : c'est un peu comme s'il arrivait que tout ce qui était rouge fût considéré comme nôtre, tandis que tout ce qui serait non-rouge appartiendrait au non-moi. Il n'y aurait aucune connexion interne entre la rougeur et la mienneté.

Il reste donc que, si penser à sa douleur n'est pas découvrir une propriété de cette douleur, c'est alors notre façon de penser à cette douleur, c'est le fait de la penser et de la penser comme nous la pensons qui la rend nôtre. Celui qui pense à cette douleur comme à sa douleur n'identifie pas cette douleur comme étant sa douleur, comme ayant la propriété de mienneté. Il lui *donne* cette propriété en raison de la manière dont il la pense.

Pour percevoir plus nettement ce point, forgeons une nouvelle situation exotique, quoique possible. Supposons que, lorsqu'il pleut, une certaine personne, au lieu de penser « il pleut », pense « je pleus ». On dira que c'est impossible, mais pourquoi ? Comme nous venons de le rappeler, les choses qui sont nôtres n'ont pas une estampille sur le visage qui constituerait le caractère de la "mienneté". En outre, on pourrait imaginer que cette personne est convaincue d'avoir la faculté de vider les nuages de leur contenu en tendant fortement son bras droit[1]. Que pense cette personne lorsqu'elle pense « je pleus » ? Elle regarde la pluie tomber sur la ville et, en son for intérieur, elle pense « je pleus beaucoup ce matin ». Cette personne pense à la pluie qui tombe d'une certaine façon. En aucun sens plausible de ce terme, on ne peut dire qu'elle pense à elle-même en regardant la pluie tomber. Si c'était le cas, cela voudrait simplement dire que la pluie la fait penser à elle-même, comme l'on dit qu'un objet nous fait penser à quelqu'un, et penser à elle-même consisterait alors à former une série de pensées égologiques, c'est-à-dire à s'attribuer d'autres prédicats que "pleuvoir". En réalité, notre âme du monde pense à la pluie, mais elle pense à la pluie d'une autre façon que celui qui y pense en formant la pensée « il pleut beaucoup ce matin ». Si l'on peut saisir l'essence de cette différence, on aura saisi l'essence même de la subjectivité !

On serait tenté d'exprimer cette différence en disant que celui qui pense « il pleut beaucoup ce matin », pense à la pluie comme à un événement extérieur à lui, tandis que celui qui pense « je pleus beaucoup ce matin » pense à la pluie comme à quelque chose dont il est responsable et qu'on peut lui imputer. Mais cette description de la différence entre ces deux pensées est insatisfaisante parce qu'elle oblige à décrire une pensée égologique comme une pensée qui rapporte un prédicat à un sujet, qui pense un prédicat comme instancié par un sujet ou bien qui pense un événement comme causé par un sujet. Or, à moins de comprendre la pensée « je pleus » comme si son auteur insistait sur le "je", comme s'il disait « c'est moi qui pleus », « c'est moi qui suis la cause de tout cela », il est faux, comme on y a insisté plusieurs fois, que cette pensée soit à propos du locuteur. C'est à la pluie que cette personne pense lorsqu'elle pense « je pleus », de même que c'est à notre douleur que nous pensons en disant « j'ai mal ». Nous n'insistons pas sur le sujet : « c'est moi qui ai mal », mais nous insistons sur le prédicat.

Toute la difficulté que l'on rencontre pour distinguer correctement les deux pensées « je pleus » et « il pleut » vient donc de ce que l'on voudrait soumettre la pensée égologique à la forme logique canonique, la forme P(a). Dans ce cas, on cherche à décrire la pensée « je suis P » dans la forme P(je), P(moi), etc. et nous sommes conduits à supposer que, si nous avons la pensée complexe que P(a), c'est que nous avons la pensée de P et la pensée de a, articulées logiquement l'une à l'autre. Or, s'il est vrai que le *contenu sémantique* d'une pensée égologique peut être décrit au moyen de

1. Et, en vertu de ce qui serait à nos yeux une heureuse ou étrange coïncidence, presque chaque fois qu'elle tendrait son bras droit, il pleuvrait.

la forme canonique P(a), il est faux que son *contenu cognitif* puisse l'être pareillement. Quiconque forme une pensée égologique exprime un fait dont la forme est P(a), "a" étant mis pour le locuteur. Mais on peut dire qu'il exprime ce fait à son insu. Lorsque je pense « je pleus » ou « j'arrive », etc., j'exprime bien le fait que SC pleut ou arrive, mais je ne pense pas à ce fait. Une pensée égologique exprime un fait qu'elle ne pense pas. Elle n'est pas la pensée du fait qu'elle exprime. On pourrait dire qu'il y a un divorce entre le contenu sémantique et le contenu cognitif d'une pensée égologique et là est la racine de toute la difficulté. Il est vrai que "je" dénote le locuteur, mais il est faux que le sens de "je" soit une façon, même démonstrative, de penser au locuteur. La réflexivité fait partie des propriétés sémantiques de "je", mais pas de ses particularités cognitives. Lorsqu'on emploie le mot "je", on fait référence à soi-même, mais on ne pense pas à soi-même.

Une image peut nous aider à comprendre comment ce divorce est possible. Lorsqu'une cloche sonne, nous percevons ce signal et apprenons quelle heure il est. S'il était trois heures et que la cloche sonnait quatre fois, on pourrait même dire que la cloche se trompe. Mais la cloche qui indique l'heure ne connaît pas l'heure qu'il est : elle est seulement une manifestation (mécanique) de l'heure qu'il est. Nous pourrions dire qu'une pensée égologique signale également un fait, mais n'est pas à propos de ce fait. Elle est plutôt, comme la sonnerie de la cloche, un constituant de ce fait, une émanation, une excroissance de ce fait, relié à lui, nous allons le voir, de manière conventionnelle plus que mécanique. Comme le dit Wittgenstein, l'énoncé « j'ai mal » fait partie de notre douleur ou plutôt de notre comportement dans la douleur, au même titre que le cri de douleur que nous pourrions proférer [1].

Toutefois, ce cri est articulé et c'est la raison pour laquelle il nous faut abandonner notre image de la cloche qui sonne. Celui qui, dans la douleur, pense ou s'exclame « j'ai mal » ne se contente pas d'avoir mal : il en a conscience. De même, celui qui pleut ne se contente pas de pleuvoir : il en a conscience. La pensée que j'ai mal ou la pensée que je pleus ne sont pas la pensée que cette douleur ou cette pluie ont pour instance la personne que je suis. Ce sont plutôt des pensées par lesquelles le locuteur *prend possession* de ces prédicats et en devient l'instance consciente.

Exprimons d'abord cette idée par une image. Imaginons que quelqu'un prenne des objets et les place un à un dans une boîte. Imaginons maintenant qu'il les prenne par leur nom et qu'il place leur nom dans une boîte. Pour faire cela, il n'utilise pas sa main, mais "je". Chacun, en pensant égologi-

1. *Inv. Ph.*, § 244, trad. p. 211.

quement, se construit un Moi qui est cette boîte. Cette boîte n'a pas de parois, ni de fond, ni bien sûr de couvercle. Les objets qu'elle contient sont en suspension dans la mémoire, à portée de "je". Les prendre, c'est former la pensée « je suis P ». Et pour prolonger l'image, on peut dire que la différence entre « je pleus » et « il pleut », entre « je souffre » et « ça souffre » n'est rien d'autre que la différence entre regarder un verre posé devant soi et le prendre. Nous ne pourrions prendre ce verre sans tendre la main et la serrer sur lui. Nous ne pourrions pas plus *être* P, *faire* P, etc., sans former la pensée égologique correspondante.

Si l'on veut exprimer plus littéralement cette idée, il nous faut distinguer deux types très généraux de pensées. Un premier type, qui comprend toutes les pensées altérologiques, descriptives comme démonstratives, peut être décrit comme le type des pensées instanciantes ou encore comme le type des pensées intentionnellement référentielles : dans ces pensées, nous prenons conscience de la manière dont diverses propriétés ou divers événements sont instanciés ou, à l'inverse, nous prenons conscience des propriétés que possèdent diverses instances objectuelles. Nous pensons autrement dit que *a est P*. Nous pensons à *a* comme *P*. Notre pensée possède donc une dualité constituante, elle est la pensée de *a* et de *P*, de *a* comme *P*, de *P* comme instancié par *a*. Mais une pensée égologique n'est pas une pensée de ce type, une pensée à propos de l'ego, à propos de la personne qui pense égologiquement en même temps qu'à propos de ses propriétés, actions ou états. La preuve en est que, lorsque nous remplaçons "je" par une description objectuelle, nous avons un sentiment qui tranche avec celui que nous avons quand nous formons une pensée égologique. Si je pense que SC a mal, ou que le locuteur de cette phrase a mal ou que la personne que je suis a mal le « ce que cela nous fait [1] » de dire "je" est perdu. C'est qu'en pensant « j'ai mal », je ne me contente pas de penser à un fait, de contempler un fait. On peut dire que j'existe d'une certaine façon, que je vis un événement d'une certaine façon ou que je me comporte d'une certaine façon. Lorsqu'on forme une pensée égologique, on n'est pas au spectacle, on ne s'observe pas faire ou agir : on fait ou on agit consciemment. Penser que je pleus n'est donc pas constater l'instanciation de la pluie par moi-même, c'est *devenir* l'instance consciente de cet événement. Lorsque quelqu'un prend un objet posé devant lui, il fait quelque chose, il modifie quelque chose dans le monde. Il ne constate pas qu'il le possède : il en prend possession. Lorsque quelqu'un pense « je suis P » ou « je Pise » il ne constate pas qu'il est P, mais il devient consciemment P. L'usage de "je"

1. *What it is like to say "I"*.

ne requiert donc pas la capacité de penser à un objet, l'objet qui serait le *denotatum* de "je", mais il requiert la capacité d'être ou de se comporter d'une certaine façon, de devenir l'instance consciente d'une certaine gamme de prédicats.

Ce qui, je crois, empêche de percevoir cette vérité simple, c'est le peu d'attention que l'on prête au fait qu'en formant une pensée égologique, une personne prend conscience de ce qu'elle est ou de ce qui lui arrive. On ne perçoit pas que le fait de former une telle pensée est un événement qui fait partie du théâtre d'opérations et non de sa description. Nul ne songerait que la pluie soit une description de la pluie. Et si la pluie, en tombant, murmurait « je pleus », cette pensée serait-elle une description de la pluie par elle-même ou simplement un épisode à l'intérieur de cet événement, une modification adverbiale de cet événement ?

Supposons que l'on fasse subir à une personne l'ablation de la faculté de former des pensées instanciantes. Supposons donc une personne réduite à la seule faculté de former des pensées égologiques et imaginons que cette personne vive désormais dans l'isolement le plus total. Cette personne ne sera plus consciente que d'elle-même. Mais que veut dire qu'elle ne sera consciente que d'elle-même ? Cela ne veut pas dire qu'elle ne sera attentive qu'à elle-même et non point au reste des personnes et des choses. Car il n'y aura pour elle ni personnes ni choses : la pensée « je suis P » ne pourra jamais signifier pour elle « c'est moi qui suis P et non point telle ou telle autre personne ». Car une telle pensée ne lui serait accessible que si elle n'avait pas subi l'ablation dont nous avons parlé. Si un loup se présente, la pensée « ce loup me regarde étrangement » lui sera pareillement inaccessible. Dira-t-on au moins qu'elle ne sera consciente que d'un sous-ensemble étroit des phénomènes ? Pas nécessairement non plus. Si elle est incapable de former une pensée altérologique, si elle a perdu le souvenir de telles pensées et si nul ne forme autour d'elle de telles pensées, il n'y a aucune raison de penser que son moi ne puisse enfler jusqu'à enfermer des phénomènes que nous n'avons pas l'habitude de nous attribuer. Parfois, nous voyons notre main trembler et nous pensons : « Qu'est-ce qui m'arrive ? Je tremble ». Si notre personne entend un bruit, si elle voit bouger le feuillage des arbres, si la nuit tombe, pourquoi tout cela ne pourrait-il la concerner étroitement ? Et pour que ce soit plus facile à admettre, imaginons qu'en même temps qu'elle a perdu l'usage de la pensée altérologique, le corps de cette personne est devenu insensible de telle sorte qu'elle est désormais incapable d'être placée dans des états sensoriels ou d'avoir des sensations kinesthésiques. Quel obstacle dès lors à ce qu'elle vive en âme du monde ? Certes, tout ce qui peut être pensable de manière altérologique ne pourra l'être de manière égologique. Elle ne pourra penser que quelque chose s'approche d'elle, elle ne pourra, plus généralement, penser qu'il y a autour d'elle des objets ou des choses. Elle ne pourra donc pas non plus penser qu'elle est elle-même une chose parmi les choses : son point de vue sera vraisemblablement celui d'une conscience solipsiste. Mais il n'y a aucune raison de penser que le fait d'être réduite à la pensée égologique impliquera qu'elle sera enfermée dans son "sens interne". Cette personne percevra un grand nombre des phénomènes auxquels nous sommes attentifs, mais elle les percevra autrement que nous. Elle percevra qu'elle pleut et non point que la pluie tombe. Le fait qu'elle ne soit consciente que d'elle-même signifiera donc simplement qu'elle pensera le monde égologiquement, quoique, n'y ayant pour elle aucun contraste entre le monde et le moi, elle ne *se* pensera pas comme un moi séparé du monde.

Ce que nous suggérons, c'est donc qu'une pensée égologique est simplement un autre type de pensée qu'une pensée altérologique, que penser égologiquement, c'est faire autre chose que penser altérologiquement et qu'on passe nécessairement à côté de la nature d'une pensée égologique, lorsqu'on veut soumettre une telle pensée à la grille d'analyse cognitive et sémantique d'une pensée intentionnellement référentielle. D'une part, c'est un point sur lequel nous avons insisté dans les précédents chapitres, il n'y a pas de contenus egologiques en soi. Dans ce que j'aperçois, il n'y rien qui me dise « je suis à toi ». Comme dit Wittgenstein, tout est sur le même plan, le physique comme le psychique. La matière du monde est sans forme : elle est seulement en puissance de la forme égo- ou altéro-logique. D'autre part, nous pouvons clairement, dans certains cas au moins, opposer de manière plausible, une appréhension égologique et une appréhension altérologique d'un même contenu représentationnel : par exemple « je pleus » et « il pleut »; « je pense » et « ça pense »; « je tremble » et « cette main tremble ». Chaque fois que nous envisageons de telles situations de concurrence, même s'il n'est pas facile de les imaginer, nous percevons que la différence n'est pas analogue à celle qui sépare deux interprétations causales d'un même phénomène, l'une qui l'impute à une cause A et l'autre qui l'impute à une cause B. Elle n'est pas non plus analogue à celle qui sépare la pensée descriptive et la pensée démonstrative d'une même contenu représentationnel. Et la différence vient de ce qu'une pensée égologique n'est pas la pensée qu'un prédicat est instancié par un sujet logique. Et cette différence à son tour a sa source dans le fait qu'une pensée égologique n'est pas en regard du fait qu'elle exprime, mais qu'elle accompagne le déroulement de ce fait.

Celui qui forme une pensée égologique ne pense donc pas, que ce soit descriptivement ou démonstrativement, à un objet qui serait, logiquement, une instance pour des propriétés. Celui qui forme, dans son esprit, une pensée égologique ne pense pas à lui-même, fût-ce démonstrativement. Une pensée égologique n'est pas une pensée instanciante, même réflexive. Une pensée égologique ne peut être mieux décrite que comme une prise de possession et par conséquent il faut reconnaître que le sens de "je" ne consiste pas dans une certaine façon de penser à un objet, mais dans une certaine façon de penser à des prédicats. Si l'on veut décrire cette façon de penser à des prédicats, il nous faut dire qu'elle consiste dans leur articulation égologique, dans leur attribution à "je". Faisons plusieurs fois cet effort. Pensons : « je pleus », « je tonne », « je luis », comportons-nous en âme du monde, pour nous déprendre de nos habitudes aveuglantes. Que faisons-nous ? Nous sommes seulement conscients de ces phénomènes, nous n'apercevons que ces phénomènes, mais notre conscience de ces phénomènes leur associe le "je". Ce n'est évidemment pas le son "je" qui tonne ou qui pleut et notre pensée n'est pas : « le "je" tonne ». Mais avec ce "je", grâce à lui, nous *devenons* nous-mêmes l'instance consciente de ces phénomènes et adoptons un comportement déterminé. Nous devenons *concernés* par ces phénomènes et acquérons, de ce fait même, une disposition à agir ou réagir d'une certaine façon. Le "je" se situe à un carrefour entre la conscience du monde et l'action dans le monde. Il opère la scission entre la contemplation et l'action.

Cette idée est au cœur du célèbre article de John Perry sur le caractère essentiel des indexicaux[1], mais, à mon sens, l'explication que propose Perry des phénomènes qu'il met en avant dans cet article ne fait pas droit à la particularité de "je". D'après Perry, ce serait un trait de *toutes* les pensées indexicales que de posséder un pouvoir motivationnel dont leur doublet altérologique serait dépourvu. Si je sais qu'une menace imminente plane sur SC, je ne bougerai que si je réalise que *je* suis SC. Mais, de même, si on m'avertit que le feu est en train de prendre dans la cave d'une certaine maison, je ne bougerai que si je réalise que le feu est en train de prendre *ici*. Mais pourquoi la pensée « il y a le feu ici » possède-t-elle un pouvoir motivationnel ? Pourquoi *me* fait-elle bouger ? La réponse évidente est qu'elle ne me fait bouger que parce qu'ici = là où *je* me trouve. Supposons que je sache que le feu est en train de prendre ici, mais ne sache pas que je m'y trouve. Pourquoi bouger ? En réalité, cette supposition est clairement impossible à envisager, parce qu'il est impossible de séparer "ici" de "je". En revanche, il n'y aucune impossibilité cognitive à ce que, par exemple, je

1. John Perry, « The Problem of the Essential Indexical », *Noûs*, 13, 1979, p. 3-21, trad. fr. Richard Vallée : « Le problème de l'indexical essentiel » in *Problèmes d'indexicalité*, p. 37-62.

sache que quelque chose a lieu ici, mais ne me rende pas compte qu'il a lieu maintenant, si, par exemple, j'ai perdu non pas seulement la trace, mais le sens du temps. "Ici" est cognitivement indépendant de "maintenant", mais ni l'un ni l'autre ne le sont de "je". Par conséquent, il parait difficile d'associer le pouvoir motivationnel des pensées qui contiennent ces termes à leur seule indexicalité : leur pouvoir motivationnel ne peut s'expliquer que par la connexion cognitive de ces termes avec "je". C'est "je" et "je" seul qui peut nous faire bouger.

Or, nous touchons ici une évidente limite de ce qu'il est possible d'expliquer. Il parait difficile d'expliquer ce pouvoir motivationnel de "je" en le rattachant à sa valeur sémantique puisque celle-ci transcende notre expérience. Ce n'est donc pas le connaissance d'un fait qui nous fait bouger, mais bien ce que nous devenons, ce que nous devenons *réellement* lorsque nous usons du "je". Nous devenons l'instance consciente de certains prédicats et, pour cela même, nous nous déterminons à agir en conséquence. Le fait dont nous sommes un constituant acquiert un pouvoir causal parce qu'il renferme, à titre de constituant adverbial supplémentaire, sa formulation égologique.

Ainsi s'expliquent, croyons-nous, tous les traits par lesquels "je" se distingue des autres indexicaux. Si nul autre que moi ne peut penser « je mets mes bottes », c'est que nul autre que moi ne peut mettre mes bottes. Cette pensée n'est qu'une modification adverbiale de ce phénomène et elle possède donc l'unicité ontologique qui le caractérise. Je ne suis pas le seul à savoir que je mets mes bottes. Autrui, qui me voit faire, pense certainement « tu ou il met(s) ses bottes ». Seul un fait qui serait absolument privé pourrait être pensé par la seule personne qui le connaîtrait. Mais la plupart de nos pensées égologiques sont telles que le fait qu'elles expriment est quelque chose que d'autres peuvent connaître. Et pourtant, même dans ce cas, je suis le seul à pouvoir y penser égologiquement. Or, cela ne vient pas non plus de la manière dont je recueille ces informations, car ma perception de la pluie, ma perception que ma main tremble, quoique je ne sente rien, ne me fait pas accéder d'une manière spéciale et qui m'est propre à ces phénomènes. Si je suis le seul à pouvoir les penser égologiquement, c'est tout simplement qu'en les pensant ainsi *je fais* quelque chose que, par définition, moi seul peut faire puisque, si quelqu'un d'autre le faisait, il ne ferait pas la même chose, numériquement parlant.

L'absence de fonction identifiante des jugements égologiques trouve également à s'éclaircir. Une pensée égologique est une prise de possession et non la discrimination d'un fait. Par conséquent, lorsque je forme une pensée égologique, je ne forme pas une pensée à propos de moi-même, mais je donne forme à ma conscience d'être ou de faire quelque chose. Une pensée égologique ne me permet pas d'identifier tel objet, de le mettre à part de toute une gamme d'objets, comme lorsque j'identifie ce lieu comme étant *ici*, par opposition à toute une gamme d'autres lieux. A la différence des indexicaux, "je", lorsqu'il est employé, ne prend pas son sens à l'intérieur d'un paradigme dessinant un espace logique de référents possibles. Notre conscience égologique solitaire n'aurait jamais besoin d'employer "je" par contraste avec "tu" ou "il".

Cela veut dire que si l'on envisage le "je" du seul point de vue de celui qui l'emploie et en essayant de caractériser la forme de pensée qui est impliquée par cet emploi, alors cette pensée n'est pas référentielle[1]. Du strict point de vue de sa valeur cognitive, "je" n'est ni un nom, ni une description, ni une expression indexicale, mais ce qu'on pourrait appeler un opérateur de subjectivisation. La parenté de "je" avec les autres indexicaux est donc accidentelle ou, du moins, extérieure.

*

A la question : pourquoi pensons-nous égologiquement lors même que le contenu de notre expérience ne renferme aucun constituant égologique, nous proposons donc de répondre que c'est seulement en pensant égologiquement que nous devenons *concernés* par ce qui arrive et que nous pouvons adopter, à l'égard de ce qui arrive, l'ensemble des attitudes et comportements qui font de nous des sujets conscients. Si nous n'étions pas concernés par l'action, si nous n'étions qu'un œil fiché au sommet d'un pieu, nous pourrions tout à fait nous passer du "je". Ce qui justifie donc le "je", ce n'est ni ce qu'il nous permet de représenter, ni, non plus, une certaine façon, démonstrative ou indexicale, de penser à tel aspect saillant de notre expérience. Ce qui justifie le "je", c'est qu'il est ce par quoi un locuteur devient un acteur dans le monde. Les philosophes qui, de l'inapparence du soi, ont conclu à la superfluité du "je", ont simplement méconnu qu'une pensée égologique était, pour celui qui la forme, autant une

1. De ce point de vue, la thèse formulée par E. Anscombe dans « The First Person » est donc correcte. Toutefois, la non-référentialité du "je" ne vient pas, comme elle le soutient, de ce qu'il n'y a pas de description identifiante du référent qui accompagne l'usage de "je". La cause en est, plus généralement, que l'usage de "je" ne requiert aucune forme de pensée d'un objet, que cette pensée soit descriptive ou démonstrative. La thèse d'E. Anscombe est donc correcte si l'on admet que, dans le cas de "je", la valeur cognitive de ce terme ne consiste pas dans une certaine façon de penser à son référent. Mais "je" possède cependant une valeur sémantique, même si c'est à l'insu du locuteur.

manière de penser qu'une manière d'exister ou, si l'on préfère, une manière de penser qui est une manière d'exister. Si une pensée égologique n'était, comme n'importe quelle pensée altérologique, que la représentation d'un fait, la présence du "je" serait, dans un grand nombre de cas, superflue. Mais une pensée égologique n'est pas, ou pas cognitivement, la représentation d'un fait. En formant une pensée égologique, nous ne nous contentons pas de « représenter » des faits ou de penser au contenu de notre expérience : nous *devenons* ce que nous pensons égologiquement que nous sommes. Le "je" trouve donc, dans ce devenir-sujet de l'égologue, sa justification transcendantale.

CHAPITRE V

VIVRE SANS "JE"

Épicure était célèbre, dans l'Antiquité, pour s'être laissé aller à ce que tout philosophe sérieux devrait s'interdire de faire : introduire des principes pour se faciliter la tâche. Épicure était embarrassé par le problème des futurs contingents : il se tira d'affaire en niant tout simplement que des propositions portant sur le futur ou même une disjonction de telle propositions eussent une valeur de vérité déterminée. De même, embarrassé pour expliquer l'ordre du monde à partir de son hypothèse d'atomes tombant en ligne droite dans le vide, il déclara « que l'atome, alors qu'il suit la ligne droite assignée à la chute par la pesanteur, s'en écarte légèrement[1] ». Quelques lecteurs seront peut-être d'avis qu'en proposant de dissocier la valeur cognitive et la valeur sémantique du "je" au point de les rendre totalement indépendantes l'une de l'autre, nous avons cédé à une facilité de même nature[2]. Là où la tradition a peiné à comprendre comment le sujet pouvait être un objet pour lui-même, là où certain auteurs contemporains s'efforcent de résoudre, à force d'ingéniosité, ce qu'ils baptisent « le paradoxe de la conscience de soi », n'est-ce pas se tirer à bon compte de la difficulté que de soutenir qu'une pensée égologique n'est tout simplement pas une pensée objective ou intentionnellement référentielle et qu'en disant "je", on ne pense pas à soi ? Que le lecteur m'accorde cependant encore un peu de son attention : car il me semble qu'à la différence des "solutions"

1. Cicéron, *De natura deorum*, I, xxv, trad. C. Apphun, Paris, Garnier, 1935, p. 65.

2. Et peut-être la conclusion de Cicéron dans son exposé de la physique d'Épicure leur viendra-t-elle à l'esprit : « On s'étonne qu'un haruspice puisse ne pas rire quand il voit un autre haruspice ; il est encore plus surprenant que vous puissiez vous tenir de rire quand vous êtes plusieurs épicuriens ensemble », *De natura deorum*, I, xxvi, trad. cit., p. 67.

épicuriennes, la thèse générale qu'on vient d'avancer peut être mise à l'épreuve et, avec elle, les considérations sur *l'elusiveness of the self* dont elle est solidaire.

Admettons en effet que le "je" ne serve, ni à représenter quelque aspect saillant de notre expérience, ni même, dans la plupart de ses emplois, à faire référence au locuteur en tant que porteur ontologique d'une partie du contenu de cette expérience. Il devrait d'abord s'ensuivre que tout ce que nous exprimons egologiquement devrait pouvoir être ré-exprimé dans un langage purement altérologique, sans qu'il y ait la moindre perte *quant à la représentation des faits.* Ce que nous avons appelé "un œil fiché dans un pieu", c'est-à-dire une conscience contemplative qui se bornerait à *représenter le contenu* de son expérience, pourrait, comme l'a soutenu Wittgenstein, s'accommoder d'un langage purement impersonnel.

Mais, à l'inverse, s'il est vrai que le "je" ne trouve sa raison d'être que dans ce que son usage permet à l'égologue de *devenir*, il devrait également s'ensuivre qu'une conscience qui serait privée du "je" devrait être incapable des *comportements* que nous ne pouvons adopter que parce que nous *devenons* ce que nous pensons égologiquement. Si le "je" est la condition de possibilité de la subjectivité, vivre sans "je" devrait nous empêcher de *vivre* "subjectivement" et par conséquent devrait nous empêcher de nous *comporter* comme le fait un "sujet".

Plus généralement, si la subjectivité, c'est-à-dire le fait d'être et de se comporter comme un sujet, dépend de la présence, dans le langage que nous utilisons, d'un instrument linguistique idoine, alors il devrait s'ensuivre que nous ne serions pas des sujets si notre langage avait été purement altérologique. Un langage qui n'offrirait pas à ses locuteurs l'équivalent du pronom de la première personne ne leur permettrait pas d'exister subjectivement. Et si on admettait qu'un tel langage fût possible, cela voudrait dire que le fait que nous soyons des sujets, que nous ayons une « vie intérieure » et autres particularités de ce genre, serait quelque chose de contingent de telle sorte que l'on pourrait parfaitement concevoir à la fois un langage et, lié à celui-ci, des formes de vie qui seraient dénuées de ce que nous connaissons sous le nom de subjectivité et d'existence subjective.

On peut donc, je crois, imaginer une sorte d'*expérience cruciale* propre à décider du rôle exact du pronom de la première personne : cette expérience consisterait, pour les égologues que nous sommes, à tenter de nous glisser dans l'esprit d'une conscience impersonnelle. Installés dans l'esprit d'une telle conscience, nous pourrions, d'un côté, essayer de confirmer que l'égologie ne peut être expliquée par le contenu de notre expérience, s'il apparaissait que nous pouvions décrire et exprimer le contenu de cette expérience sans le concours du "je". Mais nous pourrions aussi, d'un autre côté, mettre en évidence le rôle joué par notre aptitude à la pensée égologique en mettant en relief la différence qui devrait séparer la vie et le comportement d'une conscience impersonnelle de ceux d'une conscience subjective. En identifiant les pensées et les comportements qui devraient être inaccessibles à une telle conscience, nous aurions par là même déterminé quelles sont, parmi toutes nos pensées égologiques, celles que nous ne devons de pouvoir former qu'à la présence, dans notre langage, du pronom de la première personne.

C'est donc à un tel exercice d'impersonnalisation que nous allons nous livrer maintenant, en exploitant certaines suggestions faites par Wittgenstein aux § 57-58 de ses *Remarques philosophiques*. De tous les partisans de la *No-Owner Theory* Wittgenstein est en effet le seul à avoir envisagé avec un peu de précision ce que pourrait être un langage débarrassé du pronom de la première personne. Toutefois, comme je vais le rappeler d'abord, les intentions de Wittgenstein, en envisageant cette possibilité, n'étaient pas celles qui nous animent. Wittgenstein a purement et simplement voulu montrer que le "je" était superflu. Mais en réalité, le "je" n'est nullement superflu, puisque, comme nous allons le voir, il y a clairement des formes d'action et de vie qui seraient inaccessibles à une conscience purement impersonnelle.

1. *L'anégologie de Wittgenstein*

Quel était tout d'abord l'idée de Wittgenstein en affirmant que « le mot "je" fait partie de ces mots que l'on peut éliminer de la langue »[1] ? La réponse, je crois, n'est pas difficile à trouver : Wittgenstein était simplement convaincu que le mot "je" était dénué de toute référence, mais que sa présence, dans notre langage, nous donnait l'illusion d'une référence et était, pour cela, à la source de doctrines philosophiques erronées. En supprimant ce mot ou, du moins, en montrant qu'il était possible de le supprimer, on pouvait donc dissoudre l'illusion ontologique dont les philosophes de l'ego avaient été victimes.

A proprement parler, on ne peut dire, *a fortiori* démontrer, que le "je" est dénué de référence : nous avons vu que "je" possédait une référence, que "je" était un terme référentiel et aucun argument *valide* ne peut donc prouver le contraire. Ce que nous avons en revanche essayé de mettre en évidence, c'est que la référence *directe* de "je" n'est pas ce qui motive son emploi puisque tout se passe comme si l'égologue exprimait, à son insu, un fait

1. *Wittgenstein et le Cercle de Vienne*, trad. G. Granel, Mauvezin, T.E.R., 1991, p. 18.

égologique. Si l'on restreint donc la thèse de Wittgenstein à ce que nous avons appelé la « valeur cognitive » du "je", il reste donc vrai de dire qu'une pensée égologique n'est pas une pensée intentionnellement référentielle et c'est en ayant cette restriction à l'esprit qu'il faut comprendre les arguments de Wittgenstein. Le plus délicat est toutefois de parvenir à bien identifier ces arguments. On peut en distinguer au moins deux, l'un qu'il avance dans les *Carnets* et le *Tractacus* et qui est à tout point de vue insuffisant et l'autre, désormais classique, qu'on rencontre dans ses écrits à partir des années 29-30, c'est-à-dire dans cette période qui le conduit aux positions qu'exprimeront les *Investigations philosophiques.*

Dans le *Tractacus*, Wittgenstein affirme que les constituants d'une proposition doivent être reliés comme par des antennes aux éléments constituants des états de choses pour que la proposition en soit un tableau logique[1]. La thèse de Wittgenstein concernant le "je" est donc qu'il n'y nul objet auquel le "je" puisse être coordonné. « Le sujet, affirme Wittgenstein, n'appartient pas au monde[2] », « le Je n'est pas un objet[3] », « il n'y a pas de sujet de la pensée, de la représentation[4] ». Quel est toutefois l'argument[5] que Wittgenstein avance, dans les *Carnets*, comme dans le *Tractacus*, en faveur de cette thèse selon laquelle le "je" n'est pas représentativement coordonné à un objet ? L'argument principal est une analogie, plusieurs fois mentionnée, entre le rapport du sujet au monde et le rapport de l'œil au champ visuel : « Rien dans le champ visuel ne permet de conclure qu'il est vu par un œil »[6]. De même que l'œil qui voit, ni n'est vu, ni n'est visuellement annoncé dans ce qu'il voit de telle sorte qu'il puisse être inféré de ce qui est vu, de même le sujet ni n'est aperçu, ni n'est annoncé par quelque signe qui permettrait d'en faire une entité inférée.

Nous avons vu comment la théorie "écologique" de la perception pouvait conduire à rejeter cet argument, à moins, comme semble le faire Wittgenstein, de considérer le sujet comme une conscience purement contemplative, à la manière d'un œil fiché dans un pieu. Si l'on concède

1. *Tractacus*, § 2. 1515, trad. p. 39.
2. *Tractacus*, § 5. 632, trad. p. 94.
3. *Carnets*, 7 Août 1916, trad. p. 150.
4. *Tractacus*, § 5. 631, trad. p. 93.
5. Chercher d'authentiques arguments chez le Wittgenstein de cette période est une entreprise particulièrement délicate : « Je lui ai dit qu'il ne devrait pas se contenter d'énoncer ce qu'il pense être vrai, il lui faudrait aussi le démontrer à l'aide d'arguments ; mais il m'a répondu que ceux-ci en gâcheraient la beauté et qu'il aurait l'impression de salir une fleur avec des mains pleines de boue. » Lettre de Russell à Lady Ottoline Morell, 28 mai 1912, citée par B. Mc Guinness, *Wittgenstein*, trad. fr. Y. Tenenbaum, Paris, Le Seuil, 1991, p. 135.
6. *Tractacus*, § 5.633, trad. p. 94.

donc à Wittgenstein cette restriction, nous pouvons considérer que l'analogie du champ visuel condense, dans le *Tractacus*, la thèse humienne de *l'elusiveness of the self* et qu'elle signifie donc qu'il n'y a pas de justification informationnelle du "je". Wittgenstein affirmerait que le "je" n'est pas référentiel parce qu'il n'y a nul élément saillant de mon expérience auquel il puisse être associé. Le problème, nous l'avons déjà noté, est que l'absence de justification informationnelle du "je" ne suffit pas à prouver qu'il n'est pas référentiel. Ce n'est le cas que si l'on admet que le référent d'une pensée doit nécessairement nous être informationnellement accessible ou si l'on admet qu'une pensée d'un objet ne peut être formée par nous qu'à la condition que nous ayons un accès perceptif à cet objet, que nous soyons, par exemple, dans une relation d'*acquaintance* avec lui [1].

Wittgenstein a-t-il souscrit, dans le *Tractacus,* à une telle *épistémologie* de la référence ? S'agissant au moins de la théorie du sujet, la réponse ne peut être qu'affirmative. D'un côté en effet, Wittgenstein a affirmé, cela est bien connu, que si le sujet n'appartient pas au monde, il est cependant « une frontière du monde [2] » et a positivement mentionné un sujet « métaphysique [3] ». Jusque là, on pourrait donc conclure que l'absence de justification informationnelle du "je" n'entraîne pas l'absence de référence puisqu'il pourrait, en principe, être possible de faire référence à ce sujet « métaphysique », quoiqu'on n'y ait nul accès informationnel. "Je", dans « j'ai mal » ou « je pense » pourrait faire référence à ce sujet transcendant. Mais il est impossible de prêter cette doctrine à Wittgenstein puisqu'on sait qu'il a explicitement identifié le « monde » avec l'ensemble des faits dont nos pensées pouvaient être les images logiques [4]. Autrement dit, les référents de nos pensées appartiennent nécessairement au monde. Par suite, la formule « le sujet n'appartient pas au monde » signifie que "je" n'a pas de référent et que, s'il y a un sujet "transcendant", ce n'est pas de lui dont il est question lorsque nous faisons usage du "je". Si donc c'est bien l'argument en faveur de l'*elusiveness of the self* qui a conduit Wittgenstein à la conclusion que le "je" n'a pas de référent, on est obligé d'admettre que, dans le *Tractacus*, Wittgenstein a identifié le monde avec le contenu de

1. C'est ce que Gareth Evans appelle « le principe de Russell » (*The Varieties of Reference,* p. 89) dont on trouve, par exemple, une occurrence dans les *Problèmes de philosophie :* « Toute proposition que nous pouvons comprendre doit être composée uniquement de constituants dont nous avons l'expérience directe. », trad. F. Rivenc, Paris, Payot, 1989, p. 81.

2. *Tractacus*, § 5. 632, trad. p. 94.

3. *Tractacus*, § 5. 641, trad. p. 95.

4. *Tractacus,* § 2. 063, trad. p. 38.

notre *expérience*, sinon actuelle, du moins possible[1] et qu'il a tacitement admis que nous ne pouvions faire référence à un objet qu'à la condition que celui-ci nous soit empiriquement accessible[2]. C'est du moins seulement ainsi que les arguments tirés de l'analogie du champ visuel peuvent impliquer que le "je" n'a pas de référent[3].

La relative faiblesse de cet argument vient, comme nous l'avons déjà noté, de ce qu'on peut rejeter l'identification du monde avec le contenu de l'expérience[4] et nier par conséquent que l'*elusiveness of the self* entraîne la

1. Il y a quatre occurrences du mot « expérience » dans le *Tractacus*. Deux d'entre elles (§ 6. 1222 et 6. 363) désignent un certain type de *preuve*, lorsqu'on affirme qu'une proposition est prouvée par expérience. Au § 5. 552, Wittgenstein se borne à nier que nous ayons une expérience des lois logiques, ce qui toutefois peut impliquer que nous avons une expérience de tout ce qui n'est pas logique. Seul le § 5. 634 emploie le mot expérience au sens kantien pour désigner l'ensemble des objets en tant qu'ils sont pour un sujet. Cette seule occurrence, dans le contexte des développements sur le sujet, suffit cependant à conforter notre conjecture.

2. Dans le *Tractacus*, Wittgenstein dégage les conditions pour qu'une pensée soit possible, autrement dit pour qu'un tableau logique soit possible. Ces conditions ne font pas intervenir les circonstances dans lesquelles une pensée se trouve effectivement formée par une conscience, mais des réquisits formels comme l'isomorphisme entre la proposition et les états de choses ou entre la forme logique et la forme du monde. Toutefois s'il est vrai de dire, comme Jacques Bouveresse, que « le *Tractacus* nous oblige à concevoir une pensée sans sujet pensant », *Le mythe de l'intériorité*, Paris, Minuit, 2e éd., 1987, p. 184-185, on ne peut exclure que la doctrine du *Tractacus* puisse être complétée par une doctrine des conditions permettant qu'une pensée soit effectivement « saisie » par une conscience. Or il semble bien que ce soit un tel argument épistémologique qui joue un rôle crucial dans la doctrine du sujet que l'on trouve dans le *Tractacus*. Il ne suffit donc pas de vouloir écarter toute considération épistémologique pour y parvenir.

3. Ce n'est sans doute pas une conjecture bien audacieuse que d'affirmer que Wittgenstein, au moins à l'époque du *Tractacus*, a identifié tacitement le monde avec le contenu de notre expérience. Comment comprendre, sinon, que le monde soit « mon monde » ? « Le Je fait son entrée dans la philosophie grâce à ceci : que "le monde est mon monde" » (§ 5. 641). Et que peut bien signifier une telle formule sinon, précisément, que le monde est le contenu d'une expérience? Mais que le monde soit le contenu d'une expérience, que « le monde et la vie ne [fassent] qu'un » (§ 5.63), cela ne constitue en même temps aucun trait immanent du monde, cela ne se marque par aucune caractéristique phénoménale des objets rencontrés dans le monde. Par conséquent, c'est là quelque chose que la doctrine du *Tractacus* nous amène à voir en même temps qu'elle nous enseigne qu'il est impossible d'en rien dire.

4. Que l'on songe simplement à ce que Frege dit des nombres, dont nous n'avons nulle représentation, auxquels nous n'avons d'autres accès que logique, mais qui sont à ses yeux cependant bien réels. Cf. *Les Fondements de l'Arithmétique*, trad. C. Imbert, Paris, Le Seuil, 1969, § 58 et 62.

non-réfentialité de "je"[1]. C'est notamment tout le sens de la théorie contemporaine de la référence directe que de rejeter l'épistémologie de la référence impliquée par le « principe de Russell ». Si l'on admet donc que la référence de "je" est une référence *directe*, l'*elusiveness of the self* interdit de conclure que le "je" est facultatif. On peut donc à première vue trouver plus solide l'argumentation avancée par Wittgenstein, à partir des années trente[2], argumentation qui repose sur la distinction, que nous avons déjà mentionnée, entre les usages "objectifs" et "subjectifs" du "je"[3]. Comme nous l'avons vu, ce contraste illustre, selon Wittgenstein que, dans ses emplois "subjectifs", "je" ne sert pas à identifier un objet. Lorsque je dis : « Je crois qu'il va pleuvoir », ma pensée n'est pas qu'il y a quelqu'un qui pense qu'il va pleuvoir et que ce quelqu'un, c'est moi. Il n'y a pas d'alternatives possibles à cette affirmation, comme : « ce n'est pas moi qui croit qu'il va pleuvoir, c'est X ». D'après Wittgenstein, l'erreur des philosophes qui, comme Descartes, ont pensé que "je" dénotait une substance pensante, c'est dès lors d'avoir cru que "je" avait, dans « je crois que p », le même rôle que dans « j'ai le bras cassé ». Et comme le mot "je" dans le premier cas ne pouvait servir à identifier un corps déterminé, ils en ont conclu qu'il servait à identifier une substance pensante déterminée :

> Ainsi peut-on penser que dans le cas où "je" n'est pas employé pour reconnaître quelqu'un par son aspect physique, mais s'emploie comme sujet, nous avons l'impression que ce mot nous renvoie à une chose incorporelle, mais qui est installée dans notre corps. cette chose nous semble en fait être le véritable *ego* celui dont on a dit : *cogito, ergo* sum. [...] L'unique fondement de la proposition selon laquelle ce qui souffre, ce qui voit ou ce qui pense est d'une nature mentale, nous

1. Dans *Being Known*, au chapitre 6 (« Self-Knowledge and Illusions of Transcendance »), Christopher Peacocke avance un argument différent de celui de Frege : pour considérer que "je" est un terme référentiel, même lorsque l'expérience ne contient rien que l'on puisse coordonner au "je" (dans ce cas, Peacocke parle d'une « pensée représentationnellement indépendante » p. 265), il n'est pas nécessaire d'admettre l'existence d'une entité qui transcenderait nos capacités de connaître. Il suffit d'invoquer cette « vérité *a priori* » selon laquelle, lorsque l'occurrence d'une expérience est la raison pour laquelle un sujet s'auto-attribue cette expérience, alors "je" ne peut faire référence qu'au propriétaire de cette expérience. Mais celui qui fait une telle expérience a-t-il quelque raison de penser qu'il* fait cette expérience ? N'est-on pas victime, dans le développement de ce que Peacocke appelle « *delta accounts* », d'une influence inaperçue de la pensée en troisième personne sur le compte-rendu d'une pensée en première personne ?

2. Cf. dans le *Cahier bleu*, les pages 93 à 137, dans la traduction de G. Durand, *op. cit.* C'est la même ligne d'argumentation que l'on retrouvera dans les écrits ultérieurs, notamment dans les §§ 403 à 410 des *Investigations philosophiques*.

3. *Cahier bleu*, trad. p. 126.

> le découvrons dans le fait que le mot "je" dans l'expression "je souffre" ne désigne pas un corps particulier, car il nous est impossible de substituer à ce "je" la description d'un certain corps [1].

De la même manière, l'erreur des philosophes solipsistes ou fascinés par les assertions solipsistes, c'est d'avoir pensé qu'en insistant sur le "je" dans « je vois ce rouge », ils mettaient l'accent sur le fait que cette vision d'une tache rouge était la vision d'une personne déterminée, que c'était, pour cette raison, une vision déterminée et particulière : ma vision du rouge, ce rouge que je suis le seul à voir, cette vision du rouge que nulle autre ne peut avoir. Mais de telles conséquences n'auraient été légitimes que si, précisément, le "je", dans « je vois ce rouge » avait eu un « usage objectif », avait servi à identifier une personne particulière. Or, ce n'est précisément pas son rôle, ce que prouve, selon Wittgenstein, l'impossibilité de toute erreur d'identification dans le cas de « je vois du rouge » et donc l'impossibilité que "je" puisse être remplacé par le nom d'une autre personne :

> Lorsque je dis "j'ai des douleurs", je ne désigne pas une personne qui a des douleurs puisqu'en un certain sens je ne sais pas du tout *qui* en a. Et ceci peut se justifier. Car, avant tout, je ne dis pas que telle ou telle personne a des douleurs, mais que "moi j'ai...". Or, par là, je ne nomme aucune personne. Pas plus que je ne nomme qui que ce soit du fait que je *gémis* de douleur. Bien que d'autres puissent reconnaître aux gémissements *qui* a des douleurs [2].

Si le mot "je" est facultatif, c'est donc parce qu'il ne sert pas à identifier un objet déterminé, parmi une gamme d'autres objets possibles : il ne joue pas le rôle d'un nom d'objet. Et s'il est fallacieux, c'est parce qu'il est à la racine de la croyance des philosophes en l'existence d'une substance pensante aussi bien qu'à la source des mirages solipsistes.

A nouveau, nous pouvons noter que ces arguments wittgensteiniens n'entraînent pas la non-référentialité de "je", si l'on admet que la référence puisse, dans le cas de "je", être directe. En revanche, à la différence de l'argument tiré de la seule *elusiveness of the self*, ces arguments impliquent bien que la valeur cognitive du "je" ne se confond pas avec un quelconque mode de présentation de son référent. On peut donc comprendre les arguments de Wittgenstein comme signifiant qu'une pensée égologique n'est pas une pensée intentionnellement référentielle, que la visée d'un objet n'est pas ce qui caractérise une telle pensée et que, du point de vue du seul locuteur d'une pensée égologique, le "je" n'est pas un terme référentiel

1. *Cahier bleu*, trad. p. 130 et 137.
2. *Inv. ph.*, § 404, trad. p. 250.

puisque la valeur sémantique d’une pensée égologique n’est pas accessible au locuteur d’une telle pensée.

2. *Comment se passer du* Je ?

Cela suffit-il à prouver que le “je” est superflu ? C’est au moins ce que Wittgenstein semble avoir cru, puisque c’est en vertu des arguments que nous venons de rappeler qu’il s’est proposé de montrer, dans les *Remarques philosophiques*, comment on pouvait éradiquer le “je” de notre langage. L’exercice, il faut toutefois le souligner, est purement philosophique, c’est-à-dire thérapeutique. Il ne s’agit que de mettre à jour la vacuité référentielle du “je” à titre de remède aux chimères philosophiques qui se nourrissent d’une fausse interprétation de la grammaire du “je”. Wittgenstein n’a évidemment jamais prétendu que, dans ses emplois ordinaires, l’égologie était fallacieuse. Le langage, tel qu’il est, est en ordre et s’il faut parfois imaginer comment on pourrait le réformer, ce n’est pas tant pour l’améliorer que pour empêcher qu’on ne le gâte en le faisant tourner à vide.

Comment pourrait-on donc se passer du “je” ? Comme on peut s’en douter, il ne suffit pas d’en proscrire l’usage. S’il est vrai que « le mot “je” fait partie de ces mots que l’on peut éliminer de la langue », on ne peut l’éliminer, sans plus, comme on ferait d’une tournure redondante ou d’un tic de langage comme « quelque part », ou « heu ! ». En le retirant du langage, il faut modifier celui-ci, ne serait-ce que parce que le mot “je” occupe la position syntaxique fondamentale de sujet grammatical et qu’il faut donc rendre un sujet aux phrases dont on soustrait le “je”. Que faut-il donc mettre à la place de “je” dans « j’ai mal », « je crois que p », « j’ai le bras cassé », etc. ?

La stratégie suggérée dans les *Remarques philosophiques* est la suivante :

> Si moi, LW, ai mal aux dents, cela s’exprimera par la proposition “il y a mal au dents”. Le cas se produit-il qui s’exprime par la proposition “A a mal aux dents”, on dira “A se comporte comme LW quand il y a mal aux dents”. De la même façon, on dira “cela pense” et “A se comporte comme LW quand cela pense”. (On pourrait imaginer une tyrannie orientale dans laquelle le langage est ainsi constitué que le tyran est le centre de celui-ci et que son nom se trouve à la place de LW). Il est clair que cette façon de s’exprimer, en ce qui touche à son univocité et à sa compréhensibilité, est de

> valeur égale à la nôtre. Mais il est tout aussi clair que ce langage peut avoir pour centre n'importe qui[1].

Dans ce texte, Wittgenstein évoque, on le voit, deux usages « subjectifs » de "je", le "je" de « j'ai mal », et le "je" du « je pense » cartésien. On se concentrera pour l'instant sur le seul jugement « j'ai mal » qui nous servira d'illustration privilégiée.

La dissociation des prédicats

La stratégie d'éradication du "je" adoptée par Wittgenstein est en partie inspirée de la célèbre suggestion de Lichtenberg[2]. Si nos états sensoriels, tels que nous les appréhendons nous-mêmes, sont sans sujet, l'expression la plus adéquate que l'on puisse adopter pour exprimer le contenu de cette aperception est une expression impersonnelle du type : « Il y a de la douleur ». Le plus convaincant serait toutefois de pousser encore un peu la ressemblance avec des tournures comme « il pleut », « il neige », en imaginant que nos différents états sensoriels soient exprimés par des verbes, ce qui donnerait des tournures comme « il dolorise » ou « il tristise ». Que le lecteur fasse un petit effort d'imagination : qu'il se représente qu'il a grandi dans un monde où les gens ne disent pas « j'ai mal », mais « il dolorise », etc. Il verra, je crois, que la première variété de jugements égologiques que nous avons distinguée, celle des jugements sensoriels, pourrait parfaitement trouver une telle traduction altérologique. Nous appréhenderions la douleur comme nous appréhendons la pluie et de même que, lorsqu'il pleut, nous adoptons un certain comportement, lorsqu'il dolorise, nous adopterions aussi un comportement déterminé. Ne serions-nous pas déjà amputé d'une bonne part de notre actuelle « intériorité » ?

Il y a toutefois une différence entre la douleur et la pluie, qui explique les contorsions linguistiques auxquelles Wittgenstein a recours dans le texte précité. Cette différence n'est pas du tout, comme on pourrait le penser, que la douleur est quelque chose qui peut avoir lieu dans différents corps de telle sorte que seul le corps dans lequel elle a lieu peut en être informé ou directement informé. D'une part, la pluie est aussi quelque chose qui peut survenir en différents endroits et en conséquence, elle est aussi quelque chose qui, pour cette raison, ne peut être perçu par quelqu'un que s'il se trouve à cet endroit. Mais on pourrait en outre imaginer que la pluie devienne un événement très localisé et très discret, de petits nuages d'une pluie invisible, détectable à la seule moiteur éprouvée par le corps,

1. *Rem. ph.*, § 58, trad. p. 87. Cf. en outre le § 403 des *Inv. ph.*, trad. p. 250.

2. Cf. *supra*, introduction, p. 12, note 3.

s'installant juste au dessus d'une personne et la suivant partout. Les personnes que ces petits nuages suivraient comme leur ombre continueraient de dire « il pleut », cette expression aurait approximativement le même sens qu'elle a pour nous, mais l'événement décrit par cette expression serait tel qu'il ne serait perceptible que par la personne sur laquelle il pleuvrait.

La différence grammaticale entre la douleur et la pluie vient donc moins de la restriction de l'accès à l'événement "douleur" que du contraste qui semble exister entre « j'ai mal » et « tu as mal » ou « Untel a mal ». En quoi consiste ce contraste ? Il découle de la thèse de Wittgenstein sur l'usage « subjectif » de "je". Si le "je" dans « j'ai mal » ne dénote pas une personne déterminée, ne joue pas le rôle d'un nom et peut donc, pour cette raison, être remplacé par une tournure impersonnelle, *tu* ou, a fortiori *Untel* dénotent en revanche une personne déterminée et expriment donc *qui* a mal. Il est donc déjà impossible de remplacer ces tournures par des formulations impersonnelles. Ce qui est dit par « Untel a mal » ne peut l'être qu'en préservant la dualité du sujet et du prédicat.

La solution adoptée par Wittgenstein consiste donc à considérer qu'en disant « j'ai mal » et « Untel a mal », l'identité du prédicat n'est qu'apparente. En effet, dans un cas, le prédicat représente un *événement* impersonnel au lieu que, dans l'autre cas, il représente un *attribut*, quelque chose qu'une certaine personne a ou possède. C'est ce qu'exprime Wittgenstein au § 302 des *Investigations philosophiques* :

> Dès qu'on doit imaginer la douleur d'autrui sur le modèle de la sienne propre, ce n'est pas chose si aisée puisque je dois imaginer des douleurs que *je ne ressens pas* sur le modèle des douleurs que *je ressens*. C'est-à-dire ce que je dois faire, ce n'est pas seulement de faire une transition d'un lieu de douleur dans un autre. Comme d'une douleur à la main à une douleur au bras. Car je ne vais pas m'imaginer que je ressens de la douleur dans un endroit quelconque de son corps (Ce qui serait également possible).

Comme l'a très bien vu Kripke[1], la difficulté n'est pas qu'en ayant appris l'usage du concept de douleur dans mon propre cas, j'aurais quelque embarras à l'appliquer à un autre cas. Il n'y aurait alors rien de spécifique au concept de douleur, puisque tous les concepts sont également appris à la faveur de leur application à certains cas paradigmatiques et sont ensuite

1. *On Rules and Private Language*, Oxford, Basil Blackwell, 1982, p. 114-145, trad. fr. Thierry Marchaisse, *Règles et langage privé*, Paris, Le Seuil, 1996, p. 133-166.

transférés à d'autres cas plus ou moins dissemblables des premiers [1]. La difficulté propre au concept de douleur (et à tous les concepts de ce type) vient plutôt de ce que la douleur que j'apprends à connaître dans mon propre cas se présente à moi comme un événement impersonnel et non pas du tout comme quelque chose que je m'aperçois avoir :

> Je n'ai connaissance d'aucun "moi" dans mon propre cas, et encore moins d'un concept générique de "soi" qui inclurait tout à la fois les "autres" et "moi". Je n'ai donc *a fortiori* aucune idée de ce que pourrait être "l'avoir" comme relation entre un "moi" et la rage de dents [2].

Autrement dit ma douleur n'est pas quelque chose que *j'ai*, quelque chose que la personne que je suis *possède :* ma douleur n'est ni éprouvée, ni connue comme quelque chose qui appartiendrait à quelque chose ou à quelqu'un. A l'inverse, lorsque je juge que Untel a mal, ce que je lui prête est un état qu'il est censé *avoir*, qu'il est censé *posséder* et là est donc la difficulté : comment ce que je connais impersonnellement peut-il en outre être connu "personnellement" ? Comment ce qui est dans un cas *événement* peut-il être, dans l'autre cas, *attribut ?* Pour bien voir la difficulté, imaginons qu'à côté des tournures comme « il pleut », nous ayons aussi l'usage de tournures comme « tu pleus » ou « Untel pleut ». Comment le prédicat qui entrerait dans des tournures impersonnelles et celui qui entrerait dans des tournures "personnelles" pourraient-ils être considérés comme le même prédicat? Or, pour Wittgenstein, « j'ai mal » est équivalent à « il dolorise ».

La solution adoptée par Wittgenstein consiste donc à distinguer deux prédicats, celui qui décrit un événement impersonnel (« j'ai mal » = « il dolorise ») et un second prédicat décrivant la seule chose qui puisse l'être sans contradiction ou tension : le comportement d'autrui (« il a mal » = « il se comporte comme moi lorsque j'ai mal »). En effet un comportement est quelque chose qui est toujours possédé, quelque chose, notamment, que moi-même je possède, quelque chose qui ne survient donc pas en moi de manière impersonnelle. Rappelons-nous en effet qu'il y a aussi, pour Wittgenstein, des usages « objectifs » de "je". Or, dans chacun de ces emplois, "je" dénote une personne déterminée et peut donc être remplacé par une description ou un nom de cette personne. Par conséquent, un comportement que je connais sur mon propre cas est parfaitement transférable à autrui dès lors qu'il est quelque chose que je possède, c'est-à-dire que je =

1. C'est même ce délicat transfert qui à l'origine du « paradoxe de Kripkenstein ».
2. Kripke, *op. cit.*, p. 125 [144].

SC possède (« Je = SC se tord de douleurs ». « Non, ce n'est pas moi = SC, c'est LW »). Donc, d'après Wittgenstein, la seule chose que je *puisse* (grammaticalement) dire d'autrui, c'est qu'il se comporte comme je me comporte et non qu'il éprouve ce que j'éprouve, parce que si le premier "je" dénote une personne déterminée, le second n'est que l'habillage rhétorique d'un contenu qui est impersonnel.

Ne concluons évidemment pas de là que Wittgenstein aurait nié la réalité de sentiments comme la sympathie[1]. Ce qu'il a nié, c'est que l'on puisse *décrire* ces sentiments comme consistant à imaginer qu'autrui éprouve ce que j'éprouve lorsque j'ai mal. Car ceci est grammaticalement dénué de sens : c'est comme si, à partir de « il pleut », on disait quelque chose comme « tu il pleut ». Ici le non sens serait apparent. Il ne l'est pas dans « tu éprouves ce que j'éprouve quand j'ai mal », mais c'est pourtant un non-sens du même acabit. Ce qui est plus juste, selon Wittgenstein, c'est de décrire le sentiment de sympathie comme consistant à s'imaginer éprouver de la douleur dans tel ou tel endroit du corps d'autrui[2]. Voilà qui n'a rien de grammaticalement transgressif : s'il peut à Paris, je peux très bien imaginer qu'il pleut à Moscou. Dans le cas de la sympathie, tout se passe donc comme si je jugeais : « il dolorise dans ce corps », fixant mon attention sur le corps d'autrui :

> Si je plains autrui parce qu'il a des douleurs, je me représente bien les douleurs, mais je me représente que c'est *moi* qui les ai[3].

Nous sommes maintenant en mesure de comprendre un premier aspect de la construction apparemment complexe que Wittgenstein imagine pour se défaire du "je". Dans chacun de ses usages « subjectifs », "je" peut être remplacé par une tournure impersonnelle, selon la suggestion de Lichtenberg. Mais il n'est pas possible de s'en tenir là. Nous serions sinon dans la situation que nous évoquions tout à l'heure, celle d'un voisinage entre une tournure impersonnelle comme « il pleut » et des tournures comme « tu pleus », « Untel pleut ». Si l'on touche au "je", il faut donc aussi toucher aux tournures qui semblent former avec le "je" une même classe de substitution. Or il n'est évidemment pas possible de remplacer l'ensemble des "sujets" alternatifs par une unique tournure impersonnelle.

1. Cela suffirait sinon à le réfuter.

2. Ce qui, Wittgenstein y insiste, ne signifie pas « éprouver la douleur d'autrui ». Il est (grammaticalement) impossible que j'éprouve ta douleur dentaire, mais c'est seulement un fait empirique que je n'éprouve pas une douleur dans ta dent. Par conséquent je puis imaginer que j'éprouve une douleur dans ta dent.

3. *Rem. ph.*, § 65, trad. p. 92.

En effet, hormis le “je”, toutes les autres expressions servent à identifier des objets déterminés et il y aurait évidemment une perte d’information empirique si le langage impersonnel que l’on forge devenait incapable de faire une place logique à une certaine gamme d’objets. La solution, c’est donc d’expliciter la différence de sens du prédicat, selon qu’il se trouve associé au “je” dans ses emplois subjectifs ou bien à tel ou tel nom d’objet. Si « j’ai mal » devient « il y a de la douleur » ou « il dolorise », « Untel a mal » va devenir « Untel se comporte comme LW lorsqu’il y a de la douleur », puisque c’est là en effet, d’après Wittgenstein, ce que nous disons lorsque nous jugeons qu’autrui a mal. Nous aurons donc ainsi obtenu non seulement de faire disparaître le “je”, mais, en outre, de rendre sa disparition compatible avec le maintien des sujets logiques qui formaient avec lui une même classe (apparente) de substitution.

D’après Wittgenstein, ce langage serait aussi univoque et compréhensible que le nôtre. Sans doute aurions-nous du mal à nous adapter à un tel langage, non seulement parce qu’il s’agirait de changer de « monde » ou de « paradigme », mais plus fondamentalement, parce qu’il s’agirait de cesser d’être ce que nous sommes : sorte de mort vivante qui verrait se dissoudre notre moi. Toutefois, on peut parfaitement imaginer que des gens puissent grandir dans un tel langage et apprendre à penser au moyen des distinctions qu’il rend possible. Ces gens seraient en mesure de faire, à propos de leurs états sensoriels, les mêmes distinctions que nous faisons, et peut-être même de plus subtiles si ces états étaient exprimés par des verbes, par conséquent s’ils les vivaient moins comme des états que comme des processus[1]. Comme on dit « il pleut à Moscou », ils penseraient « il dolorise dans ce pied » ou, plus simplement « ça fait mal dans le ventre ». Y aurait-il la moindre différence quant aux faits ? Ces gens auraient en outre une image très différente des autres. N’ayant pas la naïveté de penser que les corps humains sont habités par des egos mentaux, ils infèreraient que ça dolorise là-bas, dans ce corps qui s’agite, comme l’on infère que l’orage doit tomber sur telle ville en apercevant, au loin, la nuée.

Le langage imaginé par Wittgenstein pourrait-il cependant être commun à plusieurs personnes ? Quiconque aurait mal, ou froid, ou soif, quiconque serait gai ou triste pourrait ne percevoir là que des événements et penser tout cela de manière impersonnelle. Il y aurait évidemment une différence phénoménale entre des événements de ce type et ceux qui sont accessibles à la vue. Mais rien n’obligerait à ce que cette différence phénoménale se traduise par une rupture du plan d’immanence du monde. Le monde comporterait des

1. Ce qu’ils sont d’ailleurs.

événements de diverses sortes, connus de diverses façons, ayant un grain phénoménal spécifique. Certains de ces événements déclencheraient, soit naturellement, soit à la suite d'un apprentissage, des comportements déterminés. Mais rien ne motiverait une différence analogue à celle du moi et du monde, du dedans et du dehors. Une telle différence ne pourrait s'imposer que si, par exemple, tous les épisodes sensoriels se présentaient sous forme d'événements sans sujets, tandis que tout ce qui serait accessible par le moyen des sens externes mettait en jeu des substances et leurs attributs. Mais la pluie et la neige nous sauvent ! Les épisodes sensoriels ne sont pas les seuls événements impersonnels et, partant, leur grain phénoménal ne se trouve nullement accompagné d'une signature ontologique spécifique. Il y a de l'impersonnel en nous et hors de nous !

La personne-étalon

S'il n'y a donc aucune difficulté particulière pour que différentes personnes puissent penser impersonnellement à « leur » douleur, comment plusieurs personnes pourraient-elles parler de « leurs » douleurs respectives ? Jusqu'ici, nous avons en effet décrit comment un locuteur, LW, exprimerait impersonnellement ce que nous exprimons égologiquement. Au lieu de nos « j'ai mal », « j'ai soif », « je suis triste », nous aurions des choses comme « il dolorise », « il fait soif » ou « il tristise ». Nous venons de voir que cette manière de s'exprimer vaudrait pour tous les locuteurs de ce langage : quiconque aurait mal, soif ou serait triste s'exprimerait ainsi et formulerait un même « il dolorise » ou « il tristise ». Mais la difficulté vient des jugements comme « Untel a mal ». Notre locuteur, LW, s'exprimerait au moyen d'un « Untel se comporte comme LW quand ça dolorise ». Mais comment une personne autre que LW exprimerait-elle a) que LW a mal b) qu'une tierce personne a mal ?

Commençons par ce dernier cas. Supposons, outre LW, deux autres locuteurs, appelons-les Norman et Yorick. Lorsque chacune de ces trois personnes a mal, elle forme la pensée : « Il dolorise ». D'autre part, lorsque LW voit Yorick souffrir, il forme la pensée : « Yorick se comporte comme LW quand ça dolorise ». Ce qui nous intéresse maintenant, c'est comment Norman pourrait penser à la douleur de Yorick.

On doit d'emblée écarter une solution qui consisterait à ce que chacun se place lui-même au centre du langage. On pourrait en effet imaginer que si LW forme la pensée « Yorick se comporte comme LW quand ça dolorise », Norman pourrait former la pensée « Yorick se comporte comme Norman quand ça dolorise ». Mais cette solution doit être écartée. Si on l'adoptait, il ne serait en effet plus possible d'exprimer le fait que les gens, quel que soit le locuteur, *font la même chose* (prendre leur parapluie, se tordre de douleur). Si Norman dit de Yorick : « Yorick se comporte comme Norman quand ça dolorise » et si LW dit de Yorick : « Yorick se comporte comme LW quand ça dolorise », l'un et l'autre appliquent à Yorick deux prédicats distincts et par conséquent ils ne disent pas de lui la même chose. *A fortiori* sera-t-il très difficile d'envisager que, parlant ensemble, Norman et LW puissent tomber d'accord sur le cas de Yorick. Dans notre langage égologique, Norman et LW diraient : « Notre ami Yorick a mal ». Mais une telle pensée commune leur serait inaccessible si chacun se plaçait au centre du langage car, par définition, « Yorick se comporte comme Norman quand ça dolorise » ne pourrait être pensé que par Norman tandis que LW formerait la pensée : « Yorick se comporte comme LW quand ça dolorise ».

Nous apercevons donc déjà une très importante conséquence de la disparition du "je" : c'est que, pour parler comme Wittgenstein, la "tyrannie" est, paradoxalement, la condition de possibilité de l'identité sortale des conduites ou, si l'on préfère, du caractère commun du langage. La suppression de "je" oblige en effet à introduire, dans le langage impersonnel commun, ce que j'appellerai *une personne-étalon* :

> On pourrait imaginer, écrit Wittgenstein, une tyrannie orientale dans laquelle le langage est ainsi constitué que le tyran est le centre de celui-ci et que son nom se trouve à la place de LW.

Pourquoi faut-il une telle personne-étalon ? Tout simplement parce que, si LW parle de Yorick sous la forme « Yorick se comporte comme LW quand ça dolorise », il faut également que Norman dise de Yorick : « Yorick se comporte comme LW quand ça dolorise ». Si l'on ne peut envisager que Norman puisse former une telle pensée, il faudra simplement conclure qu'un langage impersonnel sera impossible. En effet, on peut admettre qu'un langage doit au moins permettre de former des pensées communes, il doit permettre la communication. Dans notre langage égologique, chacun peut former la pensée « j'ai mal » quand il a mal et, de la même façon, dans un langage impersonnel, chacun peut former la pensée « il dolorise » quand il a mal. Mais dans un langage égologique, chacun peut également former la pensée « Untel a mal » et tous peuvent tomber d'accord là-dessus ou en discuter. Pour qu'une situation semblable soit accessible à l'intérieur d'un langage impersonnel, il faut donc que, pour parler d'autrui, chaque locuteur puisse utiliser le même prédicat, ce qui, en l'occurrence, signifie qu'en parlant de la douleur d'autrui, chacun devra faire usage du prédicat « se comporter comme LW quand ça dolorise ». Nous apercevons donc cette conséquence curieuse que, pour qu'un langage commun soit possible lorsqu'on a supprimé le "je", il faut introduire, dans la communauté des locuteurs, une personne-étalon.

D'un rapport spécial à Ludwig

La question est donc maintenant de savoir comment une telle "tyrannie" est logiquement et psychologiquement possible. La réponse est, je crois, qu'elle est possible si, et seulement si, chaque locuteur entretient avec LW une relation spéciale ou, plus exactement, si LW, comme le tyran oriental dont parle Wittgenstein, n'est pas lui-même une personne et un locuteur comme les autres, autrement dit s'il occupe, dans le langage, une place spéciale. Pour bien voir la difficulté, imaginons que Yorick dise « ça dolorise ». Introduisons, outre LW et Norman, une quatrième personne, disons Alan. Supposons que Norman entende Yorick puis, quelques temps après, rencontre Alan qui lui demande des nouvelles de Yorick. D'après notre hypothèse, Norman devra dire à Alan : « Yorick se comporte comme LW quand ça dolorise ». Il ne peut en effet répondre « ça dolorise », puisque ce n'est pas lui, Norman, qui a mal. D'autre part, s'il lui disait : « Yorick se comporte comme Norman quand ça dolorise », Alan ne pourrait pas comprendre ce qu'a Yorick. Il y a quelque chose que Norman comme Alan doivent pouvoir l'un et l'autre penser de Yorick pour qu'on puisse parler d'un fait, à savoir : « Yorick se comporte comme LW quand ça dolorise ». Mais comment l'un et l'autre peuvent-ils comprendre le prédicat « se comporter comme LW quand ça dolorise » ? La réponse est qu'ils doivent avoir un rapport spécial avec LW.

Revenons, pour le voir, à la situation décrite par Wittgenstein. Lorsque LW perçoit que ça dolorise (autrement dit qu'il a mal), il perçoit aussi son comportement et c'est ainsi qu'il peut donner un sens au prédicat « se comporter comme LW quand ça dolorise ». Mais mettons-nous maintenant à la place de Norman et supposons-le en train d'observer Yorick. La stricte analogie voudrait que lui aussi recoure à un prédicat comme « se comporter comme Norman quand ça dolorise ». Mais nous avons vu pourquoi on devait écarter cette solution. Comment pourra-t-il alors faire usage du prédicat « se comporter comme LW quand ça dolorise » ? A la condition qu'il perçoive *son propre comportement* dans la douleur comme un comportement-de-LW. Son comportement typique dans la douleur, son comportement typique quand ça dolorise, il doit le connaître comme « comportement-de-LW quand ça dolorise ». Pour nous aider à envisager la situation, songeons aux enfants auxquels, lorsqu'ils mangent d'une certaine façon, on dit « tu manges comme un cochon ». Pour nous rapprocher de notre cas, supposons qu'il y ait, dans la société, un cochon plus cochon que les autres et qu'il ait un nom propre, par exemple Mr Piggy. On dira aux enfants : « Tu manges comme Mr Piggy » et ils diront d'eux-mêmes, dans leur for intérieur : « Je mange comme Mr Piggy ».

Dans la situation qui est la nôtre, il faut donc envisager que chaque locuteur apprend à nommer son propre comportement quand ça dolorise comme « comportement de LW quand ça dolorise », ce qui, semble-t-il, implique que chacun doit entretenir un rapport spécial avec LW, un rapport que je qualifierai de *sympathie* et qui lui permet, lorsque LW déclare « ça dolorise » et qu'il grimace, d'éprouver lui-même une douleur dans le corps de LW. Quand LW déclare : « Ça dolorise », Norman ne forme pas la pensée : « LW se comporte comme Norman quand ça dolorise », mais il éprouve de la douleur dans le corps de LW qui devient ainsi en quelque façon son corps. Ainsi lorsque Norman éprouve lui-même de la douleur, il peut appréhender son propre comportement dans la douleur comme comportement-de-LW et il peut donc transférer ce prédicat à toute personne qu'il voit souffrir.

La transcendance logique de Ludwig

Ce rapport spécial de chaque locuteur à LW a pour corollaire que LW occupe lui-même, dans le langage, une position logique particulière. On verra nettement ce qu'est cette position si on examine maintenant l'autre question que j'ai posée tout à l'heure : comment Norman pourrait-il parler de la douleur de LW ? Manifestement, si LW était une personne comme les autres, il devrait dire : « LW se comporte comme LW quand il y a de la douleur ». Mais c'est là évidemment un pur non-sens. Il faut donc dire que, dans ce langage, la douleur de LW, pour les autres, sera forclose. Ce sera comme le périmètre de sa sainteté :

> Considérons un cas analogue ! Il y a une chose à propos de laquelle on ne peut pas énoncer qu'elle a 1 m de long, ni qu'elle n'a pas 1 m de long, et c'est le mètre-étalon de Paris – Mais en disant cela nous n'avons naturellement pas attribué à celui-ci une quelconque propriété remarquable, mais seulement caractérisé le rôle spécifique qu'il joue dans le jeu de la mesure effectuée avec le mètre [1].

Le comportement de LW est l'étalon du comportement de douleur et, pour cette raison, il n'est pas lui-même quelque chose à quoi cet étalon puisse être appliqué.

Nous ne sommes évidemment pas obligés d'imaginer que la personne-étalon, dont un langage impersonnel a besoin pour fonctionner, soit une personne véritable, comme l'est LW dans l'exemple de Wittgenstein. Ce pourrait être un dieu anthropomorphique et la communauté des locuteurs serait notamment soudée par des récits et des images relatifs aux compor-

1. *Inv. Ph.*, § 50, trad. p. 140.

tements paradigmatiques de ce dieu qu'on appellera LW. Il y aurait ainsi toutes sortes de vignettes du type : « comportement de LW quand il dolorise » ; « comportement de LW quand il tristise », etc. Ce qui est toutefois fondamental dans cette analyse, c'est cette corrélation tout à fait inattendue entre la suppression du "je" et l'introduction d'une personne-étalon. On pourrait dire qu'un langage égologique est démocratique : chacun en est le centre, au lieu qu'un langage impersonnel est monocratique, voire théocratique. On pourrait même dire, en parlant littéralement, qu'on ne peut quitter l'égologie que pour la théologie.

3. *Altérologie généralisée*

Avant de nous demander si nous pourrions penser et vivre dans un tel langage théologique, il faut nous demander si ce langage, que nous avons construit pour faire disparaître le "je" de jugements comme « j'ai mal », est susceptible d'offrir un cadre ou une méthode générale d'éradication du "je" dans tous ses emplois « subjectifs ». D'après le passage des *Remarques philosophiques* que nous avons commenté, il semble que, dans l'esprit de Wittgenstein, ce fragment de langage devait pouvoir offrir un tel cadre général pour évacuer l'ensemble des usages subjectifs du "je". Wittgenstein mentionne en effet le jugement « j'ai mal », ainsi que le jugement « je pense ». Seulement, comme nous l'avons vu, tous nos jugements égologiques ne peuvent être analysés sur le modèle d'un jugement comme « j'ai mal » ou même « je pense », si du moins on entend ce dernier jugement comme signifiant simplement « je suis en train de penser ». Considérons notamment les usages "subjectifs" suivants de "je" :

- « je crois, je sais, je doute que p »
- « je vois, j'entends, je me souviens, j'imagine que p »
- « je veux, je désire, je souhaite que p »
- « je tends le bras, je nage, etc. ».

Dans tous ces emplois, l'usage de "je" est clairement « subjectif », au sens que Wittgenstein donne à ce terme, puisque aucun « faux mouvement » n'est possible, c'est-à-dire que l'usage de "je" y est immunisé contre toute erreur d'identification. Toutefois, ces divers jugements présentent des particularités cognitives qui peuvent faire douter que l'on puisse les traiter sur le modèle de « j'ai mal ». Car le procédé décrit par Wittgenstein et inspiré de Lichtenberg, à savoir le remplacement d'une tournure égologique par une tournure impersonnelle, n'est pas seulement un artifice linguistique, commandé par des fins philosophiques. C'est d'abord une tentative pour exprimer de la manière la plus fidèle possible les « phénomènes », c'est-à-dire, ici, l'occurrence d'un *événement* sensoriel impersonnel. C'est parce que le jugement « j'ai mal » représente l'occurrence d'un épisode douloureux impersonnel qu'il est possible de lui substituer quelque chose comme « ça fait mal » ou « il dolorise ». Un sentiment de douleur, de chaleur ou d'euphorie sont autant d'événements sensoriels ou affectifs dont une tournure impersonnelle exprime au plus près le mode de manifestation. Or, les types de jugements égologiques que nous avons mentionnés ne sauraient être simplement associés à l'occurrence de certains événements sensoriels. Il y a d'abord, nous l'avons vu, une différence entre des jugements qui m'attribuent un état sensoriel ou affectif, comme « j'ai mal » ou « je suis triste » et ceux qui m'attribuent une attitude propositionnelle comme « je vois que p » ou « je désire que p ». Autant il est possible de concevoir l'occurrence d'un certain état sensoriel comme un certain événement, autant il semble difficile de décrire ma perception *qu'il pleut* comme l'occurrence d'un événement « sensationnel » sans que l'on ne sacrifie son contenu intentionnel. En outre, si des jugements comme « je vois que p », « je me souviens que p », mais aussi bien « je désire que p » exploitent certaines informations, des jugements comme « je veux qu'il vienne » ou « je crois qu'il pleuvra » ne peuvent s'expliquer par certaines informations dont le sujet disposerait, puisque ces jugements contribuent à donner existence à l'état mental correspondant. Enfin, des jugements comme « je tends le bras » ou « je tourne la tête » qui *introduisent* le sujet dans l'espace, ne peuvent non plus être décrits selon le modèle que nous avons appelé de l'expression d'un état.

Au vu de cette variété des usages « subjectifs » de "je", peut-on donc continuer d'affirmer que le "je" pourrait disparaître de notre langage sans qu'il y ait la moindre perte quant à la représentation des faits ?

« Je crois que p »

Commençons par le cas sans doute le plus simple, celui des jugements dans lesquels le verbe marquant une attitude propositionnelle représente une pure modalité doxastique, du type « je crois, je sais, je doute qu'il va pleuvoir ». Le "je" est-il nécessaire à la croyance, au savoir, au doute, etc ?

Un jugement comme « je crois que p » n'est nullement, nous l'avons vu, un jugement *portant sur* l'activité mentale à laquelle nous sommes en train de nous livrer. Nous ne sommes pas en train de croire, comme nous sommes en train de souffrir ou même comme nous sommes en train de voir ou d'entendre quelque chose. Ce jugement *exprime* le contenu intentionnel de notre conscience sous une certaine modalité doxastique. Si l'on me demande : « est-ce que p ? », ma réponse « oui, je crois que p », n'est pas fondée sur une inspection de mes états de croyance. Ma réponse *constitue* ma croyance, autrement dit, ma croyance existe ou s'actualise *dans* mon jugement. Or, ce genre de jugement n'est souvent pas très différent d'un jugement exprimant le même contenu intentionnel assorti cette fois d'une modalité ontique : « je crois qu'il va pleuvoir » ne dit souvent rien de plus que « il est possible qu'il pleuve » ou « il pleuvra sans doute », dès lors du moins que nous n'avons pas affaire à ce qu'on a appelé un usage emphatique du "je" du type « c'est moi qui croit que p », où "je" possède un usage « objectif ».

Nous pouvons donc aisément conjecturer comment une conscience impersonnelle pourrait exprimer ses croyances. Elle disposerait simplement d'un langage dans lequel tous nos opérateurs doxastiques seraient remplacés par des adverbes modaux. Les « je crois que p » ou « il me semble que p » ou « je sais que p » seraient simplement remplacés par des « probablement p » ou « assurément p » qui seraient, aussi bien sémantiquement que cognitivement, équivalents à nos tournures égologiques. Si une pensée de second ordre est simplement, comme nous l'avons soutenu, une manière rationnelle d'entretenir une pensée de premier ordre, une manière qui est sensible à la plus ou moins grande force des raisons en faveur du contenu propositionnel, non seulement rien n'interdit, mais même tout milite en faveur d'une intégration de cette sensibilité rationnelle à l'expression du contenu propositionnel. Quand nous pensons rationnellement au temps qu'il va faire, nous y pensons comme à quelque chose qui peut peut-être se produire ou qui peut sûrement se produire. Nous ne pensons pas à nous-mêmes et à notre état d'esprit, mais nous pensons au temps qu'il va faire, à la plus ou moins grande probabilité qu'il fasse tel ou tel type de temps. Pourquoi alors ne pas dire exactement ce que nous pensons ? Pourquoi ne pas ajuster notre langage à notre pensée [1] ?

Il semble donc que des gens qui n'auraient pas l'usage du "je" ne seraient pas dénués d'attitudes propositionnelles ou, du moins, d'un *équivalent impersonnel* de nos attitudes propositionnelles. Ils penseraient rationnellement à tel événement ou fait et exprimeraient cette pensée en attribuant à l'événement ou au fait lui-même une certaine propension à se produire ou à être réalisé [2]. Au lieu que la nature et l'intensité de leur assen-

1. « Supposons un langage où il n'y aurait pas de mot correspondant à notre "savoir". – Ces gens-là font seulement des assertions [*Sie sprechen einfach die Behauptung aus*]. "C'est un arbre", etc. Naturellement, il peut arriver qu'ils se trompent. Aussi ajoutent-ils à la proposition un signe indiquant quelle marge de probabilité ils pensent devoir laisser à l'erreur… », Wittgenstein, *De la certitude*, § 443, trad. J. Fauve, Paris, Gallimard, 1976, p. 108.

2. Ils vivraient donc dans un monde de propensions et introduiraient dans l'être ce que nous installons dans l'esprit. Cf. Karl Popper, *A World of Propensities*, Bristol, Thoemmes, 1990, trad. fr. A. Boyer, *Un univers de propensions*, Combas, L'Éclat, 1992.

timent soient moins exprimées que montrées dans leur conduite, ils rendraient explicite leur degré d'adhésion à la proposition en y enchâssant un adverbe exprimant la probabilité logique de la proposition. La différence entre des attitudes comme la croyance, l'opinion, la certitude, etc. se marquerait par la différence entre les adverbes correspondants.

Dans un tel langage, comment pourrait-on cependant exprimer la pensée que Paul croit qu'il y aura une guerre mondiale ? Comment serait rendu le contraste entre « je crois que p » et « Paul croit que p » ? Car si « je crois que p » peut être rendu par « sûrement que p », « Paul croit que p » ne peut pas être rendu par « sûrement que p ». La pensée « Paul croit que p » est en effet une pensée *à propos de Paul* et non une pensée à propos de p.

Il me semble que nous n'avons ici d'autre choix que d'assumer la conséquence paradoxale suivante : dans un langage impersonnel, seuls les autres ont des croyances. Si je ne puis articuler quelque chose comme « je crois que p », il n'y a en effet aucune impossibilité à ce que je puisse articuler « Paul croit que p ». La raison en est que lorsque nous exprimons une croyance, nous ne nous attribuons pas une croyance. Lorsque je dis : « je crois que p » je ne me prête pas la croyance que p. Je me contente de penser à p sous une certaine modalité doxastique qui, nous l'avons vu, peut parfaitement être appréhendée comme une modalité interne de p, si p est pensé comme un possible. J'exprime ma croyance, ce qui est tout autre chose que de m'attribuer une croyance. En revanche, lorsque je pense que Paul croit que p, c'est bien à Paul et à son état d'esprit que je pense et non point à p. Cette fois, j'attribue bien à Paul une croyance. Or, nous ne pouvons pas calquer le contraste entre « je crois que p » et « Paul croit que p » sur le contraste entre « j'ai mal » et « Paul a mal ». Il serait en effet difficile d'accorder un sens à une tournure comme « Paul se comporte comme LW quand sûrement que p », tout simplement parce que les croyances des autres nous sont souvent *directement* accessibles, par leur discours, et non en raison d'une observation de leur comportement. En outre, lorsque nous pensons que « Paul croit que p », nous n'entendons pas parler du comportement de Paul, mais bien de ce qu'il croit et qui *explique* son comportement. Une solution plausible est donc d'admettre que, dans un langage impersonnel, nous attribuerons à autrui ce que nous ne nous attribuons pas à nous-mêmes. Dans le cas de la douleur, nous ne pouvions attribuer à autrui de la douleur, parce que la douleur ne nous était pas connue comme quelque chose que l'on a : il était impossible que quelque chose que nous connaissons comme survenant impersonnellement soit également connu de nous comme quelque chose qui est possédé par quelqu'un. Mais, dans le cas présent, le sujet ne voit pas surgir en lui des croyances-évènements. Il forme rationnellement des croyances qu'il ne s'attribue pas. Rien n'interdit donc qu'il attribue aux autres des croyances. Il jugera, pour sa propre part, que quelque chose est le cas ou pourrait être le cas, mais il attribuera à autrui le jugement que quelque chose est le cas ou pourrait être le cas. Il exprimera ses croyances au lieu qu'il attribuera des croyances à autrui.

Nous voyons donc ici, de manière peut-être plus nette que dans l'analyse de « j'ai mal », que le monde d'une conscience impersonnelle serait foncièrement *asymétrique*, ce qui nous révèle, là encore, une fonction inattendue du "je" : grâce au "je", nous pouvons nous traiter nous-mêmes comme nous traitons les autres, nous pouvons dire aussi bien « je crois que p » et « Paul croit que p ». Mais si les analyses de Wittgenstein sont justes, cette symétrie est une pure apparence linguistique. « Je crois que p » n'a pas la même valeur cognitive que « SC croit que p », non pas parce que "je" me ferait penser à moi-même autrement que "SC" ne le fait, mais parce que "je" ne me fait pas penser à moi-même, que son usage n'est pas intentionnellement référentiel. Un langage impersonnel rendrait donc visible cette asymétrie : nous attribuons aux autres des prédicats que nous ne pouvons nous attribuer à nous-mêmes. Si je peux attribuer à autrui des croyances, je ne peux, moi-même, qu'*exprimer* mes croyances. Imaginons le petit dialogue suivant :

– « Sûrement qu'il viendra »
– « Ah ? Tu crois qu'il viendra ? ».

La réponse ne pourra pas être : « oui, je crois qu'il viendra ». Elle ne pourra consister qu'à réitérer à nouveau l'expression de ma croyance :

– « Oui ! Sûrement qu'il viendra ».

Les autres parleront de mes croyances, mais, moi, je ne pourrai en parler. L'impersonnalité du langage me l'interdira.

Ajoutons que l'absence du pronom de la première personne rendra également inaccessible toute forme de pensée réflexive du type « j'ai pensé / je pense que sûrement que p », « j'ai cru/je crois que sûrement que p », etc. Une conscience impersonnelle ne pourra formuler son *credo*. Est-ce à dire alors qu'elle sera vouée à l'erreur ? Si elle ne peut réfléchir sur ses pensées, comment pourra-t-elle les soupçonner de pouvoir être fausses ? La réponse est qu'on n'est pas obligé de réfléchir égologiquement pour considérer ses propres pensées. Si j'exprime la croyance « sûrement que p », il n'est nullement nécessaire que je pense à cette pensée *comme à ma* pensée pour m'interroger sur sa valeur de vérité, dès lors que seule une créature rationnelle peut exprimer ses croyances. Si j'exprime la croyance « sûrement que p », je puis aussitôt m'arrêter pour examiner s'il ne pourrait pas plutôt être le cas que « probablement que non-p ». Nous formons par exemple la pensée : « il va sûrement venir », puis nous nous arrêtons sur cette pensée : « est-ce certain ? ne va-t-il plutôt rester chez lui ? », etc. Pour faire tout cela, le “je” n’est nullement nécessaire. Pour examiner ce que valent les raisons qui me font former la croyance « sûrement que p », il n’est pas nécessaire que je considère ces raisons comme les raisons qui m’ont persuadé, *moi*. Il suffit que je les considère comme des raisons pour que sûrement que p. Toute pensée peut être examinée « en troisième personne », sans qu’il soit jamais nécessaire de préciser que *je* pense cette pensée. C’est sa valeur de vérité que nous examinons et nous pouvons faire cela comme nous examinons si un objet possède bien une certaine propriété.

Ce qui restera toutefois inaccessible à une conscience impersonnelle, ce sont des *verdicts* comme : « Je me suis trompé ». Elle devra se contenter de verdicts plus impersonnels : « Cette pensée était fausse », c’est-à-dire, aussi bien : « Cette possibilité ne se réalisera pas ou ne s’est jamais réalisée ». Dans le monde d’une conscience impersonnelle, si les autres peuvent se tromper, elle* ne peut jamais se tromper. Non pas cependant qu’elle soit infaillible ou qu’elle soit seule à être infaillible. Mais simplement parce qu’il n’y a que les autres qui peuvent dire et penser qu’elle se trompe. Elle-même peut se tromper, rectifier ou réitérer ses pensées, mais non point penser qu’elle* se trompe. Elle n’a pas la place logique pour le faire. Elle *montre* ce que valent ses pensées au lieu qu’elle juge celles des autres et que les autres jugent les siennes.

Dans un langage impersonnel, les autres ont donc des propriétés que le locuteur n’a pas. C’est là une conséquence remarquable et inattendue de la suppression du “je”, conséquence dont nous essayerons, tout à l’heure, de mesurer la portée. C’est en tous cas cette asymétrie foncière d’un monde impersonnel qui *montre* en quel sens la position de chacun est, comme dit Wittgenstein « privilégiée ».

« Je me souviens de toi »

Avançons-nous maintenant vers des cas plus complexes et d’abord vers celui des jugements égologiques dans lesquels le verbe qui représente notre attitude propositionnelle n’exprime pas seulement une pure modalité doxastique, mais représente en outre ou même représente exclusivement la modalité qualitative sous laquelle s’exerce notre conscience du contenu propositionnel. « J’imagine que p » exprime moins le contenu que p sous une certaine modalité doxastique qu’il n’exprime la sorte de conscience que nous avons que p, le genre d’expérience qui nous donne la conscience que p. Nous pouvons décrire ces situations comme de certains états représentationnels ou intentionnels possédés sous une certaine modalité qualitative. Imaginer qu’il pleut ou voir qu’il pleut sont deux états dont le contenu représentationnel est le même ou peut être le même, quoiqu’il y ait une différence qualitative entre imaginer et voir quelque chose. L’expérience d'imaginer que p n'est pas l'expérience de se souvenir que p ou de percevoir que p ou même de concevoir que p. Ce n'est pas le langage qui fait qu'un souvenir est autre chose qu'une perception ou une imagination. C'est l'expérience elle-même qui est différente. Il parait donc difficile, dans ce genre de cas, de raisonner comme dans le cas des purs opérateurs doxastiques, c'est-à-dire de procéder à une « adverbialisation » de la partie égologique de notre jugement. Supposons par exemple qu'en lieu et place de « j'imagine qu'il vient », nous ayons un « il vient imaginativement ». Il serait clairement impossible de retrouver le même contenu, aussi bien sémantique que cognitif, dans ces deux jugements. Nous ne pouvons en effet prêter au contenu représentationnel lui-même la modalité qualitative sous laquelle nous l'appréhendons. Que la venue de Paul soit perçue, imaginée ou remémorée ne peut être une modalité adverbiale de sa venue. Etre imaginée n'est pas une modalité de la venue de Paul, mais seulement de ma conscience de sa venue.

Il doit donc être possible, s'il est vrai que "je", dans ses emplois subjectifs, est facultatif, d'exprimer de manière impersonnelle une information portant sur la manière dont nous nous représentons quelque chose, plutôt que sur ce que nous nous représentons. Considérons la pensée que nous exprimerions sous la forme : « je me souviens qu'il est venu ». Il est certainement vrai que c'est moi qui ai actuellement ce souvenir et pas quelqu'un d'autre. Mais il est faux que ce soit là ce que j'ai à l'esprit lorsque je me souviens qu'il est venu. Je ne pense pas au fait que c'est *moi* qui me souviens qu'il est venu. Est-ce que cela signifie cependant que je me contente de me souvenir de sa venue ? Supposons que quelqu'un dise « Paul est venu ». Il est clair que cette pensée, si on exclut le témoignage d'autrui, n'est possible que parce que celui qui forme cette pensée se souvient ou croit se souvenir que Paul est venu. L'emploi du passé suffit à *montrer* le souvenir. Pourtant, il est clair que si celui qui se souvient ne pense pas que c'est lui* qui se souvient, il ne se contente pas toujours de se souvenir. Il aperçoit qu'il se souvient et il arrive qu'il soit fondé à insister sur le fait qu'il se souvienne. C'est notamment le cas lorsque l'expression du souvenir joue un rôle que l'on peut dire rationnel ou justifiant. Songeons à des expressions comme : « Je m'en souviens bien maintenant » ou : « Mais puisque je me souviens de l'avoir vu ! ». Nous ne pouvons tenir pour redondants ces usages de « je me souviens », car l'occurrence du souvenir nous sert à justifier la proposition exprimant le contenu du souvenir. Nous ne sommes pas seulement attentifs au fait que p, mais aussi au fait que nous nous en souvenons. Peu importe ici la question de savoir si ce genre de justifications est efficace, si il suffit de se souvenir que p pour qu'il soit vrai que p. Ce qui importe, c'est qu'il y a un sens à insister sur la manière dont nous sommes conscients que p. Plus généralement, il y a un sens, dans certains contextes, à insister sur la modalité qualitative de notre conscience d'un certain contenu, qu'il s'agisse d'un souvenir, d'une perception, d'une imagination, etc. On ne peut donc priver une conscience impersonnelle de la possibilité de parler de la modalité qualitative de son expérience sans mutiler gravement ses possibilités de pensée. Comment dès lors le locuteur d'un langage impersonnel pourrait-il former une pensée dont le contenu serait le même que nos « je me souviens qu'il est venu », « j'entends ses pas », « j'imagine sa tête », etc. ?

Considérons d'abord un jugement exprimant une perception courante, par exemple : « J'entends le bruit de ses pas ». S'il ne s'agissait que de mettre l'accent sur le contenu représentationnel de notre perception, s'il ne s'agissait donc que du bruit de ses pas, on pourrait s'arrêter à dire : « Il y a le bruit de ses pas » ou : « Tiens, le bruit de ses pas ! ». Lorsqu'on met l'accent sur ce qu'on perçoit, il n'est pas nécessaire d'ajouter qu'on* le perçoit. Mais faudrait-il interdire à une conscience impersonnelle de dire que ce bruit, elle l'entend? Non cependant qu'*elle** l'entend, mais qu'elle l'*entend ?* A celui qui douterait qu'une certaine personne est arrivée, une conscience impersonnelle ne pourrait-elle répondre que cette personne doit être arrivée puisqu'elle* *entend* le bruit de ses pas dans la pièce au-dessus ? Or, il suffit de se tourner vers notre propre langage pour trouver la forme d'impersonnalisation que nous cherchons. Il arrive aux égologues que nous sommes de regarder la télévision. Parfois des incidents se produisent qui nous conduisent à dire des choses comme : « J'ai l'image, mais je n'ai plus le son ». Or, chacun l'admettra, ce « j'ai » est une pure façon de parler. De même, il peut nous arriver d'entrer dans une cuisine et d'oser quelque chose comme : « Il y a une forte odeur de brûlé ici ». Sans doute y-a-t-il à chaque instant dans le monde des milliards d'odeurs que je ne sens pas. Mais il est impossible que je sois conscient qu'il y a une odeur de brûlé ou que je fasse l'expérience qu'il y a une odeur de brûlé sans sentir cette odeur. A quoi bon le dire alors ? A quoi bon ajouter que cette odeur *je la sens ?*

Une conscience impersonnelle qui voudrait insister sur la modalité qualitative de son expérience perceptive pourrait donc simplement faire usage de tournures semblables : « Jean doit être rentré car il y a là-haut le bruit de son pas ». En quoi ce « il y a là-haut le bruit de son pas » ne pourrait-il pas avoir la même valeur probante que notre « j'entends le bruit de ses pas » ? Car *celui qui dit :* « Il y a tel et tel bruit » peut-il ne pas l'entendre ? Et, par conséquent, la *fonction* de « il y a le bruit de ses pas » peut-elle être différente de « j'entends le bruit de ses pas » ? On objectera que si l'on peut parler d'un bruit ou d'un odeur, si l'on peut même, à propos de la télévision, parler d'une image, on ne dispose d'aucune tournure équivalente pour notre perception visuelle. On pourrait donc admettre que nos « je sens, j'entends » soient remplacés par des « il y a une odeur de », « il y a un bruit de ». Mais que deviendraient nos « je le vois bien » ou « je le regarde » ? Il me semble qu'on peut répondre d'abord que l'absence d'équivalent visuel de « il y a une odeur » est certainement dû au fait que la spécificité qualitative d'une expérience visuelle est à peine aperceptible ou est « diaphane ». C'est l'un des effets du primat épistémique de la vision, par rapport aux autres formes de perceptions. En outre, lorsque nous disons, nous qui pourtant sommes des égologues, des choses comme « la Lune est à nouveau visible », nous ne disons rien de plus que si nous disions « je vois ou je peux voir à nouveau la Lune ». Dès lors, pourquoi un langage impersonnel ne pourrait-il contenir une tournure particulière pour spécifier, moins que quelque chose est visible, mais plutôt que quelque chose est à nouveau visible ou à peine visible ou est très visible, etc ? Si l'on nous demande : « Jean arrive-t-il ? », nous pouvons répondre : « Oui, je le vois arriver ». Si le "je" nous était inaccessible, quelque chose comme : « Oui, il apparaît au coin de la rue » ne pourrait-il faire l'affaire ? A un égologue, ce parler paraîtrait rustique. Mais ne voit-on pas pourtant tous les raffinements que l'absence du "je" pourrait forcer des consciences impersonnelles à introduire dans leur langage ? Pourquoi un verbe spécial et une cohorte d'adverbes idoines ne pourraient-ils servir à exprimer que quelque chose apparaît visuellement, ainsi que la manière dont cela apparaît ?

Il ne semble donc y avoir aucune impossibilité de principe à ce qu'une conscience impersonnelle puisse mentionner la modalité qualitative de "ses" expériences perceptives. Une conscience impersonnelle ne dira pas qu'elle* sent, entend, voit ou touche quelque chose, mais elle ne se bornera pas non plus à mentionner ce qu'elle sent, entend, voit ou touche. Sur la base d'une même expérience perceptive, nous pouvons aussi bien former la pensée : « Jean arrive » que la pensée : « Je vois Jean arriver ». Ces pensées n'ont cependant pas la même fonction. La seconde a le plus souvent une fonction rationnelle ou probatoire. Sur la base d'une expérience semblable, une conscience impersonnelle pourra former la pensée que Jean arrive. Mais elle pourra aussi, en lieu et place de notre « je vois Jean arriver » former une pensée du type : « Il y a une vue de Jean arrivant » comme on dit « il y a une odeur de brûlé » ou « il y a un bruit de pas ». Puisqu'il nous arrive à nous-mêmes de nous passer du "je" pour mentionner cette dimension qualitative de notre expérience, on peut aisément imaginer qu'une communauté de locuteurs impersonnels aurait largement développé ces ressources qui ne sont pour nous qu'occasionnelles.

Le cas maintenant n'est-il pas plus délicat pour des pensées comme « je me souviens de lui » ou « je l'imagine déguisé en agent de police » ? C'est en effet sur la scène intérieure de la conscience que les souvenirs ou les produits de l'imagination apparaissent. Comment ne pas mentionner cette scène ? Et comment ne pas mentionner celui dont c'est la scène intérieure ? Imaginons le petit fragment d'égologie suivant :

– « Et, Paul, tu te rappelles de lui ? »

– « Oui, je le revois très bien, avec son petit cache-nez bleu, toujours souriant ».

Essayons d'impersonnaliser cela :

– « Et, Paul, il y a un souvenir de lui ? »

– « Oui, il y a un souvenir de lui, avec son petit cache-nez bleu, toujours souriant ».

Il est vrai que les souvenirs, comme les produits de l'imagination ou les rêves, apparaissent sur notre scène privée. Mais est-ce parce que quelque chose se produit sur une telle scène qu'il est un objet privé ? Lorsqu'un aveugle demande son chemin à quelqu'un, il doit à la personne qu'il interroge d'accéder au contenu qu'il ne peut voir. Mais il est douteux qu'il pense à ce contenu comme étant lui-même privé. Imaginons que les ombres que le soleil dessine sur le sol soient différentes de ce qu'elles sont dans notre monde : chaque ombre ne serait perceptible que par celui dont elle serait l'ombre. Les gens finiraient par comprendre qu'ils ne sont pas seuls à voir une ombre : chacun saurait à la longue que chaque autre voit une ombre. En parlant de l'ombre qu'ils voient, les habitants de ce monde étrange auraient-ils besoin de spécifier qu'ils* la voient ? Ou imaginons que les dieux n'apparaissent aux hommes que durant leur sommeil[1]. Les hommes ne se demanderaient pas, le matin, s'ils ont rêvé de Zeus, mais s'il y eu une apparition de Zeus ou une apparition de Zeus en colère.

Ce que je veux suggérer, c'est qu'il n'y a aucune impossibilité, ni logique, ni psychologique, à traiter les souvenirs, les rêves, les produits de l'imagination comme autant d'*apparitions*, qualitativement distinguées les unes des autres et à tenir chaque personne pour une sorte de *témoin* de quelque chose que, par essence, lui seul peut voir même si chacun peut être le témoin d'apparitions de même sorte. Une telle manière de penser n'impliquerait aucunement un quelconque mode fantastique de production de ces apparitions : un souvenir, une image, un rêve nous viennent à l'esprit

1. Lucrèce, *De natura rerum,* V, 1169-1171, éd. et trad. A. Ernout, Paris, Les Belles Lettres, 1923, t. II, p. 146.

sans que nous soyons les artisans conscients de leur contenu et lorsque nous disons que nous nous souvenons ou que nous rêvons, ces tournures actives exagèrent manifestement notre pouvoir. Il est vrai que nous pouvons chercher à nous souvenir ou imaginer de manière active, sur commande par exemple (« Imagine la tête qu'il fera ! »). Mais ne pourrait-on susciter une apparition ? Les *mêmes* phénomènes psychologiques ne pourraient-ils être articulés dans ce cadre théorique ?

On peut donc conjecturer comment une conscience impersonnelle pourrait se souvenir ou imaginer. Chaque conscience impersonnelle pourrait décrire ce qu'elle imagine ou ce dont elle se souvient et spécifier en outre qu'elle imagine ou se souvient de manière purement impersonnelle. Au lieu que les gens comparent leur imagination de quelque chose, ils compareraient des images : « Il y a une image du bonheur où tous les gens sont frères » ; « Il y a une autre image, où ils s'ignorent et vivent au fond des forêts ». Il ne serait pas question d'eux-mêmes, il ne serait jamais question du fait que c'est eux et eux seuls qui voient ses images. Ils parleraient seulement des images qu'ils voient et le fait de parler d'images ou de souvenirs marquerait la différence qui sépare un accès mémoriel ou imaginaire d'un accès direct ou perceptif à un contenu. Quand on verrait un homme s'avancer, on penserait qu'un homme s'avance ou qu'il y a une vue d'un homme qui s'avance. Mais lorsqu'on imaginerait un homme s'avançant, on penserait qu'il y a une image d'un homme qui s'avance. Quoique nous soyons des locuteurs impersonnels, nous serions sensibles à la différence qualitative qui sépare une perception d'une imagination et nous pourrions associer à cette différence une signification épistémique.

Pourrait-on cependant se souvenir impersonnellement de soi-même ? S'il semble ne pas y avoir de difficulté particulière à se souvenir impersonnellement de Pierre, comment pourrait-on se souvenir impersonnellement de soi-même ? Comment une conscience impersonnelle pourrait-elle se souvenir d'être allée rendre visite à Pierre ? La tournure « il y a un souvenir de moi rendant visite à Pierre » serait exclue, parce que "moi" ne serait ici qu'une réplique de "je". De même, la tournure « il y a un souvenir de SC rendant visite à Pierre » serait également exclue parce qu'en se souvenant d'être allé quelque part ou d'avoir fait telle chose, on ne se voit pas faire cette chose comme on se verrait dans un miroir ou un film : nos souvenirs égologiques ne nous contiennent pas plus que la perception externe qui nous conduit à dire « je suis devant la maison »[1]. On doit toutefois remar-

1. Sur cette question, cf. S. Shoemaker, « Persons and their Past », *American Philosophical Quarterly*, vol. 7, n° 4, 1970, p. 269-285, repris dans *Identity, Cause and Mind*, Cambridge, Cambridge Uuniversity Press, 1984, p. 19-47.

quer que tous nos souvenirs dépendent de nos expériences perceptives passées : se rappeler de Pierre avec son cache-nez bleu, c'est le revoir. Tous nos souvenirs nous impliquent donc, au sens où se souvenir de A, c'est se souvenir d'avoir vu A, d'avoir côtoyé A, d'avoir été auprès de A, etc. Or, les pensées qui sont basées sur l'occurrence de ces souvenirs sont, comme toutes nos autres pensées égologiques, immunisées contre le risque d'une erreur d'identification. Si l'on peut mal identifier l'un des participants de notre souvenir, si l'on peut se souvenir d'avoir dîné tel jour avec Paul, alors que c'est de Pierre que l'on se souvient, il ne paraît pas possible de se souvenir d'avoir dîner avec Pierre ou Paul sans que ce ne soit effectivement nous qui, dans notre souvenir, dînons avec Pierre ou Paul. On peut certes imaginer ce que Shoemaker, dans l'étude précitée, appelle des « quasi-souvenirs », c'est-à-dire des souvenirs dans lesquels on se rappellerait d'avoir fait telle chose alors que ce ne serait pas nous qui aurions fait cette chose. Mais la seule manière d'imaginer de tels quasi-souvenirs, c'est d'imaginer l'un de ces processus fantastiques dont usent et abusent certains auteurs contemporains et qui verrait un neurophysiologiste fou implanter dans notre cerveau, à notre insu, les souvenirs de quelqu'un d'autre. La dépendance causale du souvenir vis-à-vis de la perception interdit que l'on puisse normalement se souvenir d'avoir perçu ou rencontré telle personne alors que ce ne serait pas nous qui, dans ce souvenir, percevrions ou rencontrerions la personne [1]. La conséquence est donc, je crois, que dans un langage impersonnel, aucun compte-rendu de souvenir ne mentionnerait jamais la personne qui se souvient. On ne trouverait rien qui correspondrait à nos « je me souviens d'y être allé », « je me souviens d'avoir dîné avec lui ». Tout compte-rendu de souvenir *montrerait* ce que le locuteur aurait fait ou vu, mais aucun compte-rendu de souvenir ne *porterait sur* le locuteur. Si je dis qu'il y a un souvenir d'un dîner avec Paul, si je dis qu'il y a un souvenir de nombreux couchers de bonne heure, je *montre* que j'ai le souvenir d'avoir dîné avec Paul ou de m'être longtemps couché de bonne heure. Des locuteurs impersonnels se distingueraient donc de nous en ce qu'ils ne pourraient même pas concevoir l'idée d'un « quasi-souvenir ».

Tout ceci suggère donc une solution convergente pour des jugements comme « j'entends le bruit de ses pas » et « je me souviens de sa venue » : dans les deux cas, la disparition du "je" semble entraîner une certaine

1. On peut se rappeler faussement d'avoir fait quelque chose. Cela veut dire simplement que notre souvenir courant ne reflète pas la réalité, que notre mémoire a ré-écrit le passé. Mais on ne peut se tromper sur le fait que c'est nous dont nous avons le souvenir que nous faisions telle chose. Un souvenir peut induire des erreurs prédicatives, mais il ne peut induire d'erreur d'identification nous concernant.

objectivation des apparences ou, si l'on préfère, le remplacement de nos expériences subjectives par des apparitions qualitativement différentiées. Nos *qualia* d'égologues devraient acquérir un statut analogue à celui que certains commentateurs accordent aux *phénomènes* de la tradition sceptique grecque[1].

Il y a toutefois une importante différence entre « il y a une odeur de brûlé » et « il y a un souvenir de Pierre » sur laquelle il nous faut encore nous arrêter. Si une conscience impersonnelle juge qu'il y a une odeur de brûlé, il n'y a aucune difficulté à ce qu'une autre juge qu'il n'y en a pas. L'une et l'autre se mettront en quête d'un éventuel corps en état de combustion avancée. Autrement dit, la différence entre deux expériences subjectives, l'une correspondant à « je sens le brûlé » dit par une personne et l'autre à « je ne sens pas le brûlé » dit par une autre pourra trouver son équivalent impersonnel dans la contradiction des deux jugements : « il y a une odeur de brûlé » et « il n'y a pas d'odeur de brûlé ». Là où des égologues peuvent admettre la compatibilité de deux expériences différentes d'un même objet, des consciences impersonnelles chercheront à résoudre la contradiction en explorant leur champ perceptif commun. Mais dans le cas d'un souvenir ou d'une imagination, il y a une difficulté particulière qui tient au contraste entre « je me souviens » et « Untel se souvient ». Supposons à nouveau trois locuteurs, Ludwig, Norman et Yorick et supposons que Ludwig demande à Norman : « Il y a un souvenir de Yorick ? ». Admettons que Norman réponde : « Oui, il y a un souvenir de Yorick, il se comporte comme LW quand ça dolorise ». Comment notre Ludwig impersonnel pourrait-il exprimer que lui ne s'en rappelle pas ? Il ne peut dire : « Il n'y a pas de souvenir de Yorick », car Norman a parlé avec sincérité et il y a donc un souvenir de Yorick dans la conscience de Norman. Et, bien sûr, Ludwig ne peut dire : « Moi, je ne m'en rappelle pas ».

Imaginons toutefois une personne qui serait aveugle de manière épisodique. Parfois elle verrait elle-même, parfois elle s'en remettrait à la vue des autres. Et imaginons maintenant une communauté de gens souffrant de ce genre de cécité épisodique. Tous les membres de cette communauté seraient donc habitués, tantôt à voir eux-mêmes, tantôt à « voir » grâce aux yeux des autres. Ne pourrait-on dès lors envisager que l'apparition de souvenirs puisse s'apparenter à une telle situation ? Une conscience impersonnelle ne pourrait former une pensée exprimant son absence de souvenir. Si « je ne sens rien » peut trouver son équivalent dans quelque « il n'y a pas d'odeur de X », « je ne m'en souviens pas » ne peut se

1. Cf. Jean-Paul Dumont, *Le scepticisme et le phénomène*, 2e éd., Paris, Vrin, 1985.

transformer en un : « il n'y a pas de souvenir de Yorick », dès lors qu'il y a bien un souvenir de Yorick "en" Norman. Il y a donc au moins quelques pensées égologiques qui n'auraient pas de correspondants impersonnels : ce sont les pensées par lesquelles nous affirmons ne pas faire [le rêve ou ne pas avoir le souvenir ou l'imagination] dont autrui nous informe. Mais cette lacune pourrait ne pas être *sensible* aux locuteurs impersonnels. Il suffirait pour cela que, dans la société des consciences impersonnelles, la mémoire soit une affaire collective. Si quelqu'un est aveugle, il n'y a guère de sens, lorsque quelqu'un lui dit ce qu'il voit, à ce qu'il insiste sur le fait que, lui, ne le voit pas. L'aveugle est solidaire du voyant pour son accès aux informations visuelles : le second est un témoin pour le premier. De même, il pourrait ne pas y avoir de sens, dans une communauté de souvenants, à ce que quelqu'un insiste sur le fait que, lui, ne se souvient pas. Si Norman dit qu'il y a un souvenir de Yorick, Ludwig considèrera Norman comme une sorte de témoin. Il n'aura certes aucune raison de ne pas faire montre d'esprit critique à l'égard de ce témoignage : mais le fait qu'il ne soit pas également un témoin n'aura aucune valeur à l'encontre de ce témoignage. L'inaccessibilité d'un « je ne m'en rappelle pas » ne lui sera donc pas sensible.

Si la disparition du "je" a donc pour conséquence que ce que nous *décrivons* en termes d'expériences subjectives, perceptives, mémorielles, oniriques, etc. devrait être *décrit* en termes de modes d'apparitions, il y aurait néanmoins une différence entre les apparences perceptives et les apparences mémorielles, mais aussi imaginatives ou oniriques. Tandis que les premières seraient coordonnées au monde des objets et événements réels de telle sorte que leurs conflits puissent être réglés par un examen des choses elles-mêmes, les secondes auraient lieu sur une « autre scène » dont chaque conscience impersonnelle serait un témoin pour le compte de toutes les autres. On pressent donc que la disparition du "je" auraient de profondes conséquences autant sur la métaphysique que sur le comportement de locuteurs impersonnels.

Je lève le bras

Avant d'explorer plus nettement ces conséquences, attachons-nous à une dernière classe de jugements égologiques dont les conditions cognitives de production tranchent sur celles qui président à la formation d'un jugement comme « j'ai mal », qui a servi de modèle à Wittgenstein. Comment, dans un tel langage impersonnel, pourrait-on faire droit au contraste entre les modalités passives et les modalités actives de la conscience, entre une sensation de chaleur et une action ? L'action n'implique-t-elle pas un actant ? Qu'il s'agisse d'essayer d'imaginer un monde parfait ou de prendre un parapluie, ne semble-t-il pas particulièrement délicat d'exprimer ce qu'on fait sans spécifier que nous* le faisons ?

C'est qu'il semble en effet y avoir quelque chose de commun aux diverses pensées égologiques que nous avons considérées jusqu'ici et pour lesquelles nous avons pu imaginer sans trop de difficultés des stratégies d'impersonnalisation propres à restituer leur contenu descriptif. Dans tous ces cas, il semble que notre conscience soit purement contemplative, en ce sens que nous nous bornons à apercevoir un certain contenu ou bien à apercevoir la modalité qualitative sous laquelle nous appréhendons un certain contenu. On peut donc, dans toutes ces situations, se passer de toute mention du sujet. On peut exprimer ce qu'on* voit sans spécifier qu'on* le voit. Mais peut-on exprimer ce qu'on* *fait* sans spécifier qu'on* le fait? Il semble essentiel qu'une action soit perçue comme notre action, sous peine de n'être qu'un simple événement. Essentiel non pas à la conscience du contenu de l'action, mais essentiel à son caractère d'action. Supposons, pour bien voir ce point, que nous levions le bras. Si l'on cherche à décrire au plus près le contenu de notre aperception, il nous faut dire, qu'outre la perception des mouvements d'un morceau de corps particulier, nous sentons en outre un certain effort musculaire. Pour cette raison, ce n'est pas n'importe quel corps que nous voyons à l'œuvre, mais c'est un corps dont les mouvements nous sont connus du dedans, de manière kinesthésique. Nous pouvons donc imaginer qu'une conscience impersonnelle, lorsqu'elle lèvera le bras, pensera que le Dbras se lève. Et c'est bien là en effet ce qui se passe en même temps que ce que nous apercevons qui se passe. Mais il manque manifestement à ce compte-rendu l'élément essentiel qui fait que c'est d'une action que l'on parle et non d'un événement, à savoir que *je* lève le Dbras et non que le Dbras se lève. Il semble bien que le "je" soit ici *essentiel* à l'action.

Pour examiner plus avant ce point, comparons ce que seraient la pensée et l'expérience de deux personnes comme nous qui, accomplissant les mêmes gestes, penseraient, l'une : « Mon bras se lève » et l'autre : « Je lève le bras ». Comme je l'ai déjà soutenu, il me semble nécessaire de commencer par écarter la suggestion, faite par certains auteurs[1], que la première de ces deux consciences serait simplement mutilée. Il est vrai que le locuteur d'un *langage égologique* qui formulerait quelque chose comme « mon bras se lève » ou, par exemple et plus radicalement : « Mes mains ont étranglé Marie, mais je n'ai pas étranglé Marie » serait affecté d'un symptôme schizophrénique. Mais faudrait-il expliquer ce symptôme,

1. Cf. *supra*, p. 47, note 2 pour les références.

comme le font les auteurs précités, en disant que cette personne souffre d'un défaut du sens de l'action (*sense of agency*) qui la rend incapable d'apercevoir le rôle initiateur joué par ses intentions dans la production de l'événement ? Il faudrait pour cela reconnaître la réalité d'un tel sens de l'action chez les consciences égologiques normales. Mais comme Wittgenstein l'a à plusieurs reprises souligné, il semble délicat de soutenir que ce qui reste lorsqu'on soustrait le fait que mon bras se lève de celui que je lève le bras est informationnellement saillant[1]. Il semble délicat d'affirmer que nous apercevons notre intention en train de causer notre mouvement, comme on perçoit un caillou briser la vitre : car comment cette intention pourrait-elle être notre intention si elle s'apparentait elle-même à quelques prémices de l'événement que nous apercevons se produire ? Il nous faut bien plutôt reconnaître que la différence entre un mouvement volontaire et un mouvement réflexe n'est pas une différence qui est informationnellement accessible. Nous ne différencions pas un mouvement volontaire d'un mouvement réflexe par la présence, dans le contenu de la conscience du premier, d'un élément informationnel correspondant à l'action causale de notre intention. Il faut plutôt dire que nous *accomplissons* une action lorsque notre mouvement est fait dans une certaine intention. La différence entre « le bras se lève » et « je lève le bras », c'est que, dans le second cas, nous ne sommes pas étonnés de voir le bras se lever.

Considérons l'action de lever le bras pour dérober un diamant. Si on exprime le problème dans les termes de la psychologie cognitive, il nous faut comprendre comment une conscience impersonnelle pourrait exercer un contrôle moteur sur son comportement. Lorsque nous tendons le bras pour dérober le diamant, nous devons, à chaque instant, contrôler que le mouvement de notre corps reste ajusté à notre objectif et que, par exemple, notre bras ne vient pas déclencher la sonnette d'alarme. Une conscience impersonnelle ne sera donc possible que si l'on peut comprendre comment, sans disposer du “je”, elle sera cependant capable, non pas d'exercer un contrôle sur ses actes, car ce n'est là qu'une question de machinerie cognitive et, au delà, de neurologie, mais de disposer d'une *norme* de contrôle, d'une intention directrice par rapport à laquelle elle puisse ajuster à chaque instant les mouvements du Dbras. Peut-on agir d'une manière à la fois intentionnelle et impersonnelle ?

Il me semble que, dans une certaine limite, on peut répondre positivement à cette question. Considérons d'abord, avant d'en venir à l'analyse de l'action elle-même, les pensées qui expriment nos intentions, au sens de

1. *Inv. ph.*, § 621, trad. p. 294.

souhaits ou de volitions, par exemple « je voudrais sortir ». Une conscience impersonnelle pourrait-elle vouloir sortir ? Serait-elle clouée chez elle ? Réduisons, conventionnellement, la forme logique de tout souhait, volition ou intention au type : « je veux que p ». Pourrait-on former impersonnellement un souhait ou une intention ? Comment une intention pourrait-elle ne pas être *mon* intention ? Comment ce que je veux faire pourrait-il ne pas être ce que *je* veux faire ? Nous pouvons, je crois, appliquer au cas présent le principe d'impersonnalisation que nous avons implicitement suivi tout à l'heure : transformer, chaque fois que possible, les opérations du sujet en propriétés de l'objet. De même que « je crois que p » est sémantiquement et même cognitivement indiscernable de « sûrement que p », « je veux que p » semble, au moins sémantiquement, indiscernable de « il faut que p ». Il est vrai que, depuis Kant, nous avons pris l'habitude de distinguer un impératif, qui est une injonction universelle, s'adressant à tous de l'extérieur, à la manière d'une loi, et la simple expression d'un projet ou d'une intention subjective. D'un côté, il y a une différence entre l'impératif et la volonté puisque, même s'il faut que p, il peut se faire que je ne souhaite pas que p. D'un autre côté, ce que je veux, moi, semble ne pas pouvoir être confondu avec ce que chacun devrait vouloir. Mais imaginons que ce « je veux » soit désormais inaccessible. N'y-a-t-il pas un sens à dire que ce que je veux, moi, c'est aussi bien ce qui apparaît comme devant être fait ? Certes nul ne prendra son « je veux aller au cinéma » pour un « il faut aller au cinéma ». Mais imaginons un opérateur plus faible, comme « il fout aller au cinéma »[1]. Si « il faut que p » signifie que tout un chacun doit faire que p ou s'y efforcer, « il fout que p » signifie que le locuteur de « il fout que p » est attiré par p ou à p pour *objectif*. Si quelqu'un voit, dans une vitrine, une pâtisserie appétissante, il ne formulera pas des choses comme « je la mangerais bien », mais plutôt « il fout la manger ». Celui qui l'entend ne se trouvera pas enjoint de faire quelque chose, ce qui serait le cas si le premier avait dit « il faut la manger, celle-là ! ». Il répondra plus simplement : « Vas-y, ne te gène pas ! » ou « Non, retiens toi ! ».

A partir de là, nous pouvons faire une distinction entre un bras qui se lève et un bras que *je* lève. Nous pouvons faire une différence entre un événement et une action. Comment une conscience impersonnelle pensera-t-elle à son action de lever le bras ? Tandis qu'elle l'accomplira, elle sera simplement guidée par la pensée qu'il fout attraper le diamant et elle n'éprouvera pas plus de difficulté à contrôler son action que l'alpiniste qui pense « il faut atteindre cet escarpement au plus vite, l'orage gronde ». Il est

1. Il s'agit du verbe « fouloir » !

banal de remarquer que la conscience d'un objectif sert de norme aux mouvements qui permettent de l'atteindre. Il est donc faux que la conscience de soi soit une condition nécessaire du contrôle de l'action et donc de l'action elle-même. Une conscience impersonnelle qui pense qu'il fout faire p ajuste ses mouvements en fonction de cet objectif. Pour faire cela, elle n'a nul besoin de penser à ses mouvements comme à *ses* mouvements, ni de penser à cet objectif comme à ce qu'*elle** veut faire.

Ce qui est plus instructif, c'est la manière dont une conscience impersonnelle répondra à la police si celle-ci vient l'arrêter. Si l'on suppose que la police formule une question comme : « Ludwig, avez-vous pris le diamant ? », la réponse sera, selon nos usages, étrange : « le Dbras a pris le diamant parce qu'il foulait que le diamant fût pris ». Mais, si l'on y réfléchit bien, cette réponse ne dit vraiment rien de plus et rien de moins que notre aveu d'égologue : « Oui, c'est moi qui ai pris le diamant ». Car l'expression « le Dbras » désigne toujours le bras du locuteur, c'est-à-dire un bras occupant une position singulière dans l'espace visuel et senti du dedans ; d'autre part, l'opérateur « il fout que p » exprime un impératif dont la force impérative est limitée à celui qui le prononce. La police, formée à cet idiome, arrêtera donc notre altérologue aussi aisément qu'elle nous arrêterait, nous, égologues, si nous avions avoué.

Toutefois, nous voyons en même temps sur cet exemple que le passage d'un langage égologique à un langage impersonnel ne permet pas de conserver, sinon le contenu, du moins la forme de ce qui est pensé égologiquement. Dans un langage impersonnel, on peut exprimer, au moyen d'opérateurs déontiques faibles du type « il fout que p » ce qu'en langage égologique nous appelons nos volontés, nos souhaits, nos intentions. On peut imaginer une gamme diversifiée de tels opérateurs pour rendre la différence de force déontique entre une volonté, un souhait, un désir, etc. Mais il se produit tout de même quelque chose d'étrange lorsque ce qu'il s'agit d'exprimer impersonnellement ce n'est pas ce que nous voulons faire, mais ce que nous faisons volontairement. En disant « je lève le bras », j'exprime à la fois le fait que mon bras se lève et le fait qu'il se lève volontairement. C'est le "je" qui, à lui seul, véhicule cette double information. Or, si l'on supprime le "je", il devient alors nécessaire de dissocier ces deux informations qu'un jugement égologique exprime en une seule proposition. Il nous faut dire à la fois que le Dbras se lève et il nous faut ajouter qu'il se lève parce qu'il fout le lever. Si l'on se borne à dire que le Dbras se lève, on n'exprime pas que c'est nous qui le levons ; si l'on se contente d'autre part de dire qu'il fout lever le bras, on ne dit pas qu'il se lève effectivement ou que nous parvenons à le lever. Il nous faut donc nécessairement dire les deux. Or, comme je vais essayer de le montrer bientôt, ce n'est pas simplement une façon plus lourde de s'exprimer : c'est aussi une façon de penser qui rend inaccessible la pensée de *certaines* actions.

4. *Pourrait-on penser et vivre impersonnellement ?*

Venons-en effet maintenant à la question qui, pour notre objet, est décisive : peut-on imaginer que des gens, dotés d'aptitudes naturelles semblables aux nôtres, puissent effectivement penser et vivre dans un langage impersonnel du type de celui qu'on a décrit? En montrant comment un certain nombre de jugements égologiques représentatifs pouvaient être exprimés de manière impersonnelle, nous avons déjà donné un certain crédit à la thèse de Wittgenstein selon laquelle le "je" pourrait être éliminé du langage et, au delà, nous avons donné à voir en quel sens un langage qui ne chercherait qu'à épouser le contenu de notre expérience pourrait se passer du "je". Mais la question est de savoir si l'on pourrait effectivement *vivre* dans un langage pareil.

Pour répondre à cette question, il nous faut être attentif aux pensées qui seraient inaccessibles aux locuteurs d'un tel langage, par contraste avec celles que peuvent former les locuteurs d'un langage égologique, en même temps qu'aux manières de penser qui seraient propres aux locuteurs d'un langage impersonnel. Récapitulons, pour cela, les traits principaux du langage que nous avons décrit :

1) La première caractéristique notable d'un tel langage, c'est, pour parler comme Wittgenstein, que « tout [y] est sur le même plan [1] ». L'un des traits essentiels de notre conscience égologique du monde, c'est notre croyance en l'existence d'une différence ontologique entre ce qui a lieu en nous et ce qui a lieu hors de nous, entre ce qui est subjectif et intérieur et ce qui est objectif et extérieur. C'est ce contraste qui serait aboli par l'usage exclusif de tournures impersonnelles pour exprimer ce que nous exprimons égologiquement. Il n'y aurait plus de différence ontologique entre le fait représenté par « il pleut » et le fait représenté par « il dolorise » ou « il y a un souvenir que p » parce qu'il n'y aurait plus de différence logique entre ces différents énoncés. Il y aurait certes une différence qualitative entre la manière dont acquérons l'une et l'autre sortes d'informations, mais, comme nous l'avons plusieurs fois affirmé, il n'y a *a priori* aucune raison pour que cette différence informationnelle soit nécessairement couplée avec la différence du Moi et du non Moi.

1. *Carnets*, 12 octobre 1916, trad. p. 156.

2) La seconde caractéristique d'un tel langage, c'est qu'il impose une asymétrie entre le locuteur et le reste des hommes. Il y a un certain nombre de prédicats qui peuvent être instanciés par les autres, mais qui ne peuvent l'être en aucune façon par le locuteur. Ou bien il y a des prédicats qui peuvent être attribués au locuteur par les autres, mais que le locuteur lui-même ne peut s'attribuer. Par exemple LW ne peut dire de lui « LW se comporte comme LW quand ça dolorise » et il ne peut, non plus, s'attribuer les prédicats psychologiques qu'il attribue aux autres, du type « Untel croit que p ». En revanche, les autres peuvent dire de LW : « LW s'est trompé ». Mais LW ne peut formuler pour lui-même la pensée que nous exprimerions sous la forme « je me suis trompé ».

3) La troisième caractéristique notable d'un langage impersonnel, c'est ce que nous avons appelé son organisation théologique : pour qu'il soit possible que deux personnes attribuent à une troisième un même prédicat comportemental, il doit exister une personne-étalon, une personne qui sert à nommer le comportement d'autrui. Sans cette personne-étalon, chacun serait le « centre » du langage et, par conséquent, il n'y aurait plus un langage, mais des langages, c'est-à-dire qu'il n'y aurait plus de langage du tout [1].

4) Enfin une dernière caractéristique d'un tel langage est sa relative richesse à la fois en adverbes que je dirai, faute de mieux, doxastiques (probablement, sûrement, etc.) et en opérateurs déontiques, puisque les verbes qui, dans notre langage égologique, servent à exprimer des attitudes propositionnelles ou déontiques seraient transformés, soit en adverbes enchâssés dans les propositions, soit en opérateurs déontiques préfixés à ces propositions.

Nous pouvons déjà déduire de ces caractéristiques générales certains traits notables de la métaphysique, de l'éthique voire de l'organisation sociale des locuteurs d'un tel langage. Il est par exemple certain que ces gens auraient échappé à la « métaphysique de la subjectivité » et aux embarras du solipsisme. Il est en outre vraisemblable que leur ontologie ferait une place assez grande aux événements ainsi qu'à la notion de fait potentiel [2]. En outre, ils ne disposeraient pas du concept de personne et leur morale ferait donc une place notable à des sentiments comme la sympathie, ce qui entraîne que leur rapport aux animaux serait assez différent du

1. On reconnaît ici la structure de l'argument du langage privé : *Inv. Ph.*, § 243, trad. p. 210-211.

2. Si « je crois que p » devient « sûrement que p » la psychologie des attitudes propositionnelles devra céder la place à une ontologie des « propensions ». Les embarras du possibilisme ne sont-ils pas préférables à ceux du solipsisme ?

nôtre[1]. Enfin, il est douteux que le concept d'égalité puisse jouer, parmi eux, le rôle qu'il joue dans nos systèmes juridiques et politiques.

Toutes ces singularités « idéologiques » suggèrent que des consciences impersonnelles ne vivraient pas dans le même *monde* que nous, mais qu'elles pourraient néanmoins vivre dans *un* monde, en ce sens qu'il leur serait possible de formuler une théorie globale de ce dont elles feraient l'expérience. Quoique placées ou pouvant être placées dans les mêmes états informationnels que nous, elles articuleraient autrement que nous ces informations.

Que serait toutefois leur *vie* dans ce monde ? Pour le savoir, il nous faut être attentifs aux pensées qui ne pourraient être articulées dans un tel langage et il nous faut déterminer quelle est la contribution de ces pensées à la vie d'une créature qui est capable de les former.

Au regard de ce que nous avons établi jusqu'ici, il me semble qu'il y a principalement trois types de pensées qui seraient inaccessibles aux locuteurs d'un langage impersonnel. Nous avons déjà rencontré le premier type : ce sont les pensées de la forme « je me suis trompé », « j'avais raison », etc. Une conscience impersonnelle exprime ses croyances, examine si les croyances qu'elle a exprimées sont vraies ou fausses, mais elle ne peut conclure son examen par des verdicts généraux du type « j'avais raison » ou « j'avais tort ». Néanmoins, comme nous l'avons également vu, l'absence de ce genre de verdicts ne paraît pas rendre impossible l'examen dont ils sont la conclusion. Une conscience impersonnelle pourrait examiner la valeur de vérité de ses croyances, mais elle ne pourrait tirer de conclusions sur ses propres aptitudes cognitives. Nous pouvons donc, en un sens, considérer cette lacune comme de peu d'importance. Nous pouvons admettre en effet que, pour pouvoir dire qu'un être pense, la seule chose qui est nécessaire, c'est qu'il soit en mesure d'examiner réflexivement la valeur de vérité de ses pensées. Si une conscience impersonnelle est capable de ce genre de performances, alors elle est capable de penser. Or, nous avons suggéré qu'une conscience impersonnelle, quoiqu'elle ne puisse former des pensées de second ordre du type : « je crois que p », pourrait cependant, sur la *même base* rationnelle qui nous permet de former des pensées de second ordre, former des croyances modalisées (« sûrement que p ») qui lui ouvriraient la possibilité d'un examen réflexif de la valeur de vérité de ces croyances.

La principale difficulté est plutôt de se représenter la psychologie particulière d'une personne qui entendrait les autres dire certaines choses

1. Cf. *Carnets* 15 octobre 1916, trad. p. 156-158.

d'elle-même, mais qui ne pourrait elle-même penser à son tour ces mêmes choses d'elle-même. Les autres diraient de moi : « Tu t'es trompé » ou : « Tu crois au Père Noël », mais je ne pourrais penser cela de moi. Comment alors pourrais-je simplement *comprendre* ce que les autres disent ? Est-ce qu'une conséquence de la disparition du “je” n'est pas qu'une partie du discours des autres serait inintelligible à chacun ? Et ne faut-il pas alors simplement admettre que cette gamme de prédicats ne ferait tout simplement pas partie du langage et de la pensée de locuteurs impersonnels ? Autrement dit, la disparition du “je” n'entraînerait pas nécessairement celle de l'examen critique des pensées, y compris de la discussion critique, mais elle entraînerait la disparition de ce que l'on peut appeler « la responsabilité de la pensée » et qui consiste, pour celui qui pense, à endosser ses erreurs autant que ses découvertes[1]. Une conscience impersonnelle serait un être pensant qui ne pourrait endosser la responsabilité de ses pensées et qui, pour cette raison, ne pourrait non plus adopter les comportements qui sont impliqués par une telle responsabilité. L'autocritique, l'examen de conscience, le credo intime, toutes ces manifestations typiques de la vie subjective seraient simplement inaccessibles à une conscience sans “je”. Mais on doit aussi bien souligner que ces formes caractéristiques de la vie subjective ne sont pas nécessaires à la manifestation de la vérité. Elles représentent plutôt ce qu'on pourrait appeler le « pathos » de la vérité. Des consciences impersonnelles ne seraient donc pas privées de la possibilité de penser, si l'on entend par là, non seulement le pouvoir de former des pensées, mais le pouvoir d'en examiner critiquement la valeur de vérité. Elles seraient seulement privées de la responsabilité de la pensée. D'où l'on peut conclure que l'une des fonctions du “je” est de rendre possible cette forme de conduite qu'est l'action d'endosser la responsabilité de ses pensées.

Le deuxième type de pensées qui seraient inaccessibles à une conscience impersonnelle, ce sont les pensées égologiques que, dans le chapitre trois, nous avons regroupées sous la rubrique des « localisations égologiques ». Comparons en effet l'un à l'autre les deux jugements suivants :

1) « je lève mon bras »
2) « je me promène ».

Dans le premier cas, nous pouvons utiliser le subterfuge un peu lourd que j'ai décrit tout à l'heure. On dira « il fout lever le Dbras et le Dbras se lève ». Ce sera même encore plus simple et plus efficace s'il s'agit de « j'ai

1. Des machines dialogueraient certainement ainsi. Un programme qui se serait trompé n'aurait pas besoin de se trouver dans l'état correspondant à un « je me suis trompé ». Il lui suffirait de corriger son erreur.

les jambes croisées ». On dira quelque chose comme : « Les Djambes sont croisées ». Mais l'application de ce procédé semble impossible avec « je me promène ». Dira-t-on en effet que le Dcorps se promène ? Mais la pensée que je me promène n'est pas une pensée à propos de mon corps, comme lorsqu'on dit que nos jambes sont croisées ou que nous levons notre bras. C'est une pensée à propos de moi-même en tant que corps. Songeons encore à des jugements comme « je nage » ou « je tourne autour de la place ». Nous ne pensons pas à ce que notre corps fait ou à ce que nous faisons avec notre corps. Nous pensons à ce que nous faisons *en tant que corps*. La pensée d'une *praxis* physique n'est la même chose que la pensée d'une *poïesis* corporelle.

Nous retrouvons donc, par ce biais, la conclusion que nous avions avancée lorsque nous avons analysé nos localisations égologiques. Dans une pensée comme « je nage » ou « je me promène », "je" n'est pas simplement une abréviation commode pour exprimer qu'un comportement physique est accompli intentionnellement, comme dans « je lève le bras ». "Je" nous sert à exprimer ce que nous, en tant que corps, faisons. Non pas ce que nous faisons *avec* notre corps (lever le bras, prendre quelque chose), mais ce que nous faisons *en tant que corps*. Or, "je" semble essentiel, non pas pour nager ou se promener, mais pour *penser* que nous nageons ou que nous nous promenons. Ou, si l'on préfère, "je" semble essentiel pour que nous puissions agir comme des corps *conscients* d'être dans l'espace des autres corps. "Je" nous *introduit* dans l'espace plus qu'il ne décrit le fait que nous nous apercevons y être. D'où la conclusion délicate que, dans un langage impersonnel, nous ne pourrions procéder à des localisations égologiques. Nous devrions nous promener sans pouvoir penser que nous* nous promenons. Or, même si l'on admet qu'un comportement d'orientation dans l'espace est accessible à une créature qui n'est pas en mesure de se situer dans l'espace, il est tout aussi évident qu'il y a une vaste classe de comportements spatiaux qui ne sont accessibles qu'à une créature capable de *se* situer dans l'espace. Un peuple de pieux pourrait donc penser et vivre impersonnellement. De même encore des gens qui seraient capables d'ordonner leur vie autour de quelques maître-chemins. Mais des créatures telles que nous avons besoin de plus d'espace. Et pour avoir plus d'espace, il nous faut le "je" ! Des consciences impersonnelles ne pourraient donc vivre *dans* l'espace.

Quant au dernier type notable de pensées inaccessibles à une conscience impersonnelle, il s'agit de ces pensées égologiques dont nous ne nous sommes pas occupés jusqu'ici et sur lesquelles nous reviendrons plus en détail dans le chapitre suivant : celles par lesquelles nous nous attribuons des propriétés psychologiques permanentes du type « je suis un brave type ». Un trait caractéristique de ce genre de pensées, outre leur relative indépendance à l'égard d'une base informationnelle courante, est que l'usage de "je" y semble « objectif », au sens que Wittgenstein donne à ce terme. Lorsque, par exemple, David Halliday déclare, dans *Télé Star*[1] : « Je suis un battant et un angoissé », il y aurait manifestement un sens à lui objecter : « Non, David, tu confonds, c'est ton père qui est comme ça ». Une erreur d'identification semble ici possible et l'usage de "je" semble par conséquent "objectif"[2].

Or, que serait le correspondant impersonnel de "je" dans de tels contextes ? On pourrait certes imaginer que le mot "je" soit maintenu pour ces seuls usages. Mais alors "je" serait un authentique pro-nom, une simple abréviation de DH. En conséquence, puisque "je" ne serait qu'un pro-nom, ce que David Halliday penserait, c'est, au vrai : « DH est un battant et un angoissé ». Mais nous nous heurtons alors à la difficulté qu'a bien mise en lumière John Perry[3]. Supposons que David Halliday ait pensé « DH est un brave type ». Il doit bien lui arriver de penser la même chose d'autres personnes, par exemple de penser : « Patrick est un brave type ». Quand DH pense : « DH est un brave type » comment sait-il qu'il parle de lui-même ? Comment sait-il, de façon plus générale, de qui il parle ? Quel mode d'accès peut-il bien avoir au référent de son propre nom ? Il me semble difficile d'échapper à l'analyse de Perry qui implique que David Halliday ne peut savoir de qui il parle en prononçant le nom DH que s'il sait qu'il* est DH, autrement dit s'il est en mesure de former la pensée « je suis DH ». Or, nécessairement, ce "je" n'est pas lui-même "objectif". Donc une conscience impersonnelle ne pourra purement et simplement pas parler d'elle-même, ne pourra former des pensées "objectives" signifiant « DH est P ».

Cette conséquence, il faut le souligner, n'a pas la même importance que les deux précédentes. Car on pourra trouver que c'est là une vertu de ce langage impersonnel que de rendre impossible tout discours général sur soi, tout discours sur nos qualités ou nos vices. Que l'on songe ici à Pascal dont on sait « qu'il voulait qu'un honnête homme évitât de se nommer et même de se servir des mots de "je" et de "moi"[4] ». Mais, là encore, quelle

1. Semaine du 13 au 19 mars 2000.

2. Nous montrerons cependant dans le chapitre suivant que ces « erreurs d'identification » sont d'une toute autre nature que celles que l'on commet lorsqu'on prend un chardonneret pour une mésange.

3. Dans « Le problème de l'indexical essentiel », cité *supra*, p. 162, note.

4. *Vie de Pascal par Madame Perrier, sa sœur*, in Pascal, *Œuvres complètes*, éd. Lafuma, Paris, Le Seuil, 1963, p. 31.

situation étrange que d'entendre les autres parler de SC et de ne pas savoir de qui ils parlent !

Il se dégage donc des efforts d'impersonnalisation auxquels nous venons de nous livrer que l'usage du pronom de la première personne n'est réellement indispensable que :

1) Pour devenir le suppôt conscient des états ou actions que nous pensons égologiquement, c'est-à-dire pour penser et agir de manière *responsable*.

2) Pour *se savoir* agir *dans* l'espace des choses alentour.

3) Pour avoir un Moi.

En outre, il apparaît que le "je" permet, indirectement, d'accéder à la pensée de l'alter ego, dès lors qu'un langage privé du "je", non seulement serait asymétrique, mais, en outre, ne comprendrait, dans son lexique, aucun des prédicats par lesquels nous nous attribuons, à nous-mêmes comme aux autres, des états mentaux.

Nous pouvons donc tirer de là deux conclusions. La première, c'est que la subjectivité n'est pas naturelle ou essentielle à la conscience. Il apparaît en effet que des consciences impersonnelles pourraient penser et vivre à leur façon une partie de ce que nous vivons et pensons égologiquement, ce qui est la preuve que la forme égologique que nous donnons à ces pensées et à ces aspects de nos vies ne leur est pas essentielle. Des consciences impersonnelles pourraient exprimer leurs états « internes »; elles pourraient former des croyances et les examiner collectivement; elles seraient même capables d'intentions dès lors qu'il foudrait faire ceci ou cela. Autrement dit, pour souffrir, pour nous souvenir, pour raisonner et, sinon pour vouloir, du moins pour avoir des objectifs, nous n'avons pas nécessairement besoin du "je". Mais, en un sens, pour agir et nous mouvoir, nous n'avons pas non plus besoin du "je". Certes, une conscience impersonnelle ne pourrait penser « je nage ». Mais, si elle tombait à l'eau, se noierait-elle ? Et si elle cherchait à s'en sortir, ne pourrait-elle penser à ce qu'il lui *fout* faire : « Il fout nager encore », « Il fout nager jusque là-bas » [1] ? A condition

1. On voit donc qu'une limite importante au genre de raisonnements développés par José Luis Bermudez dans l'ouvrage que nous avons analysé au chapitre trois, c'est qu'il tient la pensée égologique pour une forme de pensée à la fois naturelle et indispensable, de telle sorte qu'il cherche à lui trouver des équivalents non conceptuels dans les êtres dénués de langage auxquels nous sommes cependant enclins à attribuer des croyances. Mais si l'on tient compte du fait qu'une part importante de ce que nous pensons égologiquement pourrait l'être impersonnellement, il devient plus difficile d'affirmer que la seule explication possible de tel ou tel type de comportement d'une créature sans langage, c'est de lui prêter une forme non conceptuelle de conscience de soi au motif que nous associons, nous, à ce comportement, une

d'envisager de substantielles modifications de « la structure effective de notre pensée au sujet du monde[1] » mais aussi de notre éthique, un certain nombre d'usages du pronom de la première personne sont donc dispensables.

Toutefois, la seconde conclusion que nous pouvons tirer, c'est qu'il n'est pas accidentel que nous existions comme des sujets ou des personnes. D'abord, même si l'on admet qu'une existence irresponsable, u-topique et sans Moi n'est pas incompatible avec nos capacités cognitives *naturelles*, elle ne saurait nous apparaître autrement que comme une existence amoindrie. Quelque effort d'imagination que nous fassions, des vies impersonnelles ne peuvent pas ne pas nous apparaître comme *privées* de certaines formes de pensées et de vies, sans que nous puissions nous représenter des types de pensées qui, propres à des consciences impersonnelles, seraient inaccessibles aux égologues que nous sommes[2]. Songeons simplement que nous n'aurions pu nous savoir vivre dans l'espace et que nos vies auraient été réduites à l'exploration du pourtour de quelque maître-chemin. Songeons encore que nos actes ou nos pensées ne nous auraient pas plus engagés qu'une averse ou un coup de grisou.

Mais surtout, si nos vies avaient été impersonnelles, nos rapports avec les autres auraient été fort différents. Hormis pour se souvenir, chacun aurait été profondément muré en lui-même, parce que le langage impersonnel que les hommes auraient parlé aurait été asymétrique. Or, ne peut-on considérer que cette asymétrie, sans même parler de la psychologie qui lui est liée, est simplement incompatible avec la possibilité d'un langage ? Ne peut-on, du moins, considérer que si l'on peut imaginer, sur la base de notre propre langage, un langage de ce type, nous ne pouvons cependant concevoir comment ce langage aurait pu être *naturellement* forgé ? Comment un langage pourrait-il se former qui placerait chacun à une infinie distance des autres ? Et si l'on peut éventuellement imaginer quelque scénario dérivé de ce que nous avons appelé précédemment la structure

pensée égologique. Car il se pourrait que le comportement que nous accomplissons au moyen d'une pensée égologique pût également être accessible à une conscience impersonnelle. Ce n'est donc que si l'on peut montrer qu'une certaine opération cognitive ou un certain comportement pratique impliquent une pensée égologique que l'inférence en faveur d'une conscience non conceptuelle de soi sera, sinon légitime, du moins acceptable. Ce qui est donc premier, c'est le développement d'une argumentation *transcendantale* en faveur de certains usages du pronom de la première personne.

1. Strawson, *Individuals*, p. 9.

2. Sur les limites propres aux arguments transcendantaux, cf. notre article « Du bon usage des arguments transcendantaux » in « La querelle des arguments transcendantaux », *Cahiers de philosophie de l'Université de Caen*, n° 35, 2000, p. 51-79.

théologique d'un langage impersonnel, ne voit-on pas que ce langage aurait fatalement dû subir le sort de beaucoup de dieux ?

Ce que révèle l'exploration de la possibilité d'un langage impersonnel, c'est donc sans doute que la subjectivité apparaît ou disparaît selon que le langage dans lequel la conscience articule ses pensées est ou n'est pas égologique. Ainsi se trouve donc manifestée la connexion entre la subjectivité et l'égologie. Mais ce que cette exploration révèle également, c'est que, si un langage impersonnel est possible, son apparition *naturelle* est inintelligible. D'un coté, nous devons reconnaître que la subjectivité n'est pas dans la nature, qu'elle n'est pas impliquée par la nature de nos aptitudes cognitives et le contenu de notre expérience. Mais, d'un autre coté, nous devons également reconnaître qu'elle n'est pas matière de choix et, encore moins, simple accident de notre histoire collective. Si la Nature n'a pas fait de sujets, elle a cependant fait que nous en devenions. D'abord, parce qu'il était dans notre nature d'avoir un langage et qu'il était, sinon absolument impossible, du moins difficilement concevable qu'il ne fût pas « symétrique ». Mais aussi parce que, si nos vies avaient été impersonnelles, des possibilités de pensée et de vie seraient restées enfouies et qu'il est dans la nature des possibles de tendre à l'existence, si rien ne les en empêche. Si des créatures ont donc adopté une forme de vie impersonnelle, la sélection naturelle ne les a pas retenues. Elle n'a pas permis que nous vivions dans ce désert.

*

Le lecteur, je le crains, ne voudra pas *croire* qu'une conscience impersonnelle soit réellement possible. Il voudra peut-être admettre, en leur principe, les quelques stratégies d'impersonnalisation qu'on a décrites, mais il ne voudra pas se convaincre que toutes pourraient être intégrées à une conscience concrète, placée dans un monde en tout semblable à celui dans lequel nous sommes placés. Pour tenter d'achever de le convaincre, on lui proposera donc un petit exercice d'impersonnalisation à partir d'un concentré d'égologie ordinaire :

> Longtemps, je me suis couché de bonne heure. Parfois, à peine ma bougie éteinte, mes yeux se fermaient si vite que je n'avais pas le temps de me dire : « Je m'endors. » Et, une demi-heure après, la pensée qu'il était temps de chercher le sommeil m'éveillait; je voulais poser le volume que je croyais encore avoir entre les mains et souffler ma lumière; je n'avais pas cessé en dormant de faire des réflexions sur ce que je venais de lire, mais ces réflexions avaient pris un tour un peu particulier; il me semblait que j'étais moi-même

> ce dont parlait l'ouvrage : une église, un quatuor, la rivalité de François Ier et de Charles-Quint. Cette croyance survivait pendant quelques secondes à mon réveil ; elle ne choquait pas ma raison, mais pesait comme des écailles sur mes yeux et les empêchait de se rendre compte que le bougeoir n'était plus allumé. Puis elle commençait à me devenir inintelligible, comme après la métempsycose les pensées d'une existence antérieure ; le sujet du livre se détachait de moi, j'étais libre de m'y appliquer ou non ; aussitôt je recouvrais la vue et j'étais bien étonné de trouver autour de moi une obscurité, douce et reposante pour mes yeux, mais peut-être plus encore pour mon esprit, à qui elle apparaissait comme une chose sans cause, incompréhensible, comme une chose vraiment obscure [1].

Plongeons-nous maintenant dans une conscience impersonnelle, vivons un instant de sa vie :

> Il y a un souvenir de nombreux couchers de bonne heure. Parfois, à peine la bougie éteinte, les Dyeux se fermaient si vite qu'il n'y n'avait pas le temps de dire : « L'endormissement arrive ». Et, une demi-heure après, la pensée qu'il était temps de chercher le sommeil éveillait. Il foulait poser le volume dont il était probable que les Dmains le tenaient encore et souffler la lumière qui éclairait les Dyeux : durant le sommeil, il y a avait eu des souvenirs de la lecture, mais ces souvenirs avaient pris un tour un peu particulier. Ce n'étaient plus des souvenirs de la lecture, mais des souvenirs d'une église, d'un quatuor, d'une rivalité de François Ier et de Charles Quint. Cette apparence survivait pendant quelques secondes au réveil ; elle ne choquait pas la raison, mais pesait comme des écailles sur les Dyeux et les empêchait de se rendre compte que le bougeoir n'était plus allumé. Puis elle commençait à devenir inintelligible comme après la métempsycose les souvenirs d'un monde antérieur : le sujet du livre retrouvait le livre dont le sommeil l'avait fait sortir, il était possible de fouloir s'y appliquer ou non ; aussitôt la vue revenait et l'obscurité, inattendue, était visible, douce et reposante pour les Dyeux, mais peut-être plus encore pour l'esprit à qui elle apparaissait comme une chose sans cause, incompréhensible, chose vraiment obscure.

La principale différence entre des consciences impersonnelles et nous, c'est que les premières seraient particulièrement attentives à la « bouche » d'où sortent ce genre de phrases. "Je" nous économise cette attention et la rend disponible pour d'autres tâches.

1. Marcel Proust, *A la Recherche du Temps perdu*, I, *Du côté de chez Swann*, Paris, Gallimard, 1954, p. 13.

Chapitre VI

QU'EST-CE QUE LE MOI ?

La subjectivité ne nous est pas naturelle. Nous ne sommes pas des sujets, comme nous sommes des corps tiraillés par des besoins. Nous sommes des sujets en raison de la manière dont nous pensons et nous pensons de cette manière subjective ou subjectivante parce que notre langage nous met en position de pouvoir nous attribuer divers prédicats. Telle est, sommairement résumée, la conception générale de la subjectivité qui se dégage de nos analyses précédentes.

Cette conception, il faut l'avouer, possède d'incontestables accents idéalistes. La subjectivité se révèle en effet une construction, une construction sans doute très profondément enracinée dans nos vies, mais une construction quand même, puisque nous pouvons envisager des vies parfaitement impersonnelles. Toutefois, comme nous l'avons vu, cet idéalisme est assez modéré; car même si l'on peut concevoir des vies impersonnelles, tout se passe comme si la nature avait marqué une préférence pour l'égologie et, quoique nous ouvrant la voie de l'altérologie, elle nous avait discrètement invités à ne pas la prendre sous peine de périr de solitude ou d'inaction.

Même ainsi tempéré, cet idéalisme heurtera encore, parce qu'il est au moins deux objections de bon sens qu'on peut lui faire. Supposons que la subjectivité soit effectivement liée à la faculté de nous attribuer égologiquement divers contenus. Il semble en découler qu'il n'y a, en droit, rien que nous ne puissions nous attribuer, rien que nous ne puissions être ou faire. De deux choses l'une en effet : ou bien un jugement égologique décrit les propriétés qu'une instance ontologique, ego, possède et dans ce cas, je ne puis attribuer à ego que les propriétés qu'il possède en soi. Je ne peux pas plus m'attribuer tel ou tel prédicat que je ne puis attribuer à cette rose n'importe quelle propriété. Ou bien un jugement égologique n'est pas la description ou la découverte d'un fait, mais quelque chose d'analogue à une prise de possession et, dans ce cas, il n'existe pas de faits qui pourraient venir contraindre nos auto-attributions. Il n'y a aucune impossibilité logique à ce qu'une personne vive et agisse comme une âme du monde.

Cette dernière conséquence peut paraître difficile à admettre pour au moins deux raisons. La première, c'est que nous ne nous prenons pas pour des âmes du monde. Pour la plupart d'entre nous, nous n'avons pas conscience d'être toutes choses, mais il y a seulement *certains* prédicats que nous considérons comme nôtres. Nous pensons qu'il y a un monde extérieur à nous, qu'il y a d'autres personnes, etc., et il semble y avoir une certaine régularité ou convergence dans la délimitation, par chacun, de son propre moi. La seconde raison est qu'il arrive que nos jugements égologiques soient contredits. Trivialement, une personne peut croire qu'elle est P, alors que tout un chacun autour d'elle niera qu'elle le soit. Cela suggère que nous ne pouvons pas nous attribuer n'importe quel prédicat et que nos auto-attributions sont comptables de certains faits capables de les désavouer.

A l'inverse de ce qu'implique la thèse que nous avons exposée, il semble donc que ce que chacun se sait être possède une certaine délimitation à la fois régulière et contraignante, comme si l'égologie ne se distinguait pas sur ce point de l'altérologie. De même qu'un objet quelconque n'est pas tout ce qu'il est possible d'être et qu'on peut donc se tromper à son sujet, de même nous ne sommes pas tout ce qui est ou arrive, et il est donc possible que nous nous trompions nous-mêmes à propos de ce que nous sommes.

Cette situation condamne-t-elle cependant toute conception constructiviste de la subjectivité ? Nous avons vu que, même si un jugement comme « je suis P » ne représente pas un fait, mais peut être considéré comme une construction ou une assomption, tout jugement de ce type peut se voir associer un doublet altérologique de la forme « SC est P » voire « tu es P ». Ne pourrait-on dès lors expliquer la délimitation régulière des Moi en même temps que la déterminité de leur contenu par le contrôle *rationnel* que les doublets altérologiques de nos pensées égologiques exerceraient sur ces dernières ? Si je sais que je suis SC et que SC est non-P, ou bien si je suis contraint de croire l'énoncé « tu es non-P » lorsque "tu" est comme lancé par autrui dans ma direction, il semble délicat que je puisse penser que *je* suis P. Or, qu'est-ce que notre Moi, sinon le réseau de tous les prédicats qu'à chaque instant de notre vie nous nous attribuons égologiquement ou serions disposés à nous attribuer ? Ce que nous avons cherché à établir jusqu'ici implique que le Moi est *constitué* par nos auto-attributions égologiques : si une personne, en voyant la pluie tomber, pensait « je pleus », la pluie et l'aptitude à faire pleuvoir feraient partie de son Moi. Toutefois, il est évident que la constitution de notre Moi ne peut pas être comparée à des emplettes qu'on ferait sur quelque marché au prédicats. Il est manifeste que nous ne sommes pas libres d'égologiser tout contenu ou d'être ce que nous *décidons* ou qu'il nous agrée d'être : nos "égologisations" se font sous contrainte. De quelle nature sont ces contraintes, là est le point décisif. Si nous posons la question : « pourquoi pensons-nous que ce cheval a quatre pattes, plutôt que deux ailes et deux pattes ? », la réponse est que nous n'avons pas le pouvoir de percevoir ce cheval comme ayant des ailes. Il n'a pas d'ailes, nous percevons qu'il n'en a pas et cela suffit à expliquer que nous pensions qu'il n'en a pas. Nous sommes donc ontologiquement et, surtout, cognitivement contraints à cette pensée, étant donné, bien sûr, le système de nos concepts, par le mécanisme naturel de la perception. Mais pourquoi pensons-nous que nous* sommes P ? Si notre thèse est juste, la réponse ne peut être que nous y sommes contraints par la manière dont un fait égologique s'imposerait cognitivement à nous. Il reste alors que la seule contrainte envisageable, si elle n'est pas naturelle ou externe, ne peut être que rationnelle ou interne[1] : si je pense ou suis amené à reconnaître que SC est P, je ne suis plus libre de croire que je suis non-P, étant donné la structure de la rationalité. Par conséquent, une théorie constructiviste de la subjectivité pourrait simplement impliquer que l'essence du Moi résidât dans la nature et l'étendue de cette contrainte que les doublets altérologiques de nos pensées égologiques exercent sur ces dernières.

C'est donc cette idée que je vais développer maintenant : c'est parce que notre pensée égologique est rationnellement contrainte de s'exercer en relation avec la pensée altérologique, la nôtre autant que celle des autres, que nous ne sommes pas des âmes du monde. Mais cette contrainte rationnelle n'est pas uniforme et de là vient la structure elle-même hétérogène de nos Moi.

1. *Les âmes du monde*

Il me semble nécessaire de commencer par distinguer deux sens du mot "Moi" dont chacun est responsable de l'une des deux difficultés que je viens de mentionner. Le premier sens du mot "Moi" correspond à la

1. Nous prenons ici le mot « rationalité » au sens où l'espace des raisons s'oppose à celui des causes. Sur cette distinction et ses enjeux, cf. McDowell, *Mind and World*, lect. 1 et 2.

distinction catégoriale très générale entre ce qui est moi et ce qui n'est pas moi, entre la sorte d'entité que je suis et les entités que je ne suis pas. Nous percevons toutes sortes de choses autour de nous et ces choses, nous ne les sommes pas. Il y a donc du Non Moi, il y a un Monde extérieur au Moi. Il y a donc aussi, par conséquent, un sens du mot "Moi" dans lequel le Moi est ce qui s'oppose au Non-Moi : être un Moi ou avoir un Moi, c'est d'abord être autre chose que toutes sortes de choses qui ne sont pas Moi. Toutefois, il faut remarquer que cette distinction générale entre le Moi et le non-Moi est moins une distinction explicitement thématisée par notre conscience égologique qu'une sorte de pré-condition implicite de son exercice. Il est en effet rare que nous formions des pensées du genre : « Cet arbre n'est pas moi » ou : « Je ne suis pas ce chien ». Il faut plutôt dire que, parmi toute la gamme des prédicats possibles de jugement, il n'y a que certaines *catégories* d'entre eux que nous sommes enclins à associer au "je". La distinction catégoriale entre le Moi et le Non-Moi précède donc n'importe quelle pensée égologique et ne fait pas elle-même l'objet d'une pensée égologique. Nous n'avons pas besoin de penser aux choses qui nous entourent *comme* n'étant pas nous pour que nous nous en distinguions effectivement. Cette distinction est seulement implicite. La pensée de ce que nous ne sommes pas n'est pas une pensée que nous formons, mais nous formons nos diverses pensées égologiques dans l'horizon de cette pré-distinction entre Moi et Non-Moi.

Il y a donc inévitablement un autre sens du mot "Moi", celui qui correspond aux pensées égologiques que nous formons explicitement ou pourrions normalement former. Ce sens, qu'on peut conventionnellement appeler "psychologique", englobe tout ce que nous nous savons être et ne pas être. Si nous ne formons pas la pensée « je ne suis pas cet arbre », nous formons en revanche des pensées égologiques impliquant aussi bien des propriétés courantes que permanentes : « je crois que p », « je préfère X à Y », « j'ai fait que q », « je suis quelqu'un de bien », etc. En outre, il y a une différence manifeste entre un « je n'ai pas pris ton crayon » et quelque « je ne fais pas tourner la Lune », une différence manifestement analogue à celle qui sépare « Jules César n'a pas tué Brutus » et « Jules César n'est pas un nombre pair ». Autrement dit, il y a une différence entre le Moi, en tant qu'il se distingue du Non-Moi, et le Moi qui, en tant que personne déterminée, se distingue d'autres personnalités possibles. Une chose est le fait que je ne sois pas cet arbre, une autre est le fait que je ne sois pas un criminel. Si cette seconde négation est constitutive de la personne que je suis et fait donc partie intégrante des pensées égologiques que je forme effectivement, la première de ces deux négations marque une limite catégoriale qui, en deçà du Moi psychologique, délimite le type de déterminations qui peuvent faire partie de ce Moi. A chaque fois que quelqu'un dit "je", il y a donc à la fois tout ce qu'il n'aurait même pas l'idée de s'attribuer et tout ce qu'il y a pour lui un sens à refuser explicitement de s'attribuer.

Nous avons donc deux problèmes distincts à résoudre. Le premier est celui de la délimitation catégoriale de nos Moi. Si un jugement comme « je suis P » n'est pas l'expression d'un fait égologique, mais quelque chose comme une prise de possession, pourquoi le prédicat P relève-t-il d'une catégorie déterminée, pourquoi y-a-t-il toute sorte de prédicats possibles que nous n'aurions même pas l'idée de nous attribuer ? Le second problème est relatif au contenu de notre Moi psychologique : pourquoi, nous attribuons-nous, à l'intérieur de la catégorie des prédicats pertinents, tel réseau de prédicats plutôt que tel autre ?

Commençons par le premier de ces deux problèmes : d'où viennent les frontières catégoriales du Moi ? Comme nous l'avons noté, il est manifeste que la plupart des hommes font passer à peu près au même endroit la différence catégoriale entre la sorte de chose qu'ils sont et le Non-Moi ou le « monde extérieur » : peu de gens croient pleuvoir. Or, s'il y a ici un problème, c'est que nous avons jusqu'ici défendu l'idée que, comme le dit Wittgenstein, « tout est sur le même plan » et par conséquent que la différence entre le Moi et le Non-Moi ne peut pas être une différence réelle, analogue à celle qui sépare des bouteilles et des chevaux. Il nous faut donc expliquer pourquoi, si tout est sur le même plan, nous ne nous attribuons pas tout ou pourquoi il n'existe pas d'importants contrastes entre ce que chaque égologue s'attribue. Si nous sommes dans un salon et voyons, sur le mur d'en face, un tableau qui se décroche et qui tombe, pourquoi ne formons-nous pas la pensée « je tombe » ou « je le fais tomber », pourquoi n'avons-nous même pas l'idée de pouvoir le faire ?

Nous avons vu que parmi les auteurs qui admettent, sous une forme ou une autre, la thèse humienne de l'*elusiveness of the self*, beaucoup sont d'avis que le fait que nous ne prenions possession que d'une certaine fraction du monde découle du fait que la fraction du monde que nous nous attribuons est connue de nous de manière spéciale. Il y aurait donc un fondement cognitif naturel à nos attributions égologiques, non pas cependant parce que nous percevrions un ego porteur de telle ou telle propriété, mais parce que certains contenus seraient connus de nous de manière « interne », une manière qui trancherait sur la façon dont nous acquérons des informations sur le monde alentour. En outre, beaucoup d'auteurs, à la suite de Gareth Evans, perçoivent un lien entre le fait que le "je" est immunisé contre les erreurs d'identifications et la manière particulière dont nous connaissons ce que nous nous attribuons égologiquement. A défaut d'une présence objectuelle de l'ego, il y aurait donc une région du Monde que son mode de connaissance prédisposerait à être pensée égologiquement. Mais si ce soubassement cognitif de quelques-unes de nos pensées égologiques est indéniable, faut-il cependant le considérer comme naturel et nécessaire ou simplement comme habituel et contingent ? Le fait que nous pensions égologiquement aux états « internes » et altérologiquement aux événements « externes » est-il la preuve que nos attributions égologiques sont contraintes, sinon par des faits intrinsèquement égologiques, du moins par des faits dont le mode de manifestation nous contraindrait à les penser, et eux seuls, de manière égologique ?

Soulignons d'abord que même si l'on avait affaire dans ce genre de cas à une contrainte cognitive naturelle, celle-ci pourrait être compatible avec une conception constructiviste de la subjectivité. La situation de l'égologue pourrait être analogue à celle d'une personne à qui on enseigne à fabriquer des arcs. On lui apprend d'abord que pour fabriquer un arc, elle doit se saisir de certains morceaux de bois particuliers, des morceaux de bois ayant certaines propriétés (longueur, souplesse, etc.). La nature n'a pas formé elle-même des arcs, c'est l'homme qui les fabrique. Mais, parmi tous les produits de la nature, il y en a qui se prêtent plus aisément au dessein de l'homme-archer. De la même manière, s'il n'y avait pas de faits égologiques, si, dans le monde, tout était sur le même plan, il pourrait y avoir des contenus qui se prêteraient plus aisément à une égologisation, parce qu'ils se donneraient à connaître d'une certaine façon. Toutefois, de la même façon qu'il serait difficile voire impossible de fabriquer un arc avec un rocher, faut-il dire qu'il est difficile voire impossible de former une pensée égologique avec la pluie ?

Nous avons avancé au chapitre quatre que la réponse devait être négative : il n'y aurait rien d'impossible à ce qu'une personne, en voyant la pluie tomber, forme la pensée : « Je pleus beaucoup ce matin ». Le moment est venu de montrer qu'une telle possibilité est une possibilité réelle. Supposons qu'une personne, née en 1964, nous dise : « J'ai tué Kennedy ». Ou supposons qu'une autre personne, du nom de *SC*, traverse les chambres d'un hôpital en s'écriant, face à chaque malade : « SC, lève-toi ! ». C'est une question difficile et controversée que celle de l'explication de la schizophrénie et je ne prétendrai pas proposer ici une solution circonstanciée à cette question. Mais il est au moins clair que certains comportements schizophréniques sont des comportements d' « âmes du monde ». Ils se caractérisent ou se manifestent par des attributions égologiques incongrues, soit que ces personnes s'attribuent égologiquement le comportement des autres, soit, à l'inverse, qu'elles pensent altérologiquement à certaines de leurs opérations « internes ». Il semble certes ne pas y avoir d'exemples de personnes qui s'attribueraient des phénomènes naturels [1]. Mais il arrive au moins que des personnes s'imputent les actions de quelqu'un d'autre. Or, il me semble que cela suffit à jeter un doute sérieux sur la thèse qui voudrait que certains contenus, en raison de leur mode de manifestation, et donc de connaissance, soient naturellement voués à être "égologisés" car, quelque explication que l'on donne de ces comportements, elle implique qu'il n'y a pas de contraintes cognitives naturelles pesant sur *nos* attributions égologiques [2].

Si nos attributions égologiques "normales" étaient le résultat d'un mécanisme cognitif naturel, il faudrait admettre que les attributions égologiques déviantes des schizophrènes sont le résultat d'une altération de ce mécanisme naturel. C'est là, nous l'avons déjà évoqué, la position adoptée par un certain nombre d'auteurs à la suite des travaux de Christopher Frith [3]. Ces auteurs supposent qu'il y a un mécanisme « normal » de la cognition égologique, un mécanisme qui fait qu'une personne, en étant informée d'une certaine manière [4] que c'est elle qui agit, est contrainte de s'imputer cette action. C'est ce mécanisme qui serait frappé de dysfonctionnement dans le cas de la personne pensant : « J'ai tué Kennedy ».

J'ai déjà avancé quelques arguments "wittgensteiniens" à l'encontre de cette manière de voir [5]. Je voudrais maintenant ajouter deux arguments, plus directement adaptés au problème posé par l'explication du comportement schizophrénique.

1. Ne pourrait-on s'interroger, de ce point de vue, sur le sens de certaines pratiques « magiques » ? Dans un village, les habitants viendrait trouver l'âme du monde et lui demanderait de pleuvoir ou d'enfiévrer leur belle-mère. Alors l'âme du monde le ferait ou essayerait de le faire.

2. On trouvera évidemment curieux un tel argument puisqu'il invoque, à l'appui d'une thèse générale sur la nature du Moi, le comportement de personnes tenues pour folles : « Mais quoi, ce sont des fous, et je ne serais pas moins extravagant si je me réglais sur leurs exemples. », Descartes, *Méditations*, AT, IX, 14. Mais la folie est humaine et nous ne cherchons qu'à valider une inférence du réel au possible.

3. *Neuropsychologie cognitive de la schizophrénie*, trad. B. Pachoud et C. Bourdet, Paris, P.U.F., 1996.

4. Peu importe ici le mécanisme qui, en l'occurrence, est censé impliquer un « centre de contrôle » et des copies afférentes produites aussi bien par le mouvement musculaire que, plus mystérieux, par l'intention productrice elle-même. Ce mécanisme ou les diverses hypothèses sur ce mécanisme sont décrites dans S. Gallagher, « Self-Reference and Schizophrenia : A Cognitiv Model of Immunity to Error through Misidentification » *in* Dan Zahavi, Josef Parnas (eds.), *Problems of the Self*, Amsterdam-Philadelphia, John Benjamins ed., 1999.

5. Cf. *supra*, chap. 1, § 5.

Tout d'abord, si cette explication était correcte, elle nous obligerait à revenir sur l'idée selon laquelle les usages « subjectifs » du "je" sont immunisés contre les erreurs d'identification. Rappelons que si un certain nombre d'usages de "je" sont immunisés contre les erreurs d'identification, c'est tout simplement que les pensées qui les contiennent n'enveloppent aucune espèce d'identification, qu'elles sont, comme le dit Gareth Evans, *identification-free*[1]. Une pensée identifiante a la structure complexe : « quelque chose est P et ce quelque chose = X ou Untel ». Or, les pensées égologiques semblent ne pas avoir cette structure complexe et c'est la raison pour laquelle elles sont immunisées contre les erreurs d'identification. Néanmoins, supposons une personne qui, quand elle lève la main gauche, forme la pensée : « Mon père lève ma main gauche ». L'explication "naturaliste" de sa pensée semble nous obliger à dire que cette personne commet une erreur d'identification. Mais alors, de deux choses l'une : soit il faut admettre que cette personne pense autrement que nous, que son esprit n'obéit pas au même "câblage" cognitif que le nôtre. En effet, là où nos pensées sont *identification-free*, les siennes auraient la structure complexe d'une pensée identifiante, ce qui expliquerait qu'elle puisse faire une erreur d'identification. Mais, dans cette hypothèse, on ne pourrait plus parler de *dysfonctionnement* d'un mécanisme cognitif naturel et universel, car on expliquerait le comportement de cette personne par la présence, chez cette personne, d'un *autre* mécanisme cognitif que le nôtre, un mécanisme impliquant une identification, là où nos pensées égologiques sont *identification-free*. Mais si à l'inverse, on veut préserver l'idée qu'une pensée égologique normale et une pensée schizophrénique ne sont pas le produit de deux mécanismes cognitifs distincts, mais que la seconde est le résultat d'un simple dysfonctionnement du mécanisme qui est sous-jacent à la première, il faut alors admettre que ce sont *nos propres* pensées égologiques qui doivent avoir la structure complexe d'une pensée identifiante. Une pensée égologique normale serait une pensée basée sur une identification. Nous formerions la pensée « je lève le bras » parce que nous apercevrions non seulement que notre bras se lève, mais, en outre, que c'est nous qui le levons. Et c'est ce mécanisme aperceptif qui serait frappé de dysfonctionnement dans le cas de la personne qui forme la pensée « mon père lève mon bras gauche ».

Autrement dit, si nous voulons expliquer certaines pensées schizophrènes par un dysfonctionnement du mécanisme naturel qui préside à la pensée égologique normale, nous sommes obligés de renoncer à l'idée fort

1. *The Varieties of Reference*, p. 180-181.

plausible qu'une pensée comme « je lève le bras » est immunisée contre les erreurs d'identification, parce qu'elle est *identification-free*. Nous sommes obligés d'admettre que *toute* pensée égologique est basée sur une identification, mais que le mécanisme d'identification naturel ou normal jouit d'une sûreté qui explique la rareté des erreurs d'identification. Car il est important de noter que ce ne sont pas seulement des pensées mettant en jeu des mouvements physiques qui peuvent être l'objet de déviances schizophréniques : ce sont aussi des pensées mettant en jeu des croyances et des intentions. Les troubles connus sous le nom d'insertion de pensées font également apparaître des remplacements du "je" par le nom d'autres personnes. C'est donc aussi dans le cas de pensées comme « je veux te tuer », qu'il faudrait supposer un mécanisme d'identification si l'on voulait expliquer une pensée schizophrénique de la forme « Untel me commande de te tuer » comme étant le résultat d'un dysfonctionnement du mécanisme qui me permettrait de savoir que c'est moi qui veux te tuer[1]. Or, il paraît pourtant difficile de nier que dans une pensée comme « je veux te tuer », le "je" n'est pas basé sur une identification. De là le postulat d'un mécanisme *subconscient* d'identification[2] ! Pour obtenir que la schizophrénie soit comprise comme le résultat d'un dysfonctionnement cognitif normal, on doit donc calquer le mécanisme normal sur la déviance que l'on veut expliquer. Et parce qu'on ne trouve aucune trace de la présence de ce mécanisme dans la conscience d'un égologue normal, on est conduit à enfouir ce mécanisme dans le subconscient. Mais avec une telle méthode, l'astrologie pourrait bien devenir une science !

Le second argument que je voudrais avancer à l'encontre d'une telle manière de voir est mieux connu. Supposons qu'une auto-attribution d'action implique un « sens de l'action » et donc un mode de manifestation spécifique de nos actions. Il devrait suivre de cette hypothèse que les personnes qui souffrent d'un défaut de ce sens de l'action ne devraient

1. Christopher Frith n'hésite pas à écrire : « L'intrusion de pensées, tout particulièrement, est une expérience difficile à comprendre. Les patients affirment que des pensées qui ne sont pas les leurs leur viennent à l'esprit. Ce type d'expérience implique qu'il existe pour nous un moyen de reconnaître nos pensées comme nôtres, un peu comme si chacune de nos pensées devait porter un étiquette indiquant qu'elle nous appartient. Si ce système d'étiquetage se mettait à dysfonctionner, ces pensées seraient perçues par nous comme étrangères. », *Neuropsychologie cognitive de la schizophrénie*, trad. cit., p. 111-112. On voit ici nettement à l'œuvre le principe qui, du postulat qu'une pensée schizophrène est le résultat du dysfonctionnement d'un mécanisme normal, conduit à décrire ce mécanisme normal comme impliquant une identification.

2. C'est la fameuse théorie du *central monitoring* qui sert d'assise aux conceptions développées par C. Frith.

procéder à aucune auto-attribution d'action ou bien qu'elles devraient procéder au hasard. Si elles ne peuvent plus être informées du fait que c'est elles qui agissent, si le mécanisme qui nous informe que c'est nous qui agissons est déficient, alors elles ne devraient jamais dire « je fais que p », mais toujours : « il se passe que p » ou « Untel fait que p ». Ou bien alors, si on admettait que le mécanisme n'était pas complètement et toujours déficient, mais qu'il "hoquetait", on devrait assister à des attributions totalement anarchiques. Or, on n'observe ni l'une ni l'autre de ces conséquences. Ce sont en effet toujours *certains* gestes ou *certaines* pensées, ayant un contenu sémantique déterminé, qui font l'objet d'attributions déviantes, comme dans notre exemple de la personne dont la conscience n'est aliénée que lorsqu'elle lève la main gauche. Si le mécanisme était complètement déficient, on ne devrait trouver aucune auto-attribution correcte et si le mécanisme était victime de dysfonctionnements erratiques, il serait très improbable de trouver une cohérence sémantique dans les contenus concernés. Ce qui vient donc perturber sérieusement l'explication cognitive des symptômes schizophréniques, c'est la cohérence sémantique de ces symptômes, c'est le fait qu'ils s'inscrivent dans ce qu'on a coutume d'appeler un délire.

Il me semble qu'on n'a alors le choix qu'entre deux positions. La première consiste à raffiner le modèle cognitiviste pour le rendre sensible au contenu sémantique des comportements ou des pensées concernés par les symptômes. C'est par exemple ce que tente de faire Shaun Gallagher[1] en imaginant un mécanisme normal de « synchronisation » entre, d'un côté, le courant de conscience de nos actions ou de nos pensées et, de l'autre, les copies afférentes générées par la réalisation de l'action ou des pensées et envoyées au « moniteur central ». En l'absence de synchronisation, le sujet percevrait ses mouvements ou ses pensées comme étrangères. Il suffirait alors d'imaginer que la désynchronisation serait l'effet de certaines émotions pour expliquer la cohérence sémantique des déviances schizophrènes : le sujet éprouverait ces émotions dé-synchronisantes dans certains contextes seulement et ce ne serait donc que dans certains cas bien déterminés qu'on assisterait à des attributions déviantes de ses propres actions ou pensées.

On peut évidemment toujours imaginer des amendements propres à sauver une théorie : on a toujours la ressource de prêter au phlogistique un poids négatif ! Mais ne devrait-on pas également *essayer* de changer de théorie ? Considérons en effet la situation présente : on a formulé l'hypo-

1. « Self-Reference and Schizophrenia », *op. cit.*

thèse générale qu'un sujet forme la pensée « je lève le bras », parce qu'il est informé qu'il* lève le bras. On en a inféré que si un sujet qui lève le bras forme la pensée : « Autrui lève mon bras », c'est que le mécanisme qui lui permet d'être informé que c'est lui qui lève le bras dysfonctionne. Mais cette conséquence se heurte au fait observable que celui qui forme la pensée « Autrui lève mon bras » ne forme que cette pensée-là et, pour le reste, il dit, comme nous : « Je lève ma jambe ». Il y a une sensibilité de ses attributions déviantes au contenu sémantique des pensées ou comportements concernés. Il me semble qu'en bonne épistémologie, on doit donc au moins *essayer* d'en conclure que c'est peut-être l'hypothèse originelle qui est erronée, autrement dit l'hypothèse selon laquelle un sujet forme la pensée « je lève le bras », parce qu'il est informé qu'il lève le bras. Or, une autre hypothèse pourrait être que, si une personne forme la pensée « je lève le bras » lorsqu'elle lève le bras, ce n'est pas parce qu'elle *sent* qu'elle lève le bras, mais parce qu'elle le *sait*. Pourquoi, en effet, l'assertion : « Mon père lève mon bras gauche » nous parait-elle délirante ? Parce que l'ensemble de notre connaissance des processus causaux rend *irrationnelle* la pensée que le père de la personne, quelles que soient ses vertus, puisse causer le mouvement ascensionnel du bras gauche de la personne. Mais si nous prêtons à la personne qui pense que son père lève son bras gauche une *théorie* physique analogue, par exemple, à celle du Président Schreber[1], une théorie qui dirait que le père de la personne peut, grâce aux rayons divins qui émanent de son cœur, faire lever le bras gauche de la personne, qu'y aurait-il dans le contenu de l'expérience de la personne qui lui interdirait de former cette pensée ? Il est manifestement faux que lorsque nous levons volontairement le bras, les informations *conscientes* dont nous disposons indiquent que c'est nous, plutôt que quelqu'un d'autre, qui levons le bras. Or, pourquoi ne pourrions-nous articuler ces informations, non au moyen du "je", mais au moyen du "mon père" ? Pourquoi le « mon père » ne pourrait-il accompagner certaines de nos représentations ? Pourquoi si cette pensée est, par ailleurs, en cohérence avec le système de nos autres pensées ? Et cette explication, somme toute traditionnelle de la folie, ne permettrait-elle pas de comprendre la sensibilité des attributions déviantes de la personne à leur contenu sémantique ?

Si l'on tient compte de cette hypothèse alternative, il suit que la tentative d'explication des « désordres » de l'égologie schizophrène par une déficience du sens de l'action prouve bien plutôt l'absence de pertinence de

1. S. Freud, *Cinq psychanalyses*, trad. M. Bonaparte et R. Loewenstein, Paris, P.U.F., 1954, p. 263 *sqq*.

ce sens pour *nos propres* attributions égologiques d'action. Car, si ce sens était causalement responsable de nos attributions, son absence devrait produire, non les désordres réguliers observés dans la parole des schizophrènes, mais soit l'impersonnalité, soit un chaos égologique : or, on n'observe ni l'une, ni l'autre de ces conséquences. D'où l'on doit inférer que les désordres de l'égologie schizophrène ne doivent rien ou peu à la mutilation d'un prétendu sens de l'action, mais, bien plutôt, à la faiblesse de certaines contraintes altérologiques.

Qu'est-ce qui nous empêche en effet, à la vue de la chute d'un tableau, de former la pensée « je tombe » ? Il faut admettre qu'il est difficile de ne pas répondre : « le fait que nous ne sentions rien », « le fait que nous n'éprouvions aucune de ces sensations internes qui accompagnent les mouvements du Dcorps ». Mais il nous faut faire un effort pour nous rapprocher des âmes du monde que nous venons de considérer et comprendre que cette connexion n'est peut-être pas nécessaire ou naturelle : nous n'avons pas *appris* à considérer comme nôtre la pluie qui tombe ou n'avons pas réussi à nous *convaincre* que les gestes de cette personne, là-bas, étaient les nôtres. Mais tout cela aurait été possible. Notre Moi aurait pu être plus vaste.

Notons en effet d'abord qu'il aurait pu être plus étroit. Le « je pense » doit-il en effet nécessairement accompagner toutes nos représentations[1] ? Kant lui-même avait noté la possibilité d'une appréhension non égologique des pensées formées par notre esprit et citait l'exemple « d'une Bourignon [...], d'un Pascal [...] d'un Albrecht Haller[2] ». Toutefois, dans l'expérience de l'inspiration, le Moi ne disparaît pas totalement, car c'est *à moi* que, par exemple, Dieu communique telle pensée. Mais est-ce qu'un pas supplémentaire ne pourrait être franchi qui voudrait non que Dieu *me* communique telle pensée, mais que Dieu pense telle chose ? Supposons qu'une personne s'exprime de la manière suivante : lorsqu'elle forme des pensées ordinaires, elle les forme égologiquement, elle les exprime de manière égologique : « je pense que p ». Mais lorsqu'elle forme des pensées métaphysiques, ce n'est pas le « je pense », mais le « Dieu pense » qui accompagne ses représentations. Ainsi, dans une conversation, cette personne dira des choses comme : « Je pense qu'il nous faut partir maintenant », mais aussi bien : « Dieu pense que l'Univers est infini dans l'espace, mais fini dans le Temps ». Il est évident que si quelqu'un nous parlait ainsi, nous le prendrions pour « une Bourignon ». Mais ne peut-on envisager un monde où tout un chacun aurait appris à penser ainsi ? Devrait-on dire que, dans ce

1. Kant, *Critique de la Raison pure*, B 131, trad. cit., p. 198.
2. *Anthropologie*, AK VII, 133, trad. A. Renaut, Paris, GF-Flammarion, 1993, p. 60.

monde, les gens, lorsqu'ils feraient de la métaphysique, se prendraient pour Dieu ? Ce serait présupposer que c'est un *fait* qu'ils* forment, eux, cette pensée et que ce faisant, ils méconnaissent ce fait. Mais si c'est bien un fait que cette pensée est formée dans leur esprit, par leur cerveau, ce n'est nullement un fait qu'ils* pensent cette pensée. Seule la *théorie* du fait psycho-physique que leurs pensées sont produites par leur cerveau les obligeraient à penser qu'ils* pensent cette pensée. Mais cela veut dire que la contrainte est rationnelle et non pas naturelle. De ce qu'une pensée est formée dans notre esprit, il ne suit pas naturellement que nous* pensons cette pensée.

Ce qui peut donc expliquer que nous ne formons pas et n'avons nulle tendance à former la pensée « je tombe » en voyant tomber un tableau, c'est tout simplement que nous voyons tomber un tableau. Autrement dit, la place logique du sujet est déjà prise par quelque nom de substance. Il est juridiquement interdit de s'approprier ce qui appartient déjà à quelqu'un. Pareillement, il est rationnellement interdit de prendre possession d'un prédicat qui appartient déjà à un sujet/substrat. Or, d'où vient qu'en voyant un tableau tomber, nous voyons un tableau tomber et non pas que nous nous voyons tomber ? La réponse doit manifestement être recherchée, non dans ce que nous voyons sensoriellement, mais dans ce que nous voyons cognitivement. Supposons qu'on ait élevé un enfant de la manière suivante : chaque fois que le tableau (à dessein mal accroché) qui était sur le mur tombait, on le blâmait et le punissait. Cet enfant, qu'on va supposer en outre n'être jamais sorti de son milieu, aurait-il eu la possibilité de tenir pour d'effroyables sadiques les personnes de son entourage ? Aurait-il été naturellement conduit à découvrir qu'il n'était pour rien dans la chute régulière du tableau et qu'il n'y avait là que prétexte à le punir ? Il semble qu'on doive répondre par la négative, à moins qu'on ne le crédite d'une *théorie* physique, en troisième personne, relative à l'action causale des corps les uns sur les autres. Il est vrai que lorsque le tableau tombe, l'enfant ne se *sent* rien faire pour le faire tomber. Mais pourquoi faudrait-il qu'il ne s'attribue égologiquement que ce qu'il se sent faire, dès lors que ses éducateurs lui ont appris à s'attribuer égologiquement même ce qu'il ne se sent pas faire ? Pourquoi à l'inverse ne serait-il pas enclin à développer une *théorie* relative aux processus insensibles qui peuvent expliquer sa responsabilité dans la chute du tableau ? Ne voit-on pas que ce sont ses croyances altérologiques et elles seules qui pourraient lui interdire certaines attributions égologiques ? Il n'est quand même pas anodin que le fait qu'une personne se comporte en « âme du monde » s'accompagne toujours d'une conception « délirante » des processus impliqués par ses attributions égologiques. Toute modification des frontières du Moi s'accompagne d'une modification de la *théorie* du monde.

De même que pour faire un arc, on apprend à choisir certains bâtons particuliers, de même nous avons appris à n'égologiser que les événements dont nous avons une connaissance « interne » ainsi que ceux qui concernent directement le Dcorps. Cet apprentissage n'a rien d'arbitraire, puisque c'est toute notre *science* du monde qui le fonde. Mais cela signifie aussi bien que les pourtours les plus généraux de notre être ne s'imposent pas à nous par nature, mais par raison[1]. Les frontières catégoriales de nos Moi ne sont pas des frontières réellement existantes que nous *découvrons* naturellement, mais des frontières que nous avons *appris* à reconnaître en même temps que nous *apprenions* à reconnaître le Non-Moi. Notre Moi finit là où nous avons appris à le faire s'arrêter. La délimitation catégoriale de notre Moi est moins l'effet d'une contrainte cognitive naturelle que d'une contrainte rationnelle : ce qui m'interdit de former la pensée « je tombe » en voyant tomber un tableau, ce n'est pas que je connais naturellement ce tableau comme n'étant pas moi, mais c'est que je dispose d'une théorie générale du monde (ou simplement d'un langage) dans laquelle la place logique du sujet est occupée par le nom d'une « substance ». Une autre théorie aurait pu s'accommoder d'un tel jugement égologique, mais il se trouve que cette théorie n'est pas la nôtre et il se trouve en outre que notre théorie est sans doute vraie. Sans cette médiation altérologique, nulle contrainte naturelle ne viendrait cependant peser sur la délimitation de notre Moi[2].

2. *L'autorité de la première personne*

Si ce que nous cherchons à établir est vrai, il nous faut reconnaître que la vérité est paradoxale : car ce que nous disons est simplement qu'il n'y a pas de différence de nature ou de distinction ontologique entre le Moi et le Non-Moi. Cela ne veut certes pas dire que Stéphane Chauvier est ou pourrait être cet arbre. SC est ontologiquement distinct de cet arbre. Mais cela veut dire que SC aurait pu penser, en regardant cet arbre : « Je perds mes feuilles un peu vite cet automne ». Le Moi n'est pas une entité, n'est pas un consti-

1. Même si, redisons-le, cette institution est vécue comme une seconde nature. Cf. sur ce point encore Mc Dowell, *Mind and World*, lecture IV.

2. On songera ici à ce que dit Ernst Mach : « Le Moi peut être élargi au point d'inclure le monde entier. Le Moi n'est pas nettement délimité ; sa frontière est fort incertaine et peut-être déplacée à notre gré. », *L'analyse des sensations*, trad., p. 17. Ce qui est manifestement inexact dans cette formulation de Mach, c'est que les frontières du Moi puissent être déplacées « à notre gré ». Néanmoins, ce ne sont pas des frontières *naturelles*.

tuant du Monde : le Moi est constitué par nos attributions égologiques et rien d'autre ne les borne que nos pensées altérologiques.

Qu'en est-il cependant maintenant du mode d'appropriation de ce qui est renfermé à l'intérieur des frontières catégoriales du Moi ? Peut-on ici aussi affirmer que nos jugements ne sont pas informationnellement contraints ? Il serait évidemment extravagant de le faire. Si nous formons le jugement « j'ai mal », tandis que nous avons mal, c'est bien parce que nous avons mal. Une part importante de nos jugements égologiques portant sur nos opérations ou états courants sont, nous l'avons vu, basés sur des informations et celles-ci exercent bien une contrainte cognitive sur ce que nous nous attribuons. Nous serions donc tentés de dire qu'une fois délimitées les frontières de notre Moi, une fois instituée la différence entre le Moi et le Non-Moi, tout ce qui se passe à l'intérieur de cette frontière doit être connu de nous de telle sorte que nous perdons la possibilité de ne pas nous l'auto-attribuer : nous *devons* prendre possession de tout ce qui est renfermé à l'intérieur des frontières catégoriales de notre Moi.

Il reste cependant une difficulté, que nous avons mentionnée au début de ce chapitre : nos jugements égologiques peuvent parfois être contredits et se révéler *faux*. Il est en effet sémantiquement et ontologiquement nécessaire qu'à tout jugement de la forme « je suis P » corresponde un jugement de la forme « SC est P ». C'est sémantiquement nécessaire, parce que "je" fait nécessairement référence au locuteur de "je". C'est ontologiquement nécessaire, parce qu'il existe nécessairement un sujet/substrat de nos pensées et autres états ou opérations propres. Ce sont bien des gens qui ont mal, qui doutent, qui se promènent, etc. Or il arrive manifestement que, tandis qu'une personne forme la pensée « je suis P », les autres lui objectent, et parfois avec raison, qu'elle n'est pas P. Dans ce genre de cas, tout se passe donc comme si nos pensées égologiques ne différaient en rien de n'importe quelle pensée altérologique descriptive. Nous formons le jugement « je suis P » et il arrive que ce jugement soit faux, de la même manière que, formant le jugement « ce P est Q », il peut arriver que nous nous trompions. Or, comment un jugement peut-il être faux sinon parce qu'il existe quelque fait propre à le désavouer ? Et comment cette situation peut-elle s'accorder avec la thèse qui voudrait qu'un jugement égologique ne soit pas l'expression d'un fait, mais quelque chose d'analogue à une prise de possession ? Comment une prise de possession peut-elle simplement être fausse ?

La difficulté peut sembler facile à lever. Considérons en effet la situation suivante : une personne se voit reconnaître la propriété d'un certain domaine. Tout ce qui est renfermé à l'intérieur de ce domaine est réputé lui appartenir. Une fois délimité son domaine, il ne peut donc plus arriver qu'en se prononçant sur ce qui est situé à l'intérieur de ce domaine, elle puisse se tromper sur l'identité du propriétaire. Ses attributions d'objets sont immunisées contre toute erreur d'identification. Toutefois, elle peut encore se tromper sur la nature de ce qui est à l'intérieur de ce domaine. Elle peut former la pensée qu'elle possède un objet de type P. Elle ne se trompe pas et ne peut se tromper en formant la pensée que c'est elle qui possède cet objet, mais elle peut se tromper sur le type d'objet qu'elle possède. Elle peut croire qu'elle possède un objet de type P, alors que ce qu'elle possède, c'est un objet de type Q. Elle ne peut plus faire d'erreur d'identification, mais elle peut commettre toutes sortes d'erreurs de l'espèce ordinaire, c'est-à-dire des erreurs de prédication.

Cette situation constitue-t-elle cependant une représentation satisfaisante de la position dans laquelle nous nous trouvons nous-mêmes vis-à-vis de nous-mêmes ? La réponse me semble négative ou, plus exactement *en partie* négative. D'où vient en effet qu'en formant la pensée « je possède un objet de type P », la personne que nous venons d'imaginer puisse se tromper ? La réponse est simplement qu'il ne suffit pas qu'elle pense posséder un objet de type P pour posséder un objet de type P. Ce n'est pas sa pensée de l'objet qui détermine de quelle nature est cet objet : celui-ci possède sa propre nature. Plus globalement, le domaine dont cette personne s'est vu reconnaître la propriété possède une certaine objectivité : il est constitué d'objets qui, s'ils n'appartiennent pas en soi ou par nature à la personne qui en est propriétaire, possèdent cependant un en soi ou une nature qui est indépendante du fait qu'ils sont possédés. La propriété d'être possédé par une certaine personne n'est pas une propriété réelle ou naturelle des objets, mais une propriété qui survient simplement sur des propriétés naturelles et qui reste indépendante de celles-ci.

Or, ce qui caractérise au contraire nos attributions égologiques ou, au moins, une partie de celles-ci, c'est ce que certains philosophes ont appelé « l'autorité de la première personne ». Cette notion signifie que certains au moins de nos jugements égologiques sont ainsi formés que, non seulement, ils ne sont pas sujets à une erreur d'identification, mais ils ne sont pas non plus sujets à des erreurs de prédication. Dans certains cas, il suffit qu'un sujet juge qu'il* est P pour qu'il soit vrai qu'il est P, c'est-à-dire non seulement qu'*il* est P, mais aussi qu'il est *P*. L'explication de ce phénomène va nous permettre de mieux saisir la nature des contraintes qui pèsent sur la construction de notre Moi.

Nous avons vu que chaque jugement égologique possédait son doublet altérologique : chaque fois que je forme la pensée « je suis P », il existe une pensée possible ou réelle de la forme « SC est P ». Dans un certain nombre de cas, ces deux pensées sont indépendantes l'une de l'autre. Par exemple, si quelqu'un se promène, sans cependant être en mesure de penser « je me promène », il reste vrai qu'il se promène, c'est-à-dire, par exemple, que SC se promène. Un tel jugement altérologique est indépendant de *l'occurrence* du jugement égologique correspondant. Autrement dit, le fait que SC est P ne dépend pas du fait que SC pense qu'il* est P, c'est-à-dire qu'il ne contient pas le fait que SC pense « je suis P ». Mais il existe une classe de jugements altérologiques qui n'ont précisément pas cette particularité et que j'appellerai donc égologiquement dépendants. Ce sont des jugements qui ont pour particularité que SC est P si et seulement si SC pense qu'il* est P. De quels jugements s'agit-il ?

On pourrait songer à des jugements dans lesquels nous nous attribuons des prédicats correspondant à des états ou opérations « internes », par exemple un état sensoriel ou l'occurrence d'une pensée. On pourrait arguer que, pour certains jugements, nul ne peut savoir que SC est P si SC ne le révèle pas par un « je suis P », par exemple : « j'ai une très légère douleur, presque imperceptible, dans le côté gauche de mon abdomen ». Mais, outre qu'un grand nombre d'états ou opérations « internes » se manifestent par des comportements publics, même dans le cas d'épisodes complètement privés, la dépendance dont il s'agit est assez limitée. C'est une dépendance quant à la *connaissance* du fait que SC est P, c'est une dépendance qui touche aux sources de notre connaissance. Il est vrai que si le fait en question n'est connu que dans la mesure où je le fais connaître, il ne semble pas possible que le jugement « SC est P » puisse contredire son doublet égologique. Car autrui ne sait que SC est P que parce que je lui fais connaître que je suis P. Mais en réalité, cela est parfaitement possible : imaginons qu'un événement se produise dans une boîte fermée à laquelle une seule personne, appelons-la SC, a accès[1]. Les autres ne peuvent donc connaître ce qui se passe dans la boîte qu'en vertu du témoignage de SC. Dans une situation de ce genre, on peut déjà admettre que SC peut non seulement mentir, mais se tromper sur ce qui se passe dans la boîte. Mais on peut également admettre que les autres ont la possibilité de déceler aussi bien le mensonge que l'erreur si, par exemple, SC rapporte quelque événement qui ne peut pas avoir lieu dans la boîte. Il est en général parfaitement possible de déceler la fausseté d'un témoignage, même sans avoir un accès direct à l'objet de ce témoignage. Il est donc parfaitement possible, même si un jugement de la forme « SC est P » ne peut être formé qu'en vertu d'un témoignage égologique de la forme « je suis P », que ce

1. Cf. Wittgenstein, *Inv. Ph.*, § 293, trad. p. 223.

jugement égologique soit néanmoins nié par celui qui entend SC dire « je suis P » dès lors que celui-ci sait que SC ne *peut* pas être P.

Pour resserrer la dépendance entre un jugement de la forme « SC est P » et le jugement égologique « je suis P », nous pourrions alors songer à tous ces états qu'au chapitre deux nous avons qualifiés d'essentiellement conscients. Il parait en effet impossible que l'on puisse avoir mal sans sentir sa douleur et donc, sans savoir qu'on a mal. Par conséquent, dans un cas de ce genre, il semble vrai que SC n'a mal que si il* a mal. De la même manière, il semble impossible que nous soyons en train d'imaginer quelque chose ou de penser à quelque chose sans apercevoir que nous imaginons ou pensons. Il est donc impossible d'envisager ce que seraient les conditions de vérité d'un jugement comme : « SC a mal, mais il ne le sait pas » ou « SC est en train de penser à quelque chose, mais il ne le sait pas »[1]. C'est la raison pour laquelle nous avons qualifié ces états ou opérations d'essentiellement conscients. Dans ce cas, il semble donc vrai de dire que SC n'est P que si SC sait qu'il* est P. Toutefois, cette connexion entre altérologie et égologie comporte un peu de jeu. D'une part, si des jugements égologiques comme « je sens que P » ou « je pense que P » sont immunisés contre le risque d'hallucination, ils ne sont pas tous immunisés contre l'erreur prédicative. Il est en particulier possible de se tromper sur la nature de l'état affectif ou de l'état cognitif dans lequel on se trouve, alors que c'est plus difficile à envisager pour un état sensoriel. On est nécessairement dans un certain état dès lors qu'on aperçoit qu'on y est, mais on peut se tromper sur la nature de cet état. Sans doute cette possibilité est-elle rarement réalisée, mais il arrive qu'elle le soit, ou bien parce que des états affectifs conceptuellement distincts peuvent être très proches l'un de l'autre, comme par exemple l'amour et la jalousie, ou bien parce que certains états cognitifs présentent une certaine ressemblance qualitative, comme par exemple un souvenir véritable et un rêve. Je peux très bien croire que je me souviens d'avoir fait que p, alors que la vérité est que SC a

1. Nous écartons évidemment la possibilité, non pas tant qu'il y ait des pensées inconscientes, mais que le *verbe* « penser » puisse garder le même sens lorsqu'on l'applique à un processus conscient et lorsqu'on l'applique à une représentation ou à une inférence non-conscientes. On peut certes avoir des croyances tacites (subconscientes) et l'on peut aussi avoir des pensées et des aversions inconscientes (au sens freudien). Mais nul ne contestera que nous ne pensons pas ces pensées, au sens où nous pensons (consciemment) qu'il va pleuvoir. Nous les avons sans y penser : comment pouvons-nous *avoir* des pensées sans les *penser* est plus mystérieux, mais ce n'est pas ici notre objet. En appelant « penser » uniquement ce à quoi nous nous livrons consciemment, il est donc analytiquement vrai que la phrase « SC pense à quelque chose, mais ne sait pas qu'il* pense à quelque chose » est dénuée de sens.

rêvé d'avoir faire que p. Je peux prendre pour un souvenir véritable ce qui n'est que le résidu d'un rêve. S'il y a donc des états qui sont essentiellement conscients, la conscience de ces états n'entraîne aucune garantie quant à l'identification conceptuelle de ces états.

En outre, même dans le cas où nous identifions correctement l'état dans lequel nous nous trouvons, ce qui, il faut le reconnaître, est le cas le plus fréquent, il n'y a pas de connexion ontologique entre le jugement que je suis P et le jugement que SC est P. Ce n'est pas *parce que* SC juge qu'il* est P qu'il est vrai qu'il est P. Il est vrai que l'état P attribué à SC est tel que SC sait qu'il* est dans cet état. Mais ce qui rend vrai le jugement « SC est P », c'est le fait que SC est dans l'état P et non pas le fait qu'il le sait et en juge. Que cet état soit un état essentiellement conscient n'est, pourrait-on dire, qu'une propriété accidentelle de cet état, une propriété qui, du moins, ne joue aucun rôle dans les conditions de vérité du jugement « SC est P ». Au mieux, cela joue-t-il un rôle dans la connaissance de ces conditions de vérité puisque, soit nous apprenons que SC est P parce qu'il dit qu'il* est P, soit nous vérifions notre conjecture que SC est P en interrogeant SC. Mais ce n'est pas parce que SC juge qu'il* est P qu'il est vrai qu'il est P.

Or, il existe précisément, et par contraste, des jugements altérologiques de la forme « SC est P » ou « tu es P » qui dépendent à la fois cognitivement et ontologiquement de l'occurrence du jugement « je suis P ». Autrement dit, il existe des jugements du type « SC est P » qui ne sont à la fois connaissables et vrais que si SC pense (et dit) « je suis P ». Ou pour le dire encore d'une autre manière, il y a des prédicats qu'une personne possède dans la mesure seulement où elle s'attribue égologiquement ces prédicats. Donnons d'emblée un exemple : à quelle condition peut-on dire de quelqu'un qu'il a l'intention de faire que p ? La réponse est, semble-t-il, que c'est seulement à la condition qu'il ait effectivement formé l'intention de faire que p. SC n'a l'intention de faire que p que si SC a formé l'intention de faire que p. Est-il en effet possible que quelqu'un puisse avoir l'intention de faire quelque chose sans avoir formé cette intention ? On peut dire qu'une conduite révèle telle ou telle intention ou laisse deviner telle ou telle intention, mais il ne semble pas possible qu'il soit effectivement vrai qu'une personne a telle ou telle intention si elle ne se reconnaît pas avoir cette intention. A l'inverse, il semble impossible de contester qu'une personne ait vraiment une certaine intention si elle exprime sincèrement cette intention. Il y a sans doute de nombreuses situations dans lesquelles on conteste qu'une personne ait vraiment telle ou telle intention. Mais il ne semble pas que cette contestation puisse signifier que la personne pourrait se tromper sur l'intention qui est la sienne : elle peut mentir, mais si elle déclare sincèrement avoir une certaine intention, alors il est vrai qu'elle a cette intention. La possession d'une certaine intention est un exemple typique de ces propriétés que nous ne pouvons mieux appeler qu'égologiques, parce qu'elles consistent dans le fait que la personne qui les possède ne les possède que parce qu'elle se les attribue. Ce qui rend vraie l'assertion « SC a l'intention de faire que p », c'est que SC a cette intention et il ne peut avoir cette intention sans avoir formé égologiquement cette intention. Le fait représenté par le jugement altérologique « SC est P », c'est le fait égologique que SC pense qu'il est P. Ce n'est pas l'état « objectif » de SC, un état dont on pourrait imaginer que quelqu'un le connaisse, sans que SC lui-même le connaisse en première personne.

Il y a sans doute peu de propriétés « égologiques » de ce type, autrement dit des propriétés dont l'attribution altérologique à une personne n'est vérifiée que par leur auto-attribution égologique par cette personne. Nous pouvons considérer que toutes les orientations de la volonté sont de ce type. Qu'il s'agisse de vouloir, d'avoir l'intention, de promettre, de s'engager, tous les états mentaux qui n'existent qu'en tant qu'actes de langage et actes égologiques de langage sont tels qu'une personne ne les possède en troisième personne que si elle les possède en première personne. Et c'est seulement *parce qu'*elle les possède en première personne qu'elle les possède en troisième personne. Ces propriétés (vouloir que p, promettre que p, etc.) sont donc essentiellement subjectives, au sens précis où un être ne les possède que s'il se les attribue égologiquement. Pour cette raison même, ces auto-attributions, et elles seules, ont la particularité de n'être pas altérologiquement « défaisables » : autrement dit, il est impossible de détromper quelqu'un qui affirme avoir l'intention de faire P ou de vouloir faire P.

A strictement parler, c'est à des jugements de ce type, et à eux seuls, que l'on peut vraiment reconnaître ce que les philosophes contemporains appellent « l'autorité de la première personne ». Nous avons vu en effet que même les jugements portant sur des états essentiellement conscients, s'ils sont immunisés contre le risque d'hallucination, ne le sont pas nécessairement contre le risque d'erreur prédicative, même si, *de facto*, ils sont presque toujours vrais : il y a un sens à *chercher* à faire reconnaître à quelqu'un que, par exemple, il ne se *souvient* pas d'avoir été à tel endroit, mais a simplement rêvé d'y être allé. Mais si l'on peut amener quelqu'un à renoncer à une intention, on ne peut l'amener à reconnaître qu'il se trompait en croyant avoir une certaine intention. On ne *croit* pas avoir telle intention, mais on forme ou on ne forme pas cette intention. Une personne peut donc reconnaître, après coup, qu'elle n'aurait pas dû avoir une certaine intention, mais ce n'est pas la même chose que de reconnaître qu'elle n'avait pas cette intention. Ceci suggère donc que l'autorité de la première personne n'est pas due à certaines particularités cognitives de la connaissance de soi, mais aux particularités *ontologiques* de certaines propriétés de soi. C'est parce qu'il y a une connexion ontologique entre le jugement et le contenu du jugement que la réalité du jugement entraîne sa propre vérité. Nous pouvons dire que, dans ce genre de cas, l'autorité de la première personne est nécessaire.

Elle est en revanche contingente dans le cas de nos jugements égologiques portant sur des états essentiellement conscients. Nous avons vu que de tels jugements pouvaient être erronés. Toutefois, il semble que l'on doive excepter de cette possibilité des jugements comme « je pense » ou « j'ai mal ». Dans ce dernier cas, la raison doit certainement être recherchée dans la nature même de nos états sensoriels et, spécialement, dans leur indépendance à l'égard de nos capacités conceptuelles. Avec ou sans le concept de douleur, nous souffrons, tandis que la conscience d'un état affectif ou cognitif semble plus directement impliquer la mise en œuvre d'un concept de ces états. Dans le cas du « je pense », l'immunisation de ce jugement contre le risque d'un erreur prédicative semble liée, comme nous l'avons avancé au second chapitre, à sa généralité. Ce jugement ne mentionne pas la sorte déterminée d'opération cognitive que nous accomplissons, mais il se borne à mentionner son *genre :* je pourrais me tromper en spécifiant la sorte d'opération cognitive que je suis en train d'accomplir (je crois me souvenir de quelque chose alors que j'imagine seulement avoir fait quelque chose), mais je ne peux me tromper en pensant que je suis en train de penser, plutôt que de courir dans la nature. Ici, notre jugement coïncide, dans son contenu prédicatif, avec ce qui est immunisé contre le risque d'hallucination. Imaginons que la faculté de perception externe d'une personne soit immunisée contre le risque d'hallucination : chaque fois qu'elle formerait le jugement « il y a quelque chose », ce jugement ne pourrait qu'être vrai. En revanche, le jugement « il y a un cheval » pourrait très bien être faux. Le « je pense » est équivalent, en généralité, à ce « il y a quelque chose ».

Si des pensées comme « je pense » ou « j'ai mal » présentent donc une triple immunisation à l'égard des erreurs d'identification, du risque d'hallucination et des erreurs prédicatives, il n'en reste pas moins qu'il y a une différence profonde entre l'autorité de ces jugements et celle d'un jugement comme « je veux que p ». L'autorité du second vient de la connexion entre la vérité du jugement et sa simple réalité, alors que l'autorité des premiers vient de la manière dont certains contenus s'offrent à celui qui se les attribue égologiquement. Dans le premier cas, il y a un fondement ontologique à l'autorité du jugement, alors que dans le second, il y a un simple fondement cognitif.

Si l'on a donc présent à l'esprit le petit noyau des propriétés *essentiellement* égologiques, autrement dit ces propriétés dont la réalité ne peut être connue altérologiquement (« SC est P ») que si elle est connue égologiquement, force est de reconnaître que, dans ce cas, l'égologie ne peut être contrôlée et amendée par l'altérologie, mais c'est à l'inverse l'altérologie qui doit se conformer à l'égologie. L'égologie domine ici despotiquement l'altérologie : il suffit et il est nécessaire que j'ai l'intention de faire p pour que SC ait l'intention de faire p. En outre, il n'est rien que je ne puisse vouloir ou promettre. Il y a évidemment un très grand nombre de choses que je ne pourrai jamais obtenir, quoique je les voulusse. Mais si quelqu'un veut l'impossible ou promet ce qu'il ne peut pas tenir, il est cependant impossible qu'il ne le veuille pas ou ne le promette pas s'il* le veut ou le promet. Si quelqu'un veut aujourd'hui que Napoléon triomphe hier à Waterloo, il est impossible qu'il ne le veuille pas et dénué de sens de nier qu'il le veuille. Non seulement, comme le disait déjà Épictète [1], rien ni personne ne peut nous ravir notre vouloir, mais nul ne peut simplement le contredire. L'égologie est donc bien ici souveraine : rien ne peut venir infirmer ou contredire un jugement égologique de cette sorte. Tout ce que je veux, je le veux !

3. *Disparaître, renaître, se séparer*

Cette situation de souveraineté de l'égologie est-elle exceptionnelle? Nous venons de voir qu'il n'y avait pas de sens à contredire altérologiquement un jugement égologique du type « je veux que p » pour la raison que je ne possède le prédicat en question que parce que je me l'attribue. A l'inverse, il semble y avoir un sens à contredire altérologiquement un jugement comme « je me promène » parce que le fait que SC se promène ne dépend pas du fait qu'il pense qu'il* se promène. On peut donc diviser l'ensemble des prédicats qu'un sujet peut s'attribuer égologiquement en deux classes : la classe des prédicats qui représentent des propriétés essentiellement égologiques ou subjectives et la classe des prédicats représentant des propriétés que, par contraste, on peut appeler intrinsèquement altérologiques. Ce qui caractérise les secondes, c'est qu'une personne les posséderait même si, pour parler comme Kant, elle n'avait pas « le "je" dans sa représentation ». Ce sont des propriétés que SC possède même s'il ne juge pas qu'il* les possède. SC ne possède donc aucune autorité par-

1. Par exemple *Entretiens*, I, 1, 12, trad. Joseph Souilhé, Paris, Les Belles Lettres, 1943, p.6.

ticulière pour juger qu'il les possède et il est même parfaitement envisageable qu'il se trompe à leur propos.

Il parait toutefois difficile de se contenter d'une telle bipartition. Car nous avons vu que, dans de nombreux cas, il était simplement peu probable que nos jugements égologiques soient faux, si du moins ces jugements exprimaient des états essentiellement conscients. Ce qui est essentiellement conscient n'est certes pas essentiellement égologique ou subjectif. Il y a donc une différence entre des jugements portant sur des propriétés essentiellement égologiques et des jugements portant sur des états essentiellement conscients. Dans ce second cas, il est en principe possible qu'il soit vrai que SC est P, même s'il ne pense pas qu'il* est P. En raison de la nature de P, il n'arrive cependant jamais que SC puisse ignorer qu'il est dans un état du genre de P. Néanmoins, nous avons vu qu'une erreur était cependant possible au moins dans certains cas, puisque, s'il y a immunisation contre le risque d'hallucination, il n'y a pas d'immunisation contre une erreur d'identification de l'état déterminé dans lequel nous nous trouvons : on peut confondre un rêve avec un souvenir, prendre une image pour une pensée. Quoique nos jugements portant sur des états essentiellement conscients soient donc le plus souvent vrais, ils ne le sont pas nécessairement.

Reste qu'une distinction générale entre des propriétés égologiques, des propriétés essentiellement conscientes et des propriétés altérologiques est certainement plus propre à refléter les différences entre les conditions de vérité ou, plutôt, de « contestabilité » de nos divers jugements égologiques qu'une simple bipartition entre les premières et les dernières. Il est impossible que nos jugements égologiques portant sur le premier type de propriétés soient contredits. Il arrive rarement qu'il y ait un sens à contredire ceux qui portent sur des propriétés du second type. En revanche, il peut arriver que nos jugements égologiques portant sur des propriétés du troisième type soient contredits. C'est donc seulement pour les jugements de cette dernière sorte que la souveraineté du locuteur semble gravement menacée.

Quels jugements tombent dans cette dernière rubrique ? On peut songer d'abord, comme dans l'exemple précédent, à ceux qui font référence à des propriétés ou états du Dcorps. Même lorsque ces jugements sont contrôlés par des sensations proprioceptives, il y a une place pour l'erreur. Plus exactement, il y a une place pour un jugement altérologique portant sur SC et contredisant tel jugement égologique de SC. Je puis juger que le Dbras se lève alors que le bras de SC ne se lève pas. Il n'y a toutefois pas lieu de remanier profondément la théorie de l'égologie avancée jusqu'ici pour faire droit à ce genre de situation. Un jugement comme « je lève le bras » est basé sur des informations proprioceptives, alors que l'objection altérologique : « ton bras ne se lève pas » décrit un fait physique auquel nous accédons perceptivement. Or, s'il est, sinon impossible, du moins peu probable que j'ai faussement le sentiment que mon bras se lève, un tel sentiment n'implique pas nécessairement l'occurrence du fait physique correspondant. Le jugement « ton bras ne se lève pas » ne contredit donc pas vraiment le jugement « je lève mon bras » car ce dernier n'exprime pas le fait physique que le Dbras se lève. En revanche, le jugement « ton bras ne se lève pas » peut servir de contrainte rationnelle à mon jugement égologique : je ne puis *rationnellement* continuer de penser que je lève mon bras si tout un chacun, autour de moi, nie que mon bras se lève. Si la pensée que je lève le bras n'est pas la pensée que le Dbras se lève, ma connaissance, grâce au regard d'autrui, du fait que le Dbras ne se lève pas m'oblige à ajuster mes pensées égologiques. Mais il s'agit clairement d'une obligation rationnelle et non d'une impossibilité cognitive.

Un cas plus général et plus intéressant est toutefois celui des jugements égologiques nous attribuant des dispositions psychologiques générales, du type « je suis un égoïste de première ». Si nous n'avons que peu examiné ces jugements jusqu'ici, c'est qu'à la différence des jugements égologiques nous attribuant des propriétés ou des états courants ou occurrents, ces jugements ne semblent pas basés sur des informations et, pour cette raison, ils conduisent moins aisément à l'idée d'aperception ou de conscience de soi au sens qu'on a cherché à écarter jusqu'ici. Or, cette absence de base informationnelle est certainement pour quelque chose dans le fait que ces jugements égologiques semblent de ceux qu'il est le plus ordinaire, le plus banal de contredire. Comparons en effet les trois jugements suivants :

1) « je veux voir l'Arabie heureuse »
2) « je me souviens d'y être allé »
3) « je suis assez coléreux ».

Il est manifeste, nous l'avons dit, qu'il est simplement impossible de contredire le premier jugement, pour la raison que ce jugement est lui-même le constituant principal de ce qu'il affirme. Ce jugement exprime un acte et, en l'exprimant, il fait exister cet acte. Il pourrait en revanche y avoir un sens à contredire le second jugement parce qu'il pourrait se faire, soit que le locuteur prenne un rêve pour un souvenir, soit qu'il se soit trompé quant au contenu prédicatif de son souvenir. S'il y a une façon dont nous nous rappelons d'avoir fait quelque chose qui exclut qu'il puisse se faire que ce ne soit pas nous qui ayons fait cela, en revanche, une erreur prédicative est possible concernant ce que nous avons fait. Quelqu'un peut croire, d'après un souvenir, être allé à tel endroit alors que ce n'est pas cet endroit qui est présent à son souvenir.

Des jugements de ce type sont subordonnés à des informations : la pensée que je suis allé à tel endroit accompagne l'occurrence du souvenir correspondant. En revanche, le troisième des jugements précédents semble d'une autre nature. Si l'on cherche à exprimer la différence, on peut dire que dans ce jugement, nous parlons de nous-mêmes. Cette assertion semblera étrange au regard de ce que nous avons soutenu jusqu'ici, mais je suppose que le lecteur n'est plus à un paradoxe prêt. Examinons ce que nous faisons lorsque nous parlons de quelqu'un d'autre et lorsque la pensée que nous formons n'est pas commandée par les informations que nous retirons de la présence réelle de cette personne. Nous pouvons utiliser nos souvenirs, faire des déductions, imaginer, etc. Nous pouvons bien sûr, à chaque fois, être détrompés et accepter de l'être. Notre connaissance d'autrui n'a aucune autorité particulière et est donc normalement faillible. Mais reprenons l'exemple dont nous nous sommes servis dans le chapitre précédent. Lorsque David Halliday dit : « je suis un battant et un angoissé », comment pourrions-nous rendre compte de la différence qui sépare cette pensée de celle par laquelle DH aurait dit de son père : « C'est un battant et un angoissé » ? Il semble que la pensée égologique de DH soit tout aussi faillible que la seconde et, si l'on peut dire, ordinairement faillible. Un : « Mais, non ! tu n'es pas un angoissé » ne déparerait pas dans la situation. Cependant cette pensée n'est-elle pas au moins immunisée contre l'erreur d'identification ? La réponse est, semble-t-il, qu'elle ne l'est pas au même degré qu'une pensée égologique qui serait basée sur des informations courantes. On doit en effet remarquer qu'il n'y a pas plus de lien informationnel qui préside à la formation de la pensée « mon père est un battant et un angoissé » qu'il n'y en a dans le cas de la version égologique de cette pensée. DH peut parler de son père en son absence, mais il peut aussi parler de lui-même sans avoir besoin de faire montre des propriétés mentionnées par sa pensée au moment où il la forme. Des informations ont été stockées dans sa mémoire qui lui permettent, dans les deux cas, de former ces pensées. DH possède un concept de son père ou, pour utiliser une métaphore informatique, un fichier le concernant et dans lequel il puise pour former les pensées qui le concernent. Mais faut-il dire que DH possède également en mémoire un fichier ouvert à son nom dans lequel il puise pour répondre aux questions des journalistes de *Télé Star ?* Il parait clair que DH n'a pas *improvisé*, ni simplement *décidé* qu'il était un battant et un angoissé lorsqu'on lui a posé la question. Il a donc fait appel à un certain savoir qu'il avait emmagasiné sur lui-même. Mais ce savoir est-il de même nature que celui qui porte sur son père ? Il semble y avoir un sens à opposer à DH qu'il commet une erreur d'identification. Un journaliste aurait pu lui objecter : « Non, David, ce n'est pas toi qui est un battant et un angoissé, c'est ton père ». Mais serait-ce bien une authentique erreur d'identification que relèverait le journaliste ? Pas vraiment. Car supposons que le journaliste ait raison : c'est Johnny et non David Halliday qui est un battant et un angoissé. Faut-il dire que David s'est pris pour Johnny ? Faut-il dire qu'il savait que quelqu'un était un battant et un angoissé et qu'il a pris à tort ce quelqu'un pour lui-même, alors que c'était son père ? Faut-il dire qu'il a cru ouvrir le fichier ouvert à son nom alors qu'il était, à son insu, en train d'ouvrir le fichier ouvert au nom de son père ? Les choses, en réalité, ne se sont pas passées comme cela. Car ce que le journaliste aurait dû ajouter, c'est quelque chose comme : « David, tu te prends pour ton père, tu t'identifies à ton père ». Autrement dit, David n'a pas ouvert à son insu le fichier de son père : il a glissé dans son propre fichier une partie du contenu du fichier de son père.

Analysons la situation plus généralement : nous acquérons, au fil de notre expérience, des informations, vraies ou fausses, sur les diverses choses que nous rencontrons ou dont nous entendons parler. Nous ouvrons des fichiers-concepts les concernant. Parfois, nous croyons ouvrir un certain fichier, mais c'est un autre que nous ouvrons. Nous commettons alors une erreur d'identification : on nous interroge sur les quasars et, sans y prendre garde, nous ouvrons le fichier *naine blanche :* « Ah oui ! j'ai confondu » dira-t-on dans un cas de ce genre[1]. Mais faut-il dire qu'il y a un fichier de ce genre nous concernant ? Il doit nécessairement y avoir un fichier quelconque, parce qu'il est manifeste que nous sommes capables de former, à propos de nous-mêmes, des pensées égologiques qui ne sont pas commandées par des informations courantes. Si l'on nous demande notre nom ou si l'on nous interroge sur nos goûts en peinture, nous pouvons répondre sans que cette réponse n'exploite la moindre information courante. Il y a donc un fichier nous concernant et c'est là notre Moi, une sorte de réserve d'égologie, toujours disponible, à moins que nous ne soyons frappé d'amnésie et réduit à une sorte de Moi ponctuel. Mais ce fichier est d'un genre très particulier.

Premièrement, ce fichier ne peut jamais posséder de clôture conceptuelle. Nous sommes quelque part et enregistrons tout ce qui passe *ici*. Nous avons ouvert ce que John Perry appelle, nous l'avons déjà évoqué, un *buffer*. Mais nous pouvons transférer le contenu du fichier indexical dans un fichier conceptuel stable, dès lors que nous savons que ici = Moscou. Les informations acquises indexicalement sont désormais disponibles pour un usage conceptuel. Mais où pourrions-nous bien transférer les informa-

1. Cf. Platon, *Théétète*, 197c-199b.

tions acquises "indexicalement" sur nous-mêmes? Dans le fichier *SC ?* Mais comment pourrions-nous alors exploiter à l'avenir ces informations sinon parce que nous saurons, à ce moment-là, que nous* sommes SC? Faudrait-il dire alors que ce fichier SC est lui-même contenu dans le *buffer* associé au "je" ? Il est plus raisonnable de supposer qu'il n'y a qu'un unique fichier, associé au "je". C'est qu'il y a en effet une différence éclatante entre "je" et "ici". Dans ce dernier cas, le fichier associé ne peut être qu'un *buffer* parce que, dans le cours de notre expérience, "ici" se trouvera associé à des dizaines de lieux différents. Mais "je" ne sera jamais associé, par moi qui l'utilise, à personne d'autre que moi-même. Plus exactement, "je" ne sera jamais, dans ma bouche, associé à quoi que ce soit : il sera moi, simplement moi [1]. D'où suit qu'il est inutile de multiplier les fichiers sans nécessité : dès que nous avons dit "je", nous avons ouvert un fichier et dans ce fichier est stockée une partie des prédicats que nous nous sommes attribués.

Il suit donc, deuxièmement, que ce fichier ne peut être confondu avec un autre et, pour cette raison, l'immunisation contre les erreurs d'identification ne concerne pas seulement les pensées égologiques basées sur des informations courantes. Comparons les deux situations suivantes : 1) on m'interroge sur les quasars et je réponds par des informations que je prends dans mon fichier *naines blanches ;* 2) on m'interroge sur moi-même et je réponds en m'attribuant des propriétés qui sont celles de mon père. Dans le premier cas, je me suis simplement trompé de fichier. Mais, dans le second cas, je ne puis m'être trompé de fichier, car le fichier me concernant ne peut être confondu avec nul autre. Il y a une différence de nature entre les pensées que je forme au moyen du "je" et toutes celles qui sont à propos de quelque objet. Si nous supposons que David Halliday s'est prêté certaines des propriétés de son père, l'explication ne peut donc être qu'il s'est confondu avec son père, mais bien, comme on le dit d'ailleurs usuellement, qu'il s'est *identifié* à son père. Nous devons comprendre que nous sommes là en face de l'origine même de la psychologie personnelle. La psychologie personnelle ou psychologie du Moi est aux jugements égologiques ce que la psychologie de l'erreur est aux jugements altérologiques. On peut chercher à expliquer comment quelqu'un peut faire des erreurs, tout en

1. Il me parait superflu d'examiner la pseudo objection qui voudrait que "je" soit aussi un mot que je puis entendre proférer par d'autres. Les fichiers sont associés à des pensées, pas à des mots et lorsque nous entendons quelqu'un nous dire "je", nous n'avons pas une pensée de même nature que celle que nous associons à nos propres articulations de "je". Un cas intéressant est cependant celui où nous entendons notre voix à la radio : mais même dans ce cas, on doit prendre possession de soi.

possédant des informations vraies, par exemple expliquer une erreur de calcul ou, comme dans l'exemple précédent, expliquer une erreur d'identification. Mais la psychologie de l'identification n'est pas la même chose qu'une explication des erreurs d'identification. C'est une explication de la manière dont le contenu de certains fichiers conceptuels peut se retrouver dans le fichier égologique d'une personne.

Une telle psychologie serait dénuée de sens si l'on concevait le Moi comme une entité plutôt que comme un fichier. Si le moi était une entité, David Halliday se tromperait comme on peut se tromper à propos de n'importe quel objet. Mais si David Halliday est une entité, en l'occurrence un être humain qui est né un certain jour et qui a jusqu'ici traversé le temps, ce que David Halliday est pour lui-même et en première personne, ce qu'il nous dirait qu'il est si on allait l'interviewer, cela n'est pas une entité, *a fortiori* une substance. Ce que nous pouvons appeler le Moi de David Halliday n'est ni une substance, ni un événement ni une entité de quelque catégorie ontologique que ce soit. C'est un fichier qui est maintenu ouvert par l'aptitude continuée de l'entité David Halliday à user du pronom de la première personne. Mais cette aptitude continuée n'est pas elle-même une propriété du Moi : c'est une propriété de l'entité David Halliday. Nous sommes à chaque instant de notre vie consciente capables de dire “je”. Mais la continuité de cette aptitude n'est pas elle-même quelque chose dont nous sommes égologiquement conscients. Lorsque nous disons “je”, nous le disons toujours au présent.

Nous pouvons noter, au passage, que cette caractérisation du Moi comme un fichier associé à l'usage du “je” rend quelque peu équivoque l'association de l'égologie au problème de l'identité personnelle tel qu'il se trouve posé par les philosophes depuis Locke[1]. Seule en effet une substance est susceptible de conserver une identité à soi au travers du temps[2]. Il est vrai que l'observateur extérieur qui aurait suivi David Halliday depuis sa naissance aurait constaté une certaine continuité dans ce que celui-ci, au fil du temps, pensait de lui-même. A l'inverse, s'il l'avait vu, un beau jour, changer du tout au tout ses pensées égologiques, si un beau matin, il l'avait entendu expliquer qu'il était le fils d'un coureur cycliste et que, spécialiste lui-même de philosophie néo-platonicienne, il était l'auteur d'un ouvrage intitulé « la Procession plotinienne », il aurait pu, comme Locke, se dire qu'une nouvelle personne était née dans le corps de David Halliday. Toutefois, dans les deux cas, ce qui conserve ou perd son identité, c'est

1. *Essai philosophique concernant l'Entendement humain*, livre II, chap. XXVII.

2. C'est là une simple vérité analytique : est une substance ce qui conserve une identité à soi au long du temps.

l'entité David Halliday, en raison du contenu de ses attributions égologiques. Ce n'est pas le Moi lui-même qui perdure ou qui change, car le Moi vivant de David Halliday ni ne perdure ni ne change. Toute pensée égologique est formée au présent et c'est au présent que l'on se souvient d'avoir fait que p. Si une personne n'a plus aujourd'hui les souvenirs qu'elle avait hier, elle est peut-être pour nous ou en soi une autre personne, mais elle n'est pour elle-même ni la même ni une autre, parce qu'il n'y a nulle place pour une comparaison entre ce qu'elle se souvient aujourd'hui d'avoir été et ce qu'elle se souvenait hier d'avoir été [1]. On peut se souvenir aujourd'hui qu'on ne se souvenait pas hier de ce dont on se souvient maintenant. Mais on ne peut se souvenir de ce dont on se souvenait, mais dont on ne se souvient plus. Les entités du monde physique existent dans le temps : elles changent ou restent identiques à elles-mêmes. Parce que le Moi n'existe pas dans le temps, il n'est pas une entité du monde physique. Il n'est pas une entité du tout. Il est un *buffer*. “Je” ouvre un *buffer*. Je *suis* un *buffer*.

Il nous faut donc dire, si l'on revient maintenant à notre problème initial, que *tout* peut entrer dans ce *buffer* et que rien ne *doit* y entrer. Il est évident que l'on peut *expliquer* pourquoi une personne pense qu'elle* est P. Ce qui se retrouve dans son *buffer* égologique a le plus souvent transité par une base informationnelle. C'est le souvenir de colères fréquentes qui me conduisent à penser que je suis coléreux. Néanmoins, ce qui reste fondamental, c'est l'impossibilité de principe de déduire le contenu du *buffer* égologique d'une personne à partir d'une connaissance de tous les faits altérologiques la concernant ou concernant toutes les autres entités du monde. Une intelligence omnisciente du type de celle qu'imaginait Laplace ne pourrait connaître avec certitude le contenu des *buffers* égologiques. Imaginons que nous rencontrions une personne que nous avions perdu de vue depuis de nombreuses années. Nous l'appelons par son nom, mais elle ne répond pas. Nous évoquons quelques souvenirs communs, mais elle dit ne pas être concernée. Elle décline alors son nom, quelques aspects de son passé, etc. et nous sommes bien obligés de reconnaître que cette personne n'est pas celle que nous connaissions. La vérité est que l'entité qui est en face de nous abritait une personne qui, un jour, a décidé de disparaître. Ali

1. Autrement dit, lorsque Locke affirme que « la conscience fait l'identité personnelle » (*Essai*, II, xvii, § 9-10, p. 264-265), il veut dire que, pour un observateur extérieur, la continuité et la cohérence temporelles des jugements égologiques d'autrui permettent de dire qu'on a affaire à la même personne. Mais l'égologue ne peut lui-même se ré-identifier comme étant le même.

el-Hadjiri a décidé de disparaître et a cédé la place à Robert Maillard[1]. Un cognitiviste farouche parlera-t-il ici de quelque dysfonctionnement du mécanisme normal qui assure le remplissement des *buffers* égologiques ?

La construction d'un Moi n'est certes pas analogue à des emplettes faites sur le marché des prédicats. Une part importante de nos jugements égologiques courants sont contrôlés par des informations ou enracinés dans des informations. Mais dès qu'on s'éloigne de cette base informationnelle ou dès que celle-ci se trouve médiatisée par le filtre de la mémoire et les jeux de l'induction, la contrainte cognitive s'assouplit. Nos pensées égologiques expriment, à notre insu, des faits altérologiques. Néanmoins, nous *savons* que nos pensées égologiques expriment de tels faits. Nous acceptons donc que ces faits, lorsqu'on nous les objecte, viennent comme contraindre nos attributions égologiques. Mais l'acceptation de cette contrainte n'est rien d'autre qu'une des formes de notre rationalité. Nous remplissons donc notre *buffer* égologique sous contrainte rationnelle. Mais cette contrainte peut se relâcher, soit involontairement, soit volontairement.

Une personne n'est donc pas ce corps doué de conscience que la Nature a fait et que nous pouvons observer. Une personne est une conscience égologique en laquelle s'est ouvert un *buffer*. Ce *buffer* est une réserve d'égologie qui s'est emplie peu à peu. L'aptitude à l'ouvrir a elle-même été acquise : notre « âme » n'est donc pas venue d'ailleurs. Mais cette âme n'est pas non plus venue de la nature par quelque mécanisme d'acquisition et de traitement d'informations. Cette âme nous est venue en apprenant à penser égologiquement. Comme l'écrit Karl Popper :

> Il me semble d'une importance considérable [de noter] que nous ne sommes pas nés en tant que sujets (*selves*), mais que nous avons appris à être des sujets[2].

Nous *sommes* donc simplement une aptitude continuée à l'égologie, couplée à une réserve plus ou moins abondante d'égologie. Nous pouvons, dans certaines limites, vider et ré-emplir notre *buffer :* ainsi pourrions-nous renaître. Mais cette dimension constructionnelle du Moi est soumise à la contrainte rationnelle que fait peser sur elle le système de nos pensées altérologiques[3]. Toutefois cette dimension constructionnelle est bien

1. « Ali el-Hadjiri avait construit quinze ans de sa vie sous un nom usurpé. Démasqué et condamné, il s'est pendu », *Libération* du 21 juin 1999, p. 20.

2. Karl Popper, John Eccles, *The Brain and the Self*, Berlin, Springer-Verlag, 1977, p. 109.

3. Le caractère en partie involontaire de nos souvenirs constitue-t-il une limite *naturelle* à cette dimension constructionnelle du Moi ? Ou n'est-il pas la source des conflits psychiques décrits par la psychanalyse ?

réelle, sans quoi on ne pourrait expliquer qu'une personne puisse se transformer en ré-élaborant son identité narrative.

*

Comment faut-il donc expliquer qu'une pensée égologique puisse, comme n'importe quelle pensée altérologique, posséder une valeur sémantique, être vraie ou fausse? Si une pensée égologique n'est pas la découverte d'un fait, mais une prise de possession mentale, d'où vient qu'elle puisse être fausse ou contredite ? La réponse la plus générale qu'on puisse formuler est qu'une pensée égologique ne possède une telle valeur sémantique que parce qu'elle communique avec le reste de nos pensées altérologiques, en même temps qu'elle est exposée à la compréhension d'autrui. Notre langage est ainsi fait que "je" communique avec "tu" ou "il", de même qu'avec diverses descriptions ou noms. Lorsque je pense que je suis P, autrui comprend « il est P », « cette personne est P » et je comprends cette pensée d'autrui. Je dispose donc d'un équivalent altérologique permanent de chacune de mes pensées égologiques et je peux, par ce biais, leur attribuer une valeur sémantique. Le haut-parleur naturel dont nous avons parlé au chapitre quatre existe : ce sont les autres, dont la compréhension de nos propres pensées forme une traduction altérologique permanente de nos pensées égologiques. Si j'affirme que je suis P, mais qu'autrui formule « non, tu n'est pas P », alors j'accède au fait auquel ma pensée égologique ne pensait pas.

Nous soumettons donc, en nous-mêmes, l'égologie à l'altérologie. Mais cette soumission, loin d'être naturelle, est plus simplement normative. De même que le jugement « la pluie tombe » me barre le chemin de « je pleus », le jugement « SC est non-P » peut me barrer le chemin de « je suis P ». C'est l'incompatibilité rationnelle de ces croyances qui explique nos ajustements égologiques et non pas notre méconnaissance de certains *faits* égologiques.

CONCLUSION

Qu'est-ce qui fait d'un être conscient un sujet ou une personne ? La réponse la plus générale que nous proposons d'apporter à cette question est donc simplement la suivante : son aptitude continuée à l'égologie, couplée à une réserve plus ou moins abondante d'égologie.

Pour récapituler brièvement ce qui motive cette réponse, le plus simple est de revenir à ce qu'un auteur plusieurs fois mentionné dans les pages précédentes a appelé le « paradoxe de la conscience de soi » [1]. Ce paradoxe naît lorsqu'on prend conscience du caractère *essentiel* du pronom de la première personne. Nous avons vu que la valeur cognitive d'une pensée formulée en première personne ne pouvait être retrouvée si l'on remplaçait le pronom de la première personne par un nom propre ou une description définie du locuteur. Il serait donc impossible d'expliquer la capacité d'une personne à former des pensées en première personne autrement qu'en employant, dans l'*explanans,* le pronom de la première personne lui-même : pour employer le pronom de la première personne, un locuteur doit être en mesure de faire référence à lui-même en tant que locuteur du "je".

Ce paradoxe, nous l'avons dit, n'en est un que si l'on admet tacitement que l'usage du "je" est intentionnellement référentiel, qu'un locuteur, qui dit "je", pense *à* lui-même en disant "je". Or, le lecteur habitué à la lecture des auteurs traditionnels ne manquera pas de remarquer la parenté entre ce préjugé et la fascination éprouvée par les philosophes modernes pour l'ontologie de l'objet. Comment quelque chose pourrait-il être reconnu comme *étant* qui ne serait pas *objet* de quelque pensée, réelle ou possible ? C'est à ce préjugé que se rattache la définition traditionnelle du sujet comme un étant qui est un objet pour lui-même. Et c'est de cette définition

1. José Luis Bermudez, *The Paradox of Self-Consciousness.*

que découle la formulation traditionnelle du « paradoxe de la conscience de soi ». Si le sujet est un objet pour lui-même, le sujet qui aperçoit le sujet-objet n'est pas lui-même son propre objet, dans le temps même où il s'aperçoit. De là le paradoxe, puisque si le sujet s'aperçoit, celui qui aperçoit ne peut être lui-même aperçu tandis qu'il aperçoit, à moins qu'on ne dise qu'il s'aperçoit s'apercevant. Mais à ce compte, ce serait manifestement tout un art que de former une pensée comme « je lève le bras ».

Soit que dans le langage de certains philosophes contemporains on veuille que toute pensée soit référentielle, soit que dans un langage plus traditionnel on veuille que toute conscience soit conscience d'un objet, dans les deux cas, cette opération si aisée et si ordinaire qui consiste à dire "je" devient un paradoxe : pour l'accomplir, le locuteur ou, simplement, le penseur devrait être affublé d'une sorte de miroir dans l'âme qui lui permettrait de voir *à qui* il pense ou fait référence en disant "je".

Mais où réside le « paradoxe » ? Est-ce la subjectivité elle-même qui est paradoxale et résiste à une élucidation claire et distincte ? Ou bien n'est-ce pas simplement la *notion* de « conscience de soi », au moyen de laquelle on a voulu la concevoir, qui est paradoxale et signale par là même son inadéquation ?

Aucun des auteurs auxquels nous venons de faire allusion n'a envisagé cette alternative : tous ont donc cherché à « résoudre » le paradoxe de la conscience de soi. Les uns ont conclu que, puisque le sujet ne pouvait être un objet pour lui-même, c'est qu'il transcendait l'expérience et constituait une sorte de foyer d'unité surplombant l'expérience [1]. D'autres ont préféré conclure que le sujet n'était qu'une fiction linguistique engendrée par nos « préjugés grammaticaux ». Ils ont considéré que la conscience était foncièrement impersonnelle, que l'expérience consciente pourrait être restituée de manière purement impersonnelle et il n'ont vu dans le "je" qu'un tour « fallacieux », juste bon à engendrer les pseudo-problèmes de l'idéalisme et du réalisme. Quant à ceux, enfin, que nous avons appelé les « amis de Matière », ils ont cherché à faire naître le sujet dans le rat et le chien, que leur mutisme exemptait de tout paradoxe.

1. Étrange manière cependant de résoudre le « paradoxe » que celle qui consiste à doter la conscience elle-même des attributs de la subjectivité : ne pouvant expliquer comment une conscience peut dire ou penser "je", on pose simplement, en principe, qu'elle est, de manière « originaire » ou « constitutive » un « je pense ». On parle alors d'un *Je* majusculaire faisant ceci ou cela. Mais qu'est-ce qu'un Je ? Un mot ? Un étant ? La conscience elle-même ? Qui le pense et le prononce ce "je" transcendantal ? Imaginons qu'on ne puisse expliquer pourquoi le ciel est bleu et que quelque philosophe affirme que, de manière originaire, le ciel est bleu. Serait-on bien avancé ?

L'un des seuls philosophes à avoir tenté de rompre avec cette approche de l'essence de la subjectivité est Sartre dans son essai sur *La transcendance de l'Ego*[1]. Sartre a jugé, au rebours d'auteurs comme Kant ou Husserl, qu'il était nécessaire de dissocier conscience et subjectivité. Le champ de conscience, écrit Sartre, est « impersonnel ». Pour l'unifier, nul besoin de quelque pôle d'unité transcendant, de quelque « Je transcendantal ». La conscience est unifiée par son intentionnalité, autrement dit par ses objets. Et elle est unifiée dans le temps « par un jeu d'intentionnalités “transversales” qui sont des rétentions concrètes et réelles des consciences passées »[2]. Certes, la conscience est également « conscience d'elle-même ». Mais cette « conscience de conscience [...] n'est pas positionnelle, c'est-à-dire que la conscience n'est pas à elle-même son objet »[3]. Dans la conscience que Sartre appelle « irréfléchie », il n'y a donc pas “je” :

> Quand je cours après un tramway, quand je regarde l'heure, quand je m'absorbe dans la contemplation d'un portrait, il n'y a pas de “je”. Il y a conscience du *tramway-devant-être-rejoint*, etc., et conscience non positionnelle de la conscience[4]...

Comme la plupart des philosophes, Sartre est néanmoins resté fasciné par l'ontologie de l'objet. En rejetant l'identification de la conscience avec quelque mystérieux “je” transcendantal, il n'a pas trouvé d'autre moyen d'expliquer qu'une conscience impersonnelle puisse dire “je” sinon en faisant dériver ce “je” de l'intuition d'un ob-jet. D'après Sartre, le “je” est un objet de la conscience réfléchissante :

> chaque fois que nous saisissons notre pensée, soit par une intuition immédiate, soit par une intuition appuyée sur la mémoire, nous saisissons un *Je* qui est le Je de la pensée saisie et qui se donne, en outre, comme transcendant cette pensée et toutes les autres pensées possibles[5].

Autrement dit, pour Sartre, le “Je” ou, parfois le “Moi” ou l'“Ego”, aurait la réalité d'un objet et l'égologie ne serait rien d'autre que le discours de la conscience réfléchissante *sur* cet objet intentionnel, un objet dont la particularité, parmi les autres objets, serait d'être accessible, non à la conscience irréfléchie, mais seulement à la conscience réfléchissante.

1. Jean-Paul Sartre, *La transcendance de l'ego*, Paris, Vrin, 1965.
2. *Op. cit.*, p. 22.
3. *Op. cit.*, p. 24.
4. *Op. cit.*, p. 32.
5. *Op. cit.*, p. 27.

La conception que nous avons proposée, à force d'« Iks », de « Dbras » et autres « buffers », implique donc simplement qu'on veuille bien se libérer tout à fait de cette fascination pour l'objet. Le sujet n'est pas la conscience elle-même qui, nous avons cherché à le montrer, est impersonnelle [1]. Mais il n'est pas non plus un *objet* de la conscience réfléchissante, sous peine de ne pas comprendre que l'on puisse, en toute simplicité, formuler une pensée aussi irréfléchie que « je cours après le tramway ». "Sujet", c'est ce que devient *une* conscience dès lors et en tant qu'elle est capable d'égologie.

Cette conclusion repose donc toute entière sur l'identification d'une *pensée* égologique avec un mode d'*être* de la conscience qui pense égologiquement. Elle suppose donc qu'on reconnaisse qu'une pensée égologique n'est tout simplement pas une pensée comme les autres. C'est une propriété de *toutes* nos pensées, qu'elles soient descriptives ou indexicales, que plusieurs personnes peuvent *identiquement* les former, sous réserve, dans le cas des pensées indexicales, d'un enracinement cognitif au contexte. Mais une pensée égologique est une pensée qu'une seule personne peut former : la personne qui précisément la forme. Or, l'explication de ce fait, nous avons cherché à le montrer, n'a rien à voir avec l'existence d'un mode de présentation de soi auquel une seule personne pourrait accéder. L'explication est qu'en formant une pensée égologique, il y a quelque chose qu'une conscience *devient* et, par définition, nulle autre qu'elle ne peut le devenir. Le "je" est donc moins un mode de représentation qu'un mode d'être : en pensant égologiquement n'importe quel contenu, on acquiert une sensibilité pratique à ce contenu, on devient responsable de lui.

Cette connexion entre le langage, la pensée et l'être ne peut donc avoir valeur de paradigme général : elle caractérise les seules pensées égologiques et le seul être du sujet. Même si l'on peut vraisemblablement soutenir qu'il y a une dépendance générale entre le langage et la pensée, cette dépendance ne saurait s'étendre jusqu'à l'être. Même si le mot "coq", avec le système classificatoire auquel il est associé, est pour quelque chose dans notre aptitude à être attentif à cette sorte de créatures, il n'est pour rien dans la couleur du plumage de ces volatiles. La conception constructiviste de la subjectivité que nous avons cru devoir proposer n'est donc pas un élément dans une conception constructiviste globale : c'est au contraire cette dimension constructiviste du Moi qui le place hors du monde. C'est elle qui peut permettre d'expliquer, sans invoquer quelque mystérieuse entité

1. C'est en effet ainsi que l'on peut exprimer le sens positif de la thèse relative à l'*elusiveness of the self*.

nouménale ou transcendante, pourquoi « le sujet n'appartient pas au monde » quoiqu'il puisse produire des effets dans le monde, dès lors qu'une conscience devenue subjective existe et agit d'une façon qui dépend de sa subjectivité.

Les difficultés rencontrées par les philosophes pour rendre compte de la nature de la subjectivité viennent donc de ce qu'ils ont supposé que le sujet préexistait à sa pensée égologique. Mais le sujet ne précède pas, ne serait-ce que logiquement, l'égologie. Le sujet est constitué par l'égologie ou, plus exactement, une conscience devient un sujet ou une personne lorsqu'elle est capable d'égologie.

En faisant de l'égologie l'essence même de la subjectivité, on dispose donc d'une solution fort simple et dénuée de « paradoxe » au problème métaphysique de la nature du sujet. *Ce qui* pense égologiquement n'a rien de mystérieux : c'est un corps, incluant un cerveau et un système sensori-moteur. Ce corps est donc *naturellement* doué de conscience. Mais la conscience n'est pas *naturellement* subjective. Des corps conscients auraient pu vivre impersonnellement : les bêtes elles-mêmes, quoique sensibles aux informations qui les concernent, vivent impersonnellement. Toutefois, l'Ego n'est pas non plus, comme l'a soutenu Sartre, un objet de la conscience, voire la conscience elle-même devenue à elle-même son propre objet. Il faut plutôt dire que c'est la conscience qui devient sujet ou devient subjective en pensant égologiquement. Car en pensant égologiquement, la conscience ne pense pas *à* un sujet-objet, mais elle pense d'une certaine manière à certains contenus « mondains ». Elle cesse d'être un miroir intentionnel pour devenir un sujet.

Nous pourrions donc exprimer synthétiquement la signification ontologique de nos analyses en disant que la subjectivité a la conscience naturelle pour substrat ou suppôt, mais qu'elle n'y est pas identique [1]. Elle est inséparable de la conscience naturelle, en ce sens que la disparition de celle-ci entraîne celle de la personne. Mais, en droit, la subjectivité pourrait aussi disparaître, sans que la conscience naturelle ne disparaisse : c'est ce qui arriverait si celle-ci s'exerçait dans le cadre ou la forme d'un langage impersonnel. On doit donc dire, non pas que l'âme est réellement distincte du corps, mais, seulement, qu'elle en est formellement distincte [2].

1. On reconnaît la relation que certains philosophes contemporains appellent de *survenance* [*supervenience*]. Cf. Donald Davidson, *Actions et événements*, trad. fr. Pascal Engel, Paris, P.U.F., 1993, p. 286-287, note.

2. Sur la distinction formelle, en tant que distinction plus faible que la réelle, mais plus forte que la distinction de raison, cf. Duns Scot, *Ordinatio*, I, dist. 2, pars 2, qu. 1, B, Civitas Vaticana, Typis Polyglottis Vaticanis, 1950.

Cette dernière possibilité, celle d'une mort du sujet par impersonnalisation, semble cependant plus théorique que réelle : car tout se passe comme si, dès que le "je" trouvait le chemin d'une conscience, celle-ci ne pouvait plus se déprendre de sa subjectivité. On peut donc certes dire, comme certains métaphysiciens orientaux ou quelques uns de leurs disciples occidentaux, que la subjectivité est une illusion, si l'on entend par là qu'elle n'est pas un étant naturel. Mais nous *sommes* cependant cette illusion et c'est ce qui la rend indissoluble [1].

1. De là vient qu'on puisse douter que ce savoir suffise à nous procurer, comme le croyait Mach « une vie plus libre et plus *inspirée*, excluant le mépris pour le Moi d'autrui autant qu'une surestimation du Moi propre » (*L'analyse des sensation*, trad., p. 27). Savoir que le jeu d'échecs dépend de certaines *règles* n'a jamais réussi à détruire notre intérêt pour les échecs, ni à nous donner un quelconque pouvoir sur ces règles.

BIBLIOGRAPHIE [1]

ANSCOMBE Elizabeth, "The First Person" *in* Samuel Guttenplan (ed.), *Mind and Language*, Oxford, Oxford University Press, 1975, repris *in* Cassam, *Self-Knowledge*, p. 140-159.

BERMUDEZ José Luis, EILAN Naomi, MARCEL Anthony (eds.), *The Body and the Self*, Cambridge (Mass.), The MIT Press, 1995.

BERMUDEZ José Luis, *The Paradox of Self-Consciousness*, Cambridge (Mass.), The MIT Press, 1998.

BOUVERESSE Jacques, *Le mythe de l'intériorité*, Paris, Éditions de Minuit, 1987.

CAMPBELL John, *Past, Space and Self*, Cambridge (Mass.), The MIT Press, 1994.

CASSAM Quassim (ed.), *Self-Knowledge*, Oxford, Oxford University Press, 1994.

CASTANEDA Hector-Neri, « "He". A Study in the Logic of Self-Consciousness » in *Ratio*, vol. 8, 1966, p. 130-157.

– "Indicators and Quasi-indicators", *American Philosophical Quaterly*, vol. 4, 1967, p. 85-100.

– "On the Phenomeno-logic of the I", *Proceedings of the XIV*[th] *International Congress of Philosophy*, University of Vienna, 1969, repris dans Cassam, *Self-Knowledge*, p. 160-166.

– *Thinking, Language and Experience*, Minneapolis, University of Minnesota Press, 1989.

CHAUVIER Stéphane, "Frege et le cogito", *Dialogue*, t. XXXVIII, n°2, 1999, p. 349-368.

1. Nous mentionnons ici les principaux ouvrages ou articles auxquels nous nous sommes référés ou bien que nous avons utilisés. Pour des références plus détaillées à l'imposante littérature relative à la "connaissance de soi" et à la nature du Moi, on peut consulter, outre la bibliographie de l'ouvrage de Bermudez, le site suivant :

http://www.canisius.edu/~gallaghr/path.html

– "Du bon usage des arguments transcendantaux", *Cahiers de philosophie de l'Université de Caen,* n° 35, 2000, p. 51-79.

– "Kant et l'égologie", *Archives de philosophie,* vol. 65 n°2, 2002.

CHILSOM Roderick, "On the Observability of the Self", *Philosophy and Phenomenological Research*, vol. 30, 1969, p. 7-21, repris *in* Cassam, *Self-Knowledge*, p. 94-108.

– *The First Person. An essay on Reference and Intentionality*, Minneapolis, University of Minnesota Press, 1981.

CORAZZA Eros, DOKIC Jérôme, *Pensée en contexte. Le phénomène de l'indexicalité*, Combas, L'Éclat, 1993.

CORAZZA Eros, « Dire "je" », *Dialogue*, t. XXX, n° 3/4, 1991, p. 51-75.

– *Référence, contexte et attitudes*, Paris/Montreal, Vrin/Bellarmin, coll. "Analytiques", 1995.

DENNETT Daniel, "The Self as a Center of Narrative Gravity" in F. Kessel, P. Cole, D. Johnson (eds.), *Self and Consciousness : Multiple Perspectives*, Hillsdale, NJ, Lawrence Erlbaum, 1992.

– "The Origins of Selves", *Cogito*, 3, 1989, p. 163-73, repris dans D. Kolak, R. Martin (eds.), *Self and Identity. Contemporary Philosophical Issues,* London, Macmillan, 1991.

DESCARTES René, *Œuvres*, éd. C. Adam et P. Tannery, nouvelle présentation, Paris, Vrin, 13 vol., 1944-1972.

ENGEL Pascal, *Philosophie et psychologie*, Paris, Folio-Gallimard, 1996.

EVANS Gareth, *The Varieties of Reference*, Oxford, Clarendon Press, 1982.

– *Collected Papers*, Oxford, Clarendon Press, 1985.

FREGE Gottlob, *Ecrits logiques et philosophiques*, trad. Claude Imbert, Paris, Le Seuil, 1971.

FRITH Christopher, *The Cognitive Neuropsychology of Schizophrenia,* Hillsdale, NJ, Lawrence Erlbaum, 1992, trad. fr. *Neuropsychologie cognitive de la schizophrénie*, par B. Pachoud, C. Bourdet, Paris, PUF, 1996

GALLAGHER Shaun, "Self-Reference and Schizophrenia : A Cognitiv Model of Immunity to Error through Misidentification" in Dan Zahavi, Josef Parnas (eds.), *Problems of the Self*, Amsterdam/Philadelphia, John Benjamins, 1999.

GALLAGHER Shaun, SHEAR Jonathan (eds.), *Models of the Self*, Exeter, Imprint Academic, 1999.

GRIVOIS Henri, PROUST Joëlle (dir.), *Subjectivité et conscience d'agir*, Paris, PUF, 1998.

HUME David, *A Treatise of Human Nature*, ed. L.A. Selby-Bigge, rev. by P.H. Nidditch, Oxford, Clarendon Press, 1978 ; trad. fr. Philippe Baranger, Philippe Saltel, 3 vol., Paris, GF-Flammarion, 1993-95.

KANT Immanuel, *Kritik der reinen Vernunft,* hg von Raymund Schmidt, Hamburg, Felix Meiner Verlag, "Philosophische Bibliothek", 1976 ; trad. fr. *Critique de la Raison pure* par Alain Renaut, Paris, Aubier, 1997.

KAPLAN David, "Demonstratives" in Joseph Almog, John Perry, Howard Wettstein (eds.), *Themes from Kaplan*, Oxford, Oxford University Press, 1989.

KRIPKE Saül, *On Rules and private Language*, Oxford, B. Blackwell, 1982 ; trad. fr. *Règles et langage privé* par T. Marchaisse, Paris, Le Seuil, 1996.

LOCKE John, *Essai philosophique concernant l'Entendement humain*, trad. Coste, réimp. Paris, Vrin, 1983.

MCDONALD Cynthia, SMITH Barry, WRIGHT Crispin (eds), *Knowing Our Own Minds : Essays on Self-Knowledge*, Oxford, Oxford University Press, 1998.

MCDOWELL John, *Mind and World*, Cambridge (Mass.), Harvard University Press, 1996.

MACH Ernst, *Die Analyse der Empfindungen,* Darmstadt, 1922 ; trad. fr. *l'Analyse des sensations,* par Françoise Eggers, Jean-Maurice Monnoyer, Nîmes, Jacqueline Chambon, 1996.

MAINE DE BIRAN, *Mémoire sur le décomposition de la pensée*, éd. François Azouvi, Paris, Vrin, 1988.

– *De l'aperception immédiate*, éd. Ives Radrizzani, Paris, Vrin, 1995.

NEISSER Ulric (ed.), *The Perceived Self*, Cambridge, Cambridge University Press, 1993.

NOZICK Robert, *Philosophical Explanations*, Oxford, Clarendon Press, 1981.

O'SHAUGHNESSY Brian, *The Will*, 2 vol., Cambridge, Cambridge University Press, 1980.

PASCAL, Blaise *Œuvres complètes,* éd. Louis Lafuma, Paris, Le Seuil, 1963.

PEACOCKE Christopher, *Sense and Content*, Oxford, Clarendon Press, 1984.

– *Transcendantal Arguments in the Theory of Content*, Oxford, Clarendon Press, 1989.

– *A Study of Concepts*, Cambridge (Mass.), The MIT Press, 1992.

– *Being Known*, Oxford, Clarendon Press, 1999.

PERRY John, *The Problem of the Essential Indexical and Other Essays*, Oxford, Oxford University Press, 1993.

– *Problèmes d'indexicalité*, trad. fr. ss la dir. de J. Dokic, F. Preisig, Standford/Paris, éd. CSLI, 1999.

POPPER Karl, John Eccles, *The Brain and the Self*, Berlin, Springer Verlag, 1977.

PROUST Joëlle, "Identité personnelle et pathologie de l'action", *Raisons Pratiques,* 7, 1996, p. 155-178.

– *Comment l'esprit vient aux bêtes*, Paris, Gallimard, "Les Essais", 1997.

RICŒUR Paul, *Soi-même comme un autre*, Paris, Le Seuil, 1990.

RÉCANATI François, *Direct Reference. From Language to Thought*, Oxford, B. Blackwell, 1993.

SARTRE Jean-Paul, *La transcendance de l'ego*, Paris, Vrin, 1965.

SHEAR Jonathan, VARELA Francesco (eds.), *The View from Within : First-Person approaches to the Study of Consciousness*, Exeter, Imprint Academic, 1999.

SHOEMAKER Sydney, "Self-Reference and Self-Awareness" in *Journal of Philosophy*, vol. LXV, n°3, 1968, p. 555-567, repris dans Cassam, *Self-Knowledge*, p. 80-93.

– *Identity, Cause and Mind*, Cambridge, Cambridge University Press, 1984.

– *The First Person Perspective and Other Essays*, Cambridge, Cambridge University Press, 1996.

STRAWSON Peter F., *Individuals*, Londres, Methuen, 1959; trad. fr. *Les individus* par A. Shalom, P. Drong, Paris, Le Seuil, 1973.

WITTGENSTEIN Ludwig, *Notebooks 1914-1916*, Oxford, B. Blackwell, 1961, trad. fr. *Carnets 1914-1916* par Gilles-Gaston Granger, Paris, Gallimard, 1971.

– *Tractacus Logico-Philosophicus*, Londres, Routledge & Kegan Paul, 1922, trad. fr. Gilles-Gaston Granger, Paris, Gallimard, 1993.

– *Philosophische Untersuchungen*, Oxford, B. Blackwell, 1953, trad. fr. *Investigations philosophiques* par Pierre Klossowski, Paris, Gallimard, 1961.

– *Philosophische Bemerkungen,* Oxford, B. Blackwell, 1964, trad. fr. *Remarques philosophiques* par Jacques Fauve, Paris, Gallimard, 1975.

– *The Blue and Brown Books*, Oxford, B. Blackwell, 1958, trad. fr. *Le Cahier bleu et le Cahier brun*, par Guy Durand, Paris, Gallimard, 1965.

– *On Certainty,* Oxford, B. Blackwell, 1969, trad. fr. *De la certitude* par Jacques Fauve, Paris, Gallimard, 1976.

– *Notes sur l'expérience privée et les "sense data"*, éd. Rush Rhees et trad. fr. par Elizabeth Rigal, Mauvezin, T.E.R., 1989.

– *L'intérieur et l'extérieur*, éd. Georg H. von Wright, Heikki Nyman et trad. fr. par Gérard Granel, Mauvezin, T.E.R., 2000.

– *Wittgenstein et le Cercle de Vienne*, éd. Brian Mc Guinness et trad. fr. par Gérard Granel, Mauvezin, T.E.R., 1991.

TABLE DES MATIÈRES

Imprimerie de la Manutention à Mayenne – Septembre 2001 – N° 280-01
Dépôt légal : 3e trimestre 2001